高等职业教育创新型系列教材

创新思维与创业管理

主　编　周欢伟　黎惠生
副主编　李　可　刘星辛　李国臣　袁旭美
参　编　康利梅　王　兴　许喜斌　胡朝红
　　　　何杰文　刘浩宇　黄　茜　莫桂海
　　　　刘国成　吴　渊　黄培佳
主　审　马仁听　李　丽

北京理工大学出版社
BEIJING INSTITUTE OF TECHNOLOGY PRESS

内 容 简 介

本教材围绕创新创业的内涵与特征、过程、途径与方法等有关创新创业教育的一些关键问题,分成实施思创融合、认知商业计划书、挖掘商业机会、评估创业团队、整合优势资源、践行创业行为六个方面,比较系统、全面地阐述了大学生创新的方法、创业的程序以及创新思维和创业意识的培养问题。

本教材形式新颖、语言生动、内容简练、结构合理,能够满足高职院校创新创业教学的需要,符合高职学生的阅读习惯,对大学生在校或毕业后进行创新创业实践具有积极的指导意义。

版权专有　侵权必究

图书在版编目(CIP)数据

创新思维与创业管理 / 周欢伟,黎惠生主编. -- 北京:北京理工大学出版社,2023.1(2023.8重印)
ISBN 978-7-5763-1869-2

Ⅰ. ①创… Ⅱ. ①周… ②黎… Ⅲ. ①创业-教材 Ⅳ. ①F241.4

中国版本图书馆 CIP 数据核字(2022)第 223705 号

出版发行 / 北京理工大学出版社有限责任公司
社　　址 / 北京市海淀区中关村南大街 5 号
邮　　编 / 100081
电　　话 / (010)68914775(总编室)
　　　　　 (010)82562903(教材售后服务热线)
　　　　　 (010)68944723(其他图书服务热线)
网　　址 / http://www.bitpress.com.cn
经　　销 / 全国各地新华书店
印　　刷 / 三河市天利华印刷装订有限公司
开　　本 / 787 毫米 × 1092 毫米　1/16
印　　张 / 15.75　　　　　　　　　　　　　　　责任编辑 / 徐艳君
字　　数 / 364 千字　　　　　　　　　　　　　　文案编辑 / 徐艳君
版　　次 / 2023 年 1 月第 1 版　2023 年 8 月第 4 次印刷　责任校对 / 周瑞红
定　　价 / 39.80 元　　　　　　　　　　　　　　责任印制 / 施胜娟

图书出现印装质量问题,请拨打售后服务热线,本社负责调换

《创新思维与创业管理》编委会

主　任　张竹筠（广州铁路职业技术学院）

副主任　李　月（深圳职业技术学院）

　　　　廖俊杰（广东轻工职业技术学院）

委　员　周欢伟（广州铁路职业技术学院）

　　　　黎惠生（广东工程职业技术学院）

　　　　李　可（广东环境保护工程职业学院）

　　　　刘星辛（广东财贸职业学院）

　　　　李国臣（东莞职业技术学院）

　　　　黄志坚（深圳职业技术学院）

　　　　吴建材（广东轻工职业技术学院）

　　　　许义海（广东女子职业技术学院）

　　　　邓振华（广东工商职业技术大学）

　　　　袁旭美（广东江门中医药职业学院）

前　言

《中华人民共和国职业教育法》明确指出："职业教育是与普通教育具有同等重要地位的教育类型，是国民教育体系和人力资源开发的重要组成部分，是培养多样化人才、传承技术技能、促进就业创业的重要途径。"《国务院办公厅关于进一步支持大学生创新创业的指导意见》（国办发〔2021〕35号）要求"将创新创业教育贯穿人才培养全过程"。《国家职业教育改革实施方案》要求"建立健全学校设置、师资队伍、教学教材、信息化建设、安全设施等办学标准，引领职业教育服务发展、促进就业创业"。因此编写一本优质的创新创业教育教材迫在眉睫。

本教材主要有七个特点：一是根据职业院校学生在校学习时间短、融入跨专业知识不足等特点，以撰写好一本商业计划书作为核心抓手，借助蒂蒙斯创业过程模型，将创新创业教育的理论和核心知识贯穿整个过程，重点说明机会、团队、资源之间的逻辑关系，也就是创始人或工作团队应该在工作、学习、生活中，在模糊和不确定的动态的商业环境中，具备捕捉机会的能力，以及整合资源和构建战略、解决问题的能力，使职业院校学生高效地获得创新创业理论和实践知识，将创新成果以创业的形式进行展示，获得商业运营成功。二是每节内知识目标、能力目标、素质目标、知识导图，系统地将每节的内容高度概括在一起，使学生能快速地抓住重点。三是每节内都有创新创业名句和案例及分析，有效地用故事的形式将思政元素融入创新创业教育过程中，实现课程思政。四是全书利用图文、表格等形式生动表述出关键知识点的内涵，提高了趣味性。五是利用想一想、思考与练习、评价与分析等环节，及时帮助学生巩固和检验所学知识，同时提供参考文献，为学生能及时了解和拓展知识提供学习向导，也帮助他们提高学习质量。六是提供二维码，使学生可以随时下载PPT，在线观看由编者主讲的授课视频资料。七是成立教材编委会，邀请了五家学校共同编写本教材，结合广东省创新创业教育特色和粤港澳大湾区发展要求，使教材的内容更加丰富多彩。

本教材共分为六个部分，绪论实施思创融合，分析工业革命、社会主义核心价值观、中华优秀传统文化等对创新创业教育的影响、作用，突显社会主义社会制度的优越性，同时可以利用创新创业教育指导职业生涯规划。模块一认知商业计划书，分析了商业计划书的作用、类型，说明了撰写商业计划书的基本格式要求和规范，全面展示了商业计划书的撰写方法和内容。模块二挖掘商业机会，阐述创新创业的定义和国家相关政策，便于学生从技术痛点、国家政策等多方面挖掘和筛选商业机会，利用技术创新的途径，形成技术成果，分析商业模式，控制创业风险，熟悉企业运营基本流程，为创新成果转化奠定基础。模块三评估创业团队，说明创业团队构建原则和主要模式，分析影响团队稳定的因素和挑选团队成员的基本核心技巧，保证企业团队整体有效运作。模块四整合优势资源，说明如何利用团队成员的各自力量，挖掘财务资源、人才资源、技术资源、市场资源、效益资源等，为创业团队服务，减少创业风险，提高创业成功率。模块五践行创业行为，融合模块一至模块四的知识点，教会学生撰写一本合格的商业计划书，并对每个环节的切入提出撰写要求和技巧，最后建议通过商业路演的形式展示商业计划书，使学习的内容能高效地运用。

本教材由广州铁路职业技术学院、广东工程职业技术学院、广东环境保护工程职业学院、广东财贸职业学院、东莞职业技术学院等共同编写，由广州铁路职业技术学院马仁听教授、广东工程职业技术学院李丽教授担任主审，由广州铁路职业技术学院周欢伟教授（博士）、广东工程职业技术学院黎惠生老师主编。其中绪论由广州铁路职业技术学院周欢伟教授（博士）、广东江门中医药职业学院袁旭美老师共同编写；模块一由广州铁路职业技术学院康利梅博士、周欢伟教授（博士）、东莞职业技术学院王兴副教授共同编写；模块二的单元一和单元二由广东工程职业技术学院许喜斌高级实验师编写，单元三和单元四由胡朝红老师编写，单元五由何杰文副研究员编写；模块三的单元一由广东环境保护工程职业学院刘浩宇老师、黄茜老师共同编写，单元二由黄茜老师、李可老师共同编写，单元三由莫桂海老师、黄茜老师共同编写；模块四由广州铁路职业技术学院刘国成副教授（博士）、东莞职业技术学院李国臣教授（博士）和吴渊老师共同编写；模块五由广东财贸职业学院黄培佳老师、刘星辛副教授共同编写。

在本教材编写过程中，中山大学创业学院任荣伟教授、广东省机械研究所有限公司阮毅教授级高工提供了大量的建议和帮助，在此一并表示感谢！由于编写时间仓促，编写人员水平有限等原因，书中难免有一些不足之处，敬请广大读者给予批评指正。

目 录

绪论　实施思创融合 ………………………………………………………………（ 1 ）

模块一　认知商业计划书 ………………………………………………………（ 11 ）
　单元一　初识商业计划书 ………………………………………………………（ 12 ）
　单元二　规划商业计划书 ………………………………………………………（ 30 ）

模块二　挖掘商业机会 …………………………………………………………（ 39 ）
　单元一　挖掘商业需求 …………………………………………………………（ 40 ）
　单元二　突破核心技术 …………………………………………………………（ 51 ）
　单元三　构建商业模式 …………………………………………………………（ 69 ）
　单元四　把控机会与风险 ………………………………………………………（ 79 ）
　单元五　知悉企业运营 …………………………………………………………（ 87 ）

模块三　评估创业团队 …………………………………………………………（ 103 ）
　单元一　筹建创业团队 …………………………………………………………（ 104 ）
　单元二　分析团队能力 …………………………………………………………（ 116 ）
　单元三　控制团队风险 …………………………………………………………（ 125 ）

模块四　整合优势资源 …………………………………………………………（ 141 ）
　单元一　获取财务资源 …………………………………………………………（ 142 ）
　单元二　管理人才资源 …………………………………………………………（ 154 ）
　单元三　利用技术资源 …………………………………………………………（ 166 ）
　单元四　开拓市场资源 …………………………………………………………（ 179 ）
　单元五　传播效益资源 …………………………………………………………（ 192 ）

模块五　践行创业行为 …………………………………………………………（ 205 ）
　单元一　撰写商业计划书 ………………………………………………………（ 206 ）
　单元二　路演商业计划书 ………………………………………………………（ 230 ）

参考文献 …………………………………………………………………………（ 238 ）

绪 论

实施思创融合

学习目标

1. 了解创新创业教育的时代背景;
2. 知悉社会主义核心价值观在创新创业中的作用;
3. 熟悉中国优秀文化对创新创业的深远影响;
4. 明白创新创业教育与职业生涯规划的关系。

能力目标

1. 能用社会主义核心价值观讲解创新创业教育的意义;
2. 会用中国优秀文化指导创新创业工作;
3. 能用创新创业教育的基本知识指导职业生涯的方向。

素质目标

1. 培养具有社会主义情怀的创新创业有志之士;
2. 会利用中华优秀文化讲述中国创新创业的故事。

重点难点

1. 社会主义核心价值观的核心内容;
2. 根据自设项目,撰写相应的商业计划书。

教学资料

视频资料　　　课件资料

一、工业革命驱动创新创业发展

制造业是国民经济的支柱,是立国之本、兴国之器、强国之基。《中华人民共和国国民经济和社会发展第十四个五年规划和 2035 年远景目标纲要》提出:"基本实现新型工业化、信息化、城镇化、农业现代化,建成现代化经济体系。"其中工业化是实现"中国梦"的核心要素。

(一) 工业革命的发展历程

1. 工业1.0、2.0、3.0、4.0概念简介

工业1.0是机械制造时代，通过水力和蒸汽机实现工厂机械化，时间是18世纪60年代至19世纪中期。机械生产代替了手工劳动，经济社会从以农业、手工业为基础转型到以工业、机械制造业带动经济发展的新模式。

工业2.0是电气化与自动化时代，在劳动分工基础上采用电力驱动产品的大规模生产，时间是19世纪后半期至20世纪初。通过零部件生产与产品装配的成功分离，开创了产品批量生产的高效新模式。

工业3.0是电子信息化时代，广泛应用电子与信息技术，使制造过程自动化控制程度进一步大幅提高，从20世纪70年代开始并一直延续至现在。机器能够逐步替代人类作业，不仅接管了相当比例的"体力劳动"，还接管了一些"脑力劳动"。

工业4.0是德国政府2013年《高技术战略2020》确定的十大未来项目之一，并上升为德国的国家战略，是实体物理世界与虚拟网络世界融合的产物，产品全生命周期、全制造流程数字化以及基于信息通信技术的模块集成，将形成一种高度灵活、个性化、数字化的产品与服务新生产模式。美国没有4.0之说，他们比较认同的词叫作"工业互联网"。

2. 面向2035的中国制造高质量发展

党的二十大报告提出："坚持把发展经济的着力点放在实体经济上，推进新型工业化，加快建设制造强国、质量强国、航天强国、交通强国、网络强国、数字中国。"从2020年全面建成小康社会到2035年基本实现社会主义现代化，再到21世纪中叶全面建成社会主义现代化强国，是党中央对新时代中国特色社会主义发展做出的重大战略安排。面向党的十九届五中全会提出的2035年基本实现"新四化"的目标要求，必须坚定不移推动制造强国、质量强国、网络强国和数字中国建设，紧紧抓住供给侧结构性改革这一主线，坚持把做实做强做优实体经济作为主攻方向，转变发展方式、优化经济结构、转换增长动力，在"双循环"新发展格局下努力提高产业链供应链的稳定性和现代化水平。

3. 第四次工业革命畅想

工业4.0、工业互联网可以用一个小例子来说明：老罗的锤子手机之所以难产，就是因为在设计的时候信息不对称，实际生产时发现原本完美的设计会导致良品率很低，只能退回去重新设计。仅仅晚上线几个月，就从一款万众期待的爆款，成为"扑街"的过时货，产品的生命周期大大缩短了。在3.0时代，一个工业品从设计到上线量产，往往要用一两年的时间，但是伴随着全球性的产能过剩，再加上互联网的普及，企业的竞争越来越激烈，你不快跑，随时掉队。

互联网撼动了过去工业时代的基础——信息不对称。过去，因为生产厂家无法低成本地了解每一个客户的需求，所以往往采用一刀切的方法，就是把需求多的性能组合到一起，成为一款产品。比如你想买一件适合你的衬衫，服装厂是无法知道你的体型的，所以只能测量很多人的数据之后，根据袖长、衣长等把较集中的尺码分成39码、40码、41码、42码等；但互联网改变了这个局面，人与人、人与厂商可以低成本地实现连接，从而让每个人的个性需求被放大，人们越来越喜欢个性化的东西。但是个性化的东西需求量没有那么大，这就需要工业企业能够实现小批量的快速生产。未来鞋子、衣服，甚至我们的衣食住行都可能会被

"私人订制"智能生产。

(二) 中国制造的方向

创新是引领发展的第一动力，是建设现代化经济体系的战略支撑。以习近平同志为核心的党中央提出的创新发展理念，是一种具有全面性、系统性的创新发展观。"十四五"规划纲要提出："以国家战略性需求为导向推进创新体系优化组合，加快构建以国家实验室为引领的战略科技力量""推进创新创业创造向纵深发展，优化双创示范基地建设布局""深入实施青年发展规划，促进青年全面发展，搭建青年成长成才和建功立业的平台，激发青年创新创业活力"。

1. 在职业学习中传承工匠精神

工匠精神，不仅仅是指工匠对自己的产品精雕细琢、精益求精的精神理念，更是对自我价值的不断追求，是给产品、给企业带来灵魂的关键。制造业越发达，工匠精神就显得越发重要，工匠精神让制造业纵向发展，创新创业与制造业结合升级。只有一批又一批的双创企业的匠心独运，才有中国智造在国际市场上被逐步认可的成功。工匠精神是企业持续发展的软实力，是让中国从制造走向智造的桥梁，更是中国智造的"品牌形象"。

2. 在专业学习中投身双创浪潮

习近平总书记在2016年五四青年节寄语广大青年："让创新成为青春远航的动力，让创业成为青春搏击的能量，让青春年华在为国家、为人民的奉献中焕发出绚丽光彩。"当前，互联网创新发展与新工业革命正处于历史交汇期，大学生创新思维活跃、创业动力强烈，而国家和社会又提供了双创的丰厚土壤，大学生正赶上实现创新创业的好时代。

大赛练本领，大学生应当积极关注、参与各类创新创业赛事。由教育部、中央网信办、发改委、工信部、人社部、知识产权局、中国科学院、中国工程院、共青团中央共同举办的中国国际"互联网+"大学生创新创业大赛是目前国内最高级别的双创赛事；由共青团中央、教育部、人社部、中国科协、全国学联共同举办的"创青春"全国大学生创业大赛至2017年已经举办了四届；由中国宋庆龄基金会、人社部联合主办的"中国创翼"青年创业创新大赛也是广大青年大学生施展才华的有力平台……这些大赛为诸多大学生优秀创新创业项目提供了资金、政策、商业合作以及宣传推广等支持，孕育出了一大批年轻创客。

实践长才干，大学生应当积极参与创新创业学习和训练。除了结合专业课程学好创新创业课程，还可以多参加各类实践活动。例如，由中央财政、地方财政共同支持的国家级大学生创新创业训练计划，是提升大学生创新能力及创新基础之上的创业能力的重要举措；财政部门和各地市对大学生创新创业提供了优厚的创业政策和资金支持，大学生可以在高校创业部门的协调下，将自己的金点子落地落实。

二、社会主义核心价值观是创新创业方向的指明灯

党的二十大报告提出："弘扬以伟大建党精神为源头的中国共产党人精神谱系，用好红色资源，深入开展社会主义核心价值观宣传教育，深化爱国主义、集体主义、社会主义教育，着力培养担当民族复兴大任的时代新人。"

(一) 社会主义核心价值观为创新创业明确了方向

当下，大学生自主创业成为解决就业的良好途径，然而我国大学生自主创业的实际人数占大学生总数的比例不高。大学生在实际创业过程中热情高，实践少。由于缺乏经验和创新

力，大学生自主创业的科技含量不高，成功率低；在实践过程中不够注重合作和协商能力，很难保持创业企业的持久性；在经营过程中"风险意识"不够，对行业、企业的发展做不到深度审视，遇到挫折容易退缩，甚至出现了违背商业信用的行为。因此，培育和践行社会主义核心价值观为科学推进大学生创新创业指明了方向。

首先，通过社会主义核心价值观的教育，使大学生在创业过程中充分理解自由、平等、公正、法治等体现时代价值的目标和追求，自觉提高思想"免疫力"，始终不渝地坚持和弘扬这些价值追求，咬定青山不放松地奋斗。

其次，通过社会主义核心价值观的教育，使大学生在实践创新创业中充分理解历史传统与时代发展的高度统一性，增强文化自信和自觉，在内核上、精髓上和本质上传承中华优秀传统文化，传承社会主义先进文化，培养良好的道德品质。

再次，通过社会主义核心价值观的教育，使大学生在创新创业实践中增强毅力，遇到挫折不气馁，努力做有社会责任感、有爱心的好青年，在不懈奋斗中实现自我。

(二) 用社会主义核心价值观的基本内容引领创新创业

1. 从国家的层面引领创新创业

社会主义核心价值观的第一个层面是国家的层面。"富强、民主、文明、和谐"对其他层次的价值理念具有统领作用。富强是国家繁荣昌盛、人民幸福安康的物质基础；民主是人民的当家作主；文明是对面向现代化、面向世界、面向未来的民族的科学的大众的社会主义文化；和谐是社会主义现代化国家在社会建设领域的价值诉求。大学生要践行社会主义核心价值观，在创新创业中不仅实现自己的个人理想，也应为国家的发展做出贡献。目前，我国已成为具有全球影响力的科技大国，近年来，重大创新成果竞相涌现，发明专利申请量和授权量居世界第一位，国际科技论文被引量首次超越德国、英国，跃居世界第二，墨子"传信"、神舟飞天、高铁奔驰、"天眼"探空、北斗组网、超算"发威"、大飞机首飞……无数经验教训告诉我们，核心技术是买不来的，只有自力更生、自主创新，才能掌握自己的命运。建设世界科技强国，是以习近平同志为核心的党中央在新的历史起点、面向未来做出的重大战略决策，这一决策与中国梦的目标高度契合，使科技创新与中华民族伟大复兴紧紧相连，是中华民族为之不懈奋斗的光荣与梦想。此外，也让更多的民众普遍参与了创新创业的过程。

2. 从社会的层面引领创新创业

"自由、平等、公正、法治"是从社会层面对社会主义核心价值观基本理念的凝练。自由是马克思主义追求的社会价值目标；平等是人人依法享有平等参与、平等发展的权利；公正即社会公平和正义；法治是实现自由平等、公平正义的制度保证。大学生在创新创业实践中接触较多的是社会层面，在社会这个大平台中获得了创新创业的机会，因此，大学生要践行社会主义核心价值观，在创新创业中自觉用法律法规约束自己，公平地参与市场竞争，遇到问题时用法律武器维护自己的合法权益和市场秩序。

3. 从个人行为的层面引领创新创业

"爱国、敬业、诚信、友善"是公民基本道德规范，覆盖社会道德生活的各个领域。爱国是调节个人与祖国关系的行为准则；敬业体现了社会主义职业精神；友善强调公民之间应互相尊重，互相关心，互相帮助，和睦友好，努力形成社会主义的新型人际关系。大学生要践行社会主义核心价值观，在创新创业中应切实维护国家的利益，把个人奋斗融入实现中国梦的进程中，诚恳待人，诚实劳动，关心他人。只有这样，创新创业之路才能走得好，走得远。

4. 在创新创业中实现青年人的个人理想

近年来，从国家到地方各级政府多层面地推出了各种各样的政策和措施鼓励青年人创新创业，形式多样的新型孵化器、创业空间、天使基金等如雨后春笋般涌现，为青年创客们提供了良好的平台和创业的机遇。青年人应在各自领域开创新事业，积极创办科技型和服务型小微企业，要自觉把人生追求汇入中华民族伟大复兴的中国梦，参与创新型国家建设实践的同时实现自己的个人理想。

社会主义核心价值观和创新创业教育相互联系，相互促进。只有培育和践行好社会主义核心价值观，才能有利于提升创业能力和创新意识。被国外青年和央视评为中国的"新四大发明"之一的共享单车，正是利用"自行车出行＋移动互联网技术"的创新模式，减少了城市资源浪费，为城市减少拥堵，帮助城市节约更多空间，促进绿色低碳出行；此外，在走出国门的同时扮演着连接中外文化的角色，以科技驱动的方式，抹平了技术传递、经济差异、文化差异的壁垒，助推世界大国蜕变成世界强国。

三、中国传统文化是创新创业的内涵

中国传统文化是中华民族在中国本土上创造的文化，它是中华民族在各自时代特定的地理环境、经济条件、政治结构和意识形态的作用下，世代形成、积淀，并被大多数人认同而流传下来的文化，涵盖了经济、政治、道德、艺术等多个领域。

几千年来，中华民族之所以能够薪火相传、绵延不绝，一个重要原因就是中华民族孕育形成了自己的独特文化。这种独特文化赋予中华民族强大的生命力，成为中华民族生生不息的根与魂。中华优秀传统文化源远流长、博大精深，具有非常丰富的内涵。比如，它以仁和孝、忠和恕、礼和义等成为君子修身养性的道德标准，造就了中华民族的精神追求，构建了中华民族的精神家园，在历史长河中起着重要作用。

中华优秀传统文化中蕴含的爱国情感、人生理念、人文精神，为现代市场经济道德体系建设提供有价值的文化来源，有利于构建良好的创新创业条件和环境。

（一）注重和谐的思想

中国传统文化的精髓是和谐，不仅包括人与自然的和谐、人与人的和谐，还包括人的内在和谐。中国传统文化中"天人之际，合而为一""海纳百川，故能成其大""地势坤，君子以厚德载物""天行健，君子以自强不息""生于忧患，而死于安乐"等都从不同层面揭示了中国人追求人与自然、人与人、人的内在和谐。在当今市场经济中，要求人们在创造利益的同时，也要注意维护自然、社会及他人和谐发展。在大学生创新创业教育中，便是启发大学生创业者在创业中要实现和谐发展的目标。这些追求和谐的优秀传统文化告诉当今的大学生在创新创业中要积极保护自然，注重人与人之间的和谐（团队精神），为了理想不断努力，不懈奋斗。

（二）爱国思想

爱国主义是中华民族的光荣传统，是推动中国社会前进的巨大力量。中国传统文化中"天下兴亡，匹夫有责""乐以天下，忧以天下"等表现出了护爱家国的情怀，爱国就是把个人目标同国家和民族的前途命运联系起来，将自己的理想抱负转化为具体的实践行为，追

求人生真正的价值和意义。因此，大学生在创新创业中应增强民族自尊心、自信心和自豪感，时刻牢记个人利益和集体利益、国家利益是相互联系的，要在创新创业实践中努力创造最大社会价值并积极回馈社会，要自觉遵守社会公德和职业道德，以实现国家与个人的共同发展。

3. 诚信及法治思想

诚信是商人立身创业之根本，这也被古今中外的实践所证明。在"义"与"利"中，中国传统文化义利观肯定"义"的内在价值，但也没有完全否定"利"在社会生活中的意义。中国传统文化中"君子爱财，取之有道""君子喻于义，小人喻于利""富与贵，是人之所欲也；不以其道得之，不处也"等体现出要引导人们注重诚信。企业发展的最终目的是营利，这也是创业者所追求的基本目标。然而我们也看到，在市场经济条件下部分企业把谋求利益当成了经营企业唯一的目标，在违背道德准则、违法乱纪中过度追求利益，害人害己。因此，大学生在创新创业实践中除了具备相应的知识能力和心理素质，更应该具备诚实守信、清正廉洁的优良品质。

大力弘扬中国传统文化精神在培育当代大学生的创新创业精神中发挥着非常重要的作用，但这并不意味着中国传统文化可以解决所有的问题。正如习近平总书记提到的："对传统文化中适合于调理社会关系和鼓励人们向上向善的内容，我们要结合时代条件加以继承和发扬，赋予其新的涵义。"大学生在实际的创新创业过程中要合理运用中国传统文化中的优秀价值理念。

四、创新创业教育服务职业生涯规划

创新创业教育是一种教育学生走向成才和成功的教育，强调全面开发人的潜能，培养学生创新性思维方式，培养学生的专业技术、社会交际和经营管理等多方面技能，树立正确的世界观、人生观、价值观，从而确定自己的职业生涯，获得人生的成功。创新创业教育始终坚持以人为本，坚持面向全体，弘扬人的主体性和自由个性，帮助学生学会处理好个人、集体、社会三者之间的关系，提供一个可以自由翱翔和设计的空间，通过完善自身的技能，不断提高自己的创造力，为未来职业生涯打下良好的基础。通过努力成功创业，可以升华自己的人格，实现自己的理想，证明自己的价值。所以在创新创业教育学习和实践环境中，既能培养学生健全的人格，又能拓展知识和能力，从而有益于拓展高职学生素质，促进人的全面发展。

（一）创新创业教育与职业生涯规划的关系

1. 职业生涯规划

职业生涯规划是指针对个人职业选择的主观和客观因素进行分析和测定，确定个人的奋斗目标并努力实现这一目标的过程。换句话说，职业生涯规划要求学生根据自身的兴趣、特点，将自己定位在一个最能发挥自己长处的位置，选择最适合自己能力的事业。职业定位是决定职业生涯成败的关键一步，同时也是职业生涯规划的起点。

职业生涯规划是一个人在对职业生涯的主客观条件进行测定、分析、总结研究的基础上，对自己的兴趣、爱好、能力、特长、经历以及不足等各方面进行综合分析与权衡，并结合时代特点，根据自己的职业倾向，确定最佳的职业奋斗目标，并为实现这一目标做出行之有效的安排。对于大学生而言，职业选择是否适当将影响其将来事业的成败以及一生的幸福；对于社会而言，个人择业是否适当将决定社会人力供需是否平衡。如果每个人都适材适所，那么，不仅每个人都有发展前途，而且社会也会欣欣向荣。

2. 创新创业能力与职业生涯发展

创新创业是一种理念，是一种不满足于现状、敢于创新并承担风险的精神，是一种在考虑资源约束的情况下把握机会创造价值的认识。从广义的角度去看创新创业，可以理解为是一个人根据自己的性格、兴趣、专业、能力等选择适合自己的事业，利用自己创新性思维，把握机会、创新创造、整合资源、付诸努力，最终实现自己人生目标的过程。因此，创新创业能力具有普遍性和适应性，无论你从事什么样的行业或职业，创新精神和创业能力都将在职业生涯中发挥积极作用。

作为一个全面发展的大学生，对创新创业的认知和践行是大学生综合素质体现的重要内容，是大学生全面发展，融入社会，正确评估自己，给自己合理定位，实现自我价值的基本要求。面对严峻的就业形势，创新创业便成为打开就业难局面的关键。鼓励大学生开拓创新创业意识，使具有开发潜力的学生真正走上创新创业的道路，这也是他们能够很快融入社会、服务社会的前提。大学生接受过高等教育，是最具有创新创业潜力的精英群体，不仅是现有职位的占有者，更是未来职业的创造者。通过创新创业教育，培养大学生适应社会生存、经济竞争，学到自主择业、自谋职业的方法和途径，提高他们的创新精神和创业能力，使他们成为高素质创新型人才，增强自身发展能力，在创新创业过程中使自我价值得以实现，在现代化建设大业中施展才干，这无疑是大学生自我实现的捷径。

（二）高职学生创业规划

创业已成为高职学生流向社会的一种全新的就业方式。对于一个立志创业的高职学生来说，职业生涯规划与其创业规划在一定程度上是同一个东西。要制定一份好的规划，可以参考以下创业四步曲。

1. 步骤一：了解你自己

一个有效的创业规划，必须在充分且正确地认识自身的条件与相关环境的基础上进行。对自我及环境的了解越透彻，越能做好规划。因为创业规划的目的不只是协助创业者达到和实现个人目标，更重要的是帮助其真正了解自己。

2. 步骤二：明确创业目标

创业者要善于观察和发现新的机遇、新的商机，用创新的思维来设计自己的创业思路，站在成功创业者的经验之上，确立自己的目标。

高尔基说："一个人追求的目标越高，他的才能就发挥得越快，对社会就越有益。"如果创业者自己都不知道要到哪儿去，那通常哪儿也去不了。一个人在明确自己想做什么、能做什么的同时，还应考虑社会的需求是什么。如果一个人所选择的创业领域既符合自己的兴趣又与自己的能力相一致，却不符合社会的需求，那么这种创业的前景也会变得暗淡。由于分析社会需求及其发展态势并非一件易事，因此，在选择创业目标时，应该进行多方面的探索，以求得出客观而正确的判断。

3. 步骤三：制订行动计划

在确定了创业目标后，围绕创业目标的实现，需要制订具有针对性、明确性与可行性的行动计划，特别是要详尽制订大学期间和毕业后3到5年内的行动计划。

4. 步骤四：开始行动

一个人的创业规划不管多么好，多么严密，只要没有跟上行动，就依然是一张废纸。立即行动，是实现目标和梦想的唯一途径。

总之，一份创业规划必须将个人理想与社会实际有机地结合起来，从而设计出既合理又可行的创业发展方案。只有将自身因素和社会条件进行最大限度的契合，才能在现实中发挥优势、避开劣势，使创业规划更具有可操作性。

（四）树立正确的创业观

如何树立正确的创业观，为自己铺就一条创业的平坦道路，对准备创业的高职院校学生来说十分重要。

1. 端正态度，正确看待创业

创业是市场经济条件下个体自我发展的需要。随着市场经济体制的逐步完善，市场观念深入人心，创业能够满足追求进取务实、协调并重的价值取向，能使高职学生通过自己的积极思考，确定自己的人生目标，最大限度地实现自己的人生价值，为社会做出应有的贡献。创业不再排除个人利益、理想、事业三方面的追求，能够实现社会利益与个人利益兼顾、事业与利益兼得。

在时代的大潮中，大学生创业的激情高涨，但是，创业更需要理智。拥有激情并不表示创业就能取得成果，创业需要回归理智，创业的激情只能作为创业初期的推动力，接下来还有一条漫长的道路，需要艰辛地付出。高职学生应该理智地看到创业既有成功也有失败，明白大学生创业的优势与劣势，学会处理创业过程中主观和现实之间的矛盾与冲突，运用辩证的方法，明辨是非曲直，纠正认识的误区，从思想上对创业有一个科学而现实的认识。

2. 明确目标，制定创业规划

创业前，要弄清楚自己为什么要创业、如何去创业；要了解自己的个性特征，明确自己的创业动机；要树立正确的、符合社会要求的、远大的创业目标，要有高瞻远瞩的视角，知道自己的终极目标在哪儿，通过哪些途径可以实现，目前处于哪一个阶段，以及正在面临哪些问题，等等。

除此之外，在创业前还要进行科学、合理的创业规划。创业规划应包括项目选择、商业模式、盈利模式等，要以创业者对市场的充分调查为基础，体现出创业者的市场洞察力和创业的目的性。严谨的创业计划能够保证创业有一个良好的开端和正确的努力方向，有利于提高创业成功的概率。

3. 转变观念，提高创业能力

一个成功的创业者绝不能因循守旧、墨守成规，应学会观察国内外市场的变化，以善于变革的精神去迎接创业的挑战。创业的过程是一个系统工程，它要求创业者在企业定位、战略策划、生产组织、团队组建、财务管理等领域有一定的知识积累。

创业能力能否提高是创业成败的决定因素。高职学生应充分利用大学校园提供的平台积极汲取各方面的知识，通过专业课学习、各种校园活动及社会实践活动不断扩大自己的视野；积极参加一些社团活动及志愿者活动，在活动中锻炼与人沟通、协作的能力，树立团队意识；增强自己学习的能力，在学习中培养创新的思维与发展的意识，通过日常学习中的不断积累逐渐增强创业的自信心。

4. 积极实践，丰富生活经验

创业过程中不仅要学习文化知识，还要在所从事的行业中积累相关经验，提高自己对行业特点、行业发展情况的深刻了解。高职学生长期身处校园环境当中，与社会的接触很少，非常需要积累社会经验。

高职学生应该积极参加学校举办的创业大赛及创业实践活动，还可以进入企业参加实习，了解社会、观察社会，不断提高自身的创业实践能力。

> **想一想**
> 中国的创新创业教育发展态势这么好，与社会主义核心价值观、中国优秀文化等因素有什么的关系？

思考与练习

1. 【简答题】创新创业教育的时代背景有哪些？
2. 【简答题】社会主义核心价值观如何引领创新创业？
3. 【简答题】中国优秀文化如何培养创新创业精神？
4. 【综述题】如果你选择创业，请制定你的创业规划。

评价与分析

学习过程评价表（学生自评、互评，教师评价）

班级		姓名		日期	月 日	配分	自评	互评	教师
评价	平时表现评价	1. 出勤情况 2. 遵守纪律情况 3. 学习任务完成情况，有无提问与记录 4. 是否主动参与情况学习活动				30			
	创业知识	1. 了解中国核心文化的含义 2. 了解社会主义核心价值观的含义与作用 3. 了解中国优秀文化对创新创业教育的作用				20			
	创业实践	创业实践任务：撰写一份社会主义核心价值观对创新创业教育发挥重要作用的感想				30			
	综合能力	1. 能否使用文明礼貌用语，有效沟通 2. 能否认真阅读资料，查询相关信息 3. 能否与组员主动交流、积极合作 4. 能否自我学习及自我管理				20			
	合计					100			
教师评语									

模块一
认知商业计划书

> **创新创业名句**
> 不打无准备之仗，不打无把握之仗。
> ——毛泽东

单元一
初识商业计划书

知识目标

1. 了解蒂蒙斯创业过程模型的含义；
2. 了解商业计划书的作用与分类；
3. 熟悉商业计划书应包含的框架要素。

能力目标

1. 能对某企业的问题提出大致创新解决方案；
2. 会将整个问题解决过程撰写为书面计划书；
3. 能将书面计划书进行框架化、条理化细分。

素质目标

1. 养成追求科学思维、勇于创新的良好习惯；
2. 培养从复杂现象中发现问题本质的分析能力；
3. 具有利用创新方法去解决实际问题的意识。

知识导图

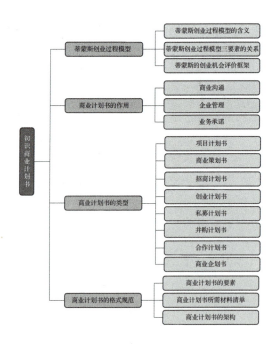

重点难点

1. 蒂蒙斯创业过程模型下的知识创业原理；

2. 商业计划书完整框架的构建。

教学资料

视频资料

课件资料

案例及分析

【案例】

餐饮集团公司的商业计划书

一个餐饮集团公司正在进入转折期，面对市场竞争的加剧，公司董事长要求办公室人员写一份不惧竞争，优化企业策略，重振集团业绩的商业计划书。办公室员工接到任务后，进行了深入细致的市场调研；通过集体讨论，最后得出结论，要想在竞争中取胜，加强预制菜的研发和生产是目前最好的解决方案，且预制菜除了可以作为产品销售盈利，还能提供给需要帮助的人，为社区送温暖贡献自己的一份力。因此，很快完成了这份商业计划书。其主要章节是：第1章集团公司的现状分析；第2章市场及竞争对手分析；第3章集团的风险与机遇分析；第4章集团公司的问题分析；第5章集团公司解决当前问题的有效途径；第6章未来2年的工作规划；第7章未来2年各分公司的工作绩效考核指标；第8章应急预案。这就是一个实用的集团公司内部工作用商业计划书，显然，这与标准商业计划书有着显著的区别。

【分析】

商业计划书主要应该围绕着项目本身、发展战略、市场营销、财务分析及团队管理来开展。撰写的时候需要从评审、投资人的角度出发，不可泛泛而谈，顾客、市场、竞争、收入等分析应该确保数据的相对真实性。

建构一套商业模式并不难，重点是要把握商业逻辑，还需要了解每个环节关注度较高的关键点。尽管商业计划书种类不尽相同，细分要求也比较多样，但是通过参考这些注意点，也能管中窥豹，为你的计划书润色并增加竞争力。对于上述案例，用一句话来表达：餐饮公司董事长要以何种方式为哪些客户提供什么样价值？撰写商业计划书时，尤其要注意以下几个方面：

（1）明确自身是餐饮行业的定位。
（2）确认如何实现盈利。
（3）分析客户群的需求。
（4）如何去满足不同群体的客户。

在整个商业模式中，最为关键的是选准标靶——客户需求，并通过持续运营优化来构筑商业模式背后的核心竞争优势，即建立壁垒构筑护城河。

（一）蒂蒙斯创业过程模型的含义

蒂蒙斯创业过程模型，指的是一种商业模型，其包含商机、团队、资源等要素（如图1-1-1所示）。这三个要素之间相互影响，共同促进创业的进展。在不同的阶段，创业者对于这三个要素的侧重点不同,前期看机会,有了机会再组团队、拼资源。

1. 机会

根据蒂蒙斯创业过程模型,商业机会是创业过程的核心驱动力,是创业的核心,创业活动的本质就是发现各种机会,然后开发出这个机会,实现这个机会的价值。它与市场规模密切相关,市场规模越大,机会之窗就会打开得越大,但由于市场规模的有限性,机会之窗也会慢慢关闭(如图1-1-2所示)。创业机会评价框架,可以更好地帮助识别创业的时间和潜在的机会。没有机会,创业活动就是一个盲目的行为,也不可能创造价值。而机会普遍存在,如果没有识别和开发机会,那么创业也就是一场空谈。

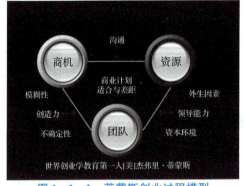

图1-1-1 蒂蒙斯创业过程模型

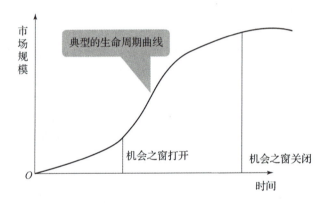

图1-1-2 机会的窗口模型

2. 团队

根据蒂蒙斯创业过程模型,创始人或者团队是创业过程的主导者,任何好的想法、好的机会,乃至于优秀的资源都需要一个优秀的团队来运作。一个创业活动,没有好的团队,没有优秀的创业者的眼光,是不可能成功的。团队中核心成员的背景,尤其是过往的核心业绩(如图1-1-3所示),在创业过程中显得特别重要,他们需要捕捉商机、整合资源、投入商机以进行转化,使资源的投入量与商机的回报更加匹配,推动团队的成功。

3. 资源

根据蒂蒙斯创业过程模型,资源是创业成功的必要保证。不管是开发机会,还是实现机会,都需要有资源的投入,资源就是实现机会的工具;它包括各种创业资源,如财务资源、客户资源、技术资源、人力资源、管理资源等。没有资源,很多想法就是纸上谈兵。没有一些合理有效的资源来开发和实现机会,如何创造价值?根据资源,可以构建出商业生态模式(如图1-1-4所示),包括原型、业务模式、个性价值管理、生态圈设计与整合、完美设计与体系建设等,为企业规范运营提供全方位的后盾。

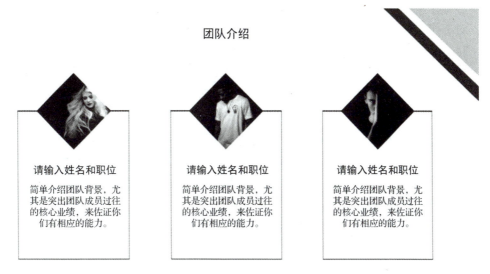

图 1-1-3 团队的展示形式

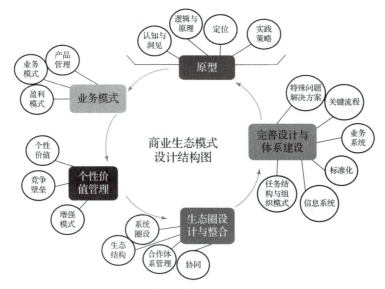

图 1-1-4 基于资源的商业生态模式设计解构图

(二) 蒂蒙斯创业过程模型三要素的关系

蒂蒙斯创业过程模型三要素间相辅相成，存在较紧密的逻辑关系。

1. 商业机会是创业过程的核心驱动力，创始人或工作团队是创业过程的主导者，资源是创业成功的必要保证

创业过程始于创业机会，而不是资金、战略、网络、团队或商业计划。开始创业时，商业机会比资金、团队的才干和能力及适应等资源更重要。在创业过程中，资源与商机间经历着一个适应→差距→适应的动态过程。商业计划为沟通创业者、商机和资源三个要素的质量和相互间匹配和平衡状态的语言和规则。

2. 创业过程是商业机会、创业者和资源三个要素匹配和平衡的结果

处于模型底部的创始人或工作团队要善于配置和平衡，借此推进创业过程，他们必须做的核心工作是：对商机的理性分析和把握，对风险的认识和规避，对资源最合理的利用和配置，对工作团队适应性的分析和认识。

3. 创业过程是一个连续不断的寻求平衡的行为组合

在三个要素中绝对的平衡是不存在的，但企业要保持发展，必须追求一种动态的平衡。以保持平衡的观念来展望企业未来时，创业者必须思量的问题是：团队是否能领导公司未来的成长、资源状况（如图1-1-5所示）；下一阶段成功所面临的陷阱。这些问题在不同的阶段以不同的形式出现，牵涉到企业的可持续发展。

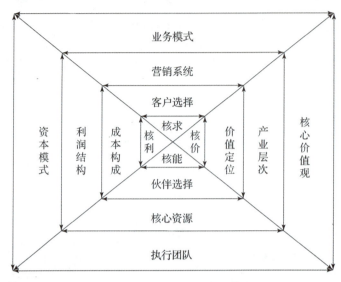

图1-1-5　四核产融商业模式

总之，创始人或工作团队在推进业务的过程中，在模糊和不确定的动态的创业环境中要具有创造性地捕捉商机、整合资源和构建战略、解决问题的能力，要勤奋工作。创业者在创业过程中的情绪就像一个杂技表演者，一边要在平衡线上跳上跳下，保持平衡，一边还要在动荡的处境中进行各式各样的表演。

（三）蒂蒙斯的创业机会评价框架

蒂蒙斯的创业机会评价框架，涉及行业和市场、经济因素、收获条件、竞争优势、管理团队、致命缺陷问题、个人标准、理想与现实的战略差异等8个方面的52项指标（如表1-1-1）。通过定性或量化的方式，创业者可以利用这个评价框架对行业和市场问题、竞争优势、财务指标、管理团队和致命缺陷等做出判断，来评价一个创业项目或创业企业的投资价值和机会。

表1-1-1　蒂蒙斯的创业机会评价框架

评价要素	评价指标
行业和市场	市场容易识别，可以带来持续收入
	顾客可以接受产品或服务，愿意为此付费
	产品的附加价值高

续表

评价要素	评价指标
行业和市场	产品对市场的影响力大
	要开发的产品生命比较长久
	项目所在的行业是新兴行业，竞争不完善
	市场规模大，销售潜力达到1000万到10亿
	市场成长率在30%~50%甚至更高
	现有厂商的生产能力几乎饱和
	在5年内能占据市场的领导地位，达到20%以上。
	拥有低成本的供货商，具有成本优势
经济因素	达到盈亏平衡点所需要的时间在1.5~2年
	盈亏平衡点不会逐渐提高
	投资回报率在25%以上
	项目对资金的要求不是很大，能够获得融资
	销售额的年增长率高于15%
	有良好的现金流量，能占到销售额的20%以上
	能获得持久的毛利，毛利率要达到40%以上
	能获得持久的税后利润，税后利润率要超过10%
	资产集中程度低
	运营资金不多，需求量是逐渐增加的
	研究开发工作对资金的要求不高
收获条件	项目带来附加价值的具有较高的战略意义
	存在现有的或可预料的退出方式
	资本市场环境有利，可以实现资本的流动
竞争优势	固定成本和可变成本低
	对成本、价格和销售的控制较高
	已经获得或可以获得对专利所有权的保护
	竞争对手尚未觉醒，竞争较弱
	拥有专利或具有某种独占性
	拥有发展良好的网络关系，容易获得合同
	拥有杰出的关键人员和管理团队

续表

评价要素	评价指标
管理团队	创业者团队是一个优秀管理者的组合
	行业和技术经验达到了本行业内的最高水平
	管理团队的正直廉洁程度能达到最高水准
	管理团队明白自己缺乏哪方面的知识。
致命缺陷问题	不存在任何致命缺陷问题
个人标准	个人目标与创业活动相符合
	创业家可以做到在有限的风险下实现成功
	创业家能接受薪水减少等损失
	创业家渴望进行创业这种生活方式，而不只是为了赚大钱
	创业家可以承受适当的风险
	创业家在压力下状态依然良好
理想与现实的战略差异	理想与现实情况相吻合
	管理团队已经是最好的
	在客户服务管理方面有很好的服务理念
	所创办的事业顺应时代潮流
	所采取的技术具有突破性，不存在许多替代品或竞争对手
	具备灵活的适应能力，能快速地进行取舍
	始终在寻找新的机会
	定价与市场领先者几乎持平
	能够获得销售渠道，或已经拥有现成的渠道
	能够允许失败

二、商业计划书的作用

商业计划书（Business Plan）是为了精准对接投资机构，达到找风险投资（Venture Capital，VC）、拿风投、引合伙、谈合作的目的（如图1-1-6所示），也是在前期对项目科学地调研、分析、搜集与整理有关

图1-1-6 商业计划书的作用

资料的基础上，根据一定的格式和内容的具体要求而编辑整理的一个全面展示项目状况、未来发展潜力与执行策略的书面材料。它可以梳理、总结、反思企业以前的营运状况，找到问题并提出解决方案；预测企业未来的机遇与风险，并做好未来的行动和发展规划。

商业计划书在执行过程中，还起到商业沟通、企业管理、业务承诺的作用。

（一）商业沟通

一份完整成熟的商业计划书可以起到商业沟通的作用（如图1-1-7所示），可以介绍企业的价值、公司的成长历史、未来的成长方向和愿景、潜在盈利能力等，从而吸引到投资、信贷、员工、战略合作伙伴。沟通即信息交流，指把某一信息传递给沟通对象，期望沟通对象做出预期回应的整个过程。沟通本身会存在障碍，它需要通过信息和通道，将信息接收进行反馈后，获得信息源，从而消除沟通双方的信息障碍。

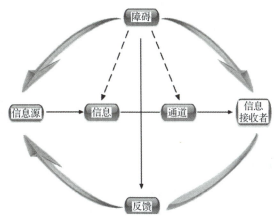

图1-1-7　商业沟通过程结构

（二）企业管理

商业计划书是一个计划工具，是一个企业管理工具，它能引导公司走过不同的发展阶段，帮助企业管理者冷静地面对市场，认真地分析项目的可行性，掌握企业的战略层、主营业务层、经营管理层、支撑体系层、企业文化层等多方面状态（如图1-1-8所示），以便让团队更深刻地理解自己的业务到底走向何方，增加企业成功运营的概率。

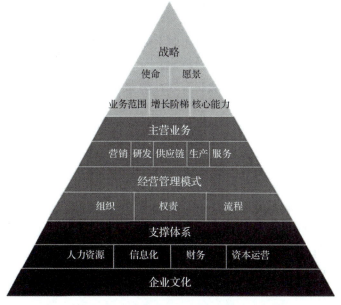

图1-1-8　企业整体结构

（三）业务承诺

商业计划书也是一个承诺的工具，在企业利用商业计划书融资的时候，它的重要性体现得最为明显。一个酝酿中的项目往往在规划时公司对其是模糊不清的，而通过商业计划书和创业投资策划的撰写，可以使一个完整可行的创业投资行为跃然纸上，成为创业企业的行为指南和吸引投资的"金钥匙"。

在外部管理时，商业计划书和其他的法律文档一样，在企业和投资人签署融资合同时，它往往作为一份合同附件存在，共同构成了一个业绩承诺。它规定了管理人完成或没有完成商业计划书中所约定的目标时，投资人和企业家之间在利益上如何重新分配。

在内部管理时，在上级和下级就某一特定目标达成一致以后，他们合作完成的商业计划书就记录下了对目标的约定，成为各类激励工具得以实施的重要基础。

总之，商业计划书不仅仅是一份企业介绍，其清晰的框架非常关键，定义非常复杂，是一个严格的市场分析和行业分析过程，既要考虑客户和市场，也要考虑竞争对手的情况，一份完善的商业计划书为后续商业发展提供必要的保障。

三、商业计划书的类型

商业计划书是有很多种类型的，创业者应当根据自己公司的定位选择适合自身企业的商业计划书，只有这样才能够吸引投资人的投资。商业计划书大致可以分为八种不同的类型，即创业计划书、项目计划书、商业策划书、招商计划书、私募计划书、并购计划书、合作计划书、商业企划书。一个复杂的计划并不能保证比一个简短的计划更好。成功取决于各种因素，以及在正确的环境中是否使用了正确的计划。

（一）创业计划书

1. 定义

创业计划是创业者叩响投资者大门的"敲门砖"，是创业者计划创立的业务的书面摘要，一份优秀的创业计划书往往会使创业达到事半功倍的效果。

2. 特点

（1）从使用主体来看，创业计划书的使用主体一般是独立的技术人员或者资源渠道掌握者。

（2）从融资规模来看，由于处在创业阶段，创业计划书的融资金额相对较小，往往亿元以下。

（3）从撰写的角度来看，创业计划书的核心在于项目创意和创新点。

3. 主要内容

创业计划书的起草与创业本身一样是一个复杂的系统工程，不但要对行业、市场进行充分的研究，而且还要有很好的文字功底。对于一个发展中的企业，专业的创业计划书既是寻找投资的必备材料，也是企业对自身的现状及未来发展战略全面思索和重新定位的过程。

创业计划书是一个展望项目未来前景，细致探索其中的合理思路，确认实施项目所需的各种必要资源，再寻求所需支持的过程。创业内容不同，创业计划书的写作内容也不尽相同，只能根据创业项目自身的性质和特点，根据创业项目的受众特点，以及创业团队的独立判断来设计内容和结构。

（二）项目计划书

1. 定义

项目计划书（Project Plan）是指项目方为了达到招商融资和其他发展目标等目的而制作的计划书。

2. 特点

（1）从使用主体来看，项目计划书的使用主体一般是集团公司。

（2）从融资规模来看，项目计划书的融资金额相对较大，往往在亿元以上，甚至高达数亿元。

（3）从撰写的角度来看，项目计划书的核心在于项目产品或服务的市场分析和项目财务分析。

3. 主要内容

（1）项目提出的背景和必要性。关于项目背景的分析会从宏观（国内外发展形势）、中观（行业及市场）和微观（企业）三个层面进行分析；关于必要性的分析则主要从企业（项目可为投资者带来什么好处）及消费群体（项目能解决消费群体什么痛点）两个层面进行。

（2）项目实施的技术方案。包括项目的技术路线、工艺等。

（3）项目组织架构和人员安排。包括项目的组织架构设计、项目团队的介绍和包装。

（4）项目资金需求及来源。包括项目总投资估算、资金筹措方案、投资使用计划等。

（5）项目经济和社会效益分析。包括项目未来2年、5年至10年运营期的生产成本，销售收入和利税估算；财务内部收益率，投资回收期，投资利润率，财务净现值等财务指标分析；社会效益分析。

（6）项目风险分析及应对措施。包括项目政策风险、管理风险、资金风险、信息不对称等风险分析及其应对措施。

（三）商业策划书

1. 定义

商业策划书是创业者手中的武器，提供给投资者和一切对创业者的项目感兴趣的人，向他们展现创业的潜力和价值，说服他们对项目进行投资和支持。

2. 特点

（1）从使用主体来看，商业策划书的使用主体一般是独立的大中型企业。

（2）从融资规模来看，商业策划书的融资金额相对较高，往往在亿元以上。

（3）从撰写的角度来看，商业策划书的核心在于商业模式和商业逻辑的阐述。

3. 主要内容

商业策划书包括摘要、综述、附录三大部分。

（1）摘要是商业策划书的要点的提炼，它浓缩了的商业策划书的精华。摘要涵盖了商业策划的要点，以便投资者能在最短的时间内评审计划并做出判断。

摘要一般包括以下内容：项目发起的背景、项目投资亮点、项目投融资规模、项目预期收益等投资人较为关注的信息。重点说明项目发起的思路、商业机会的发现过程，以及项目的目标和发展战略。

（2）第二部分最主要的是进行产品或服务介绍、人员组织、营销策略、市场预测、财务规划。

(3) 在商业策划书最后附上专利证明扫描件、权威机构授权书等能够为项目提供背书支撑的相关文件的扫描件，以增强投资人对项目的信心。

(四) 招商计划书

1. 定义

招商计划书是项目建设单位根据项目定位、项目所在地经济发展情况、项目本身基本情况发起的对商户的共同合作的招募行为的构想，是对项目发展、执行的框架性的总体构建，主要从宏观上论述项目的定位及策略、具体的制定招商的各项执行方式，将项目的宏观构想变为实实在在的行动。

2. 特点

(1) 从使用主体来看，招商策划书的使用主体一般是地方招商办、产业园区管委会和产业园主导企业。

(2) 从融资需求来看，招商策划书对资金的需求相对较弱，主要是为了将相关的企业整体引进。

(3) 从撰写的角度来看，招商策划书的核心在于招商对象的确定、招商区域的选定、招商活动的策划和招商保障措施的制定等。

3. 主要内容

(1) 招商对象的确定。

(2) 招商方式与渠道的确定。主要有项目洽谈会、项目发布会、经济技术合作交流会、投资研讨会、登门拜访等。

(3) 招商谈判策略的制定。主要包括明确谈判目的、招商目标制定、招商洽谈三个步骤。

(五) 私募计划书

1. 定义

私募计划书就是根据企业目前情况以及未来发展，对企业自身商业模式进行阐述，并预测未来市场机遇，以及实现与私募股权基金共赢的商业计划的论证书。可见，私募计划书实际上是企业未来3~5年发展的规划图和论证方案。成功撰写一份私募计划书，不仅可以启动私募股权融资程序，而且也有助于企业家形成正确的企业发展规划。

2. 特点

(1) 从使用主体来看，私募计划书的使用主体一般是私募基金的发起人。

(2) 从融资规模来看，私募计划书的融资对象相对较为集中，个体的融资规模相对较大，多在千万元以上。

(3) 从撰写的角度来看，私募计划书的写作重点在于募集资金后拟投资项目产品或服务的市场潜力及发展前景。

3. 主要内容

私募计划书的阅读人员可能是团队成员、潜在的投资人和合作伙伴、供应商、顾客、金融机构等，因此，一份好的私募计划书应避免使用过多的专业词汇，应当聚焦于特定的策略、目标、计划和行动。计划书的篇幅要适当，太简短，容易让人不相信报告的严肃性和项目的可行性；太冗长，则会被认为太啰唆，表达不清楚。一篇私募计划书通常的篇幅为

20~40 页。从总体来看，写私募计划书的几条原则是：简明扼要；条理清晰；内容完整；语言通俗易懂；意思表述精确。

（六）并购计划书

1. 定义

并购计划书是并购方为了对特定的项目进行并购而出具的一份并购方案，以供集团内部审核和被并购企业来评估决策。

2. 特点

（1）从使用主体来看，并购计划书的使用主体一般是资金实力较为雄厚的大中型集团。

（2）从撰写的角度来看，并购策划书的核心在于论述并购活动对公司现有业务的影响及被并购项目未来的潜力。

3. 主要内容

并购计划书也可以理解为并购方案的制定。关于并购方案的设计，应根据评价结果、限定条件（最高支付成本、支付方式等）及目标企业意图，对各种资料进行深入分析、统筹考虑，设计出多种并购方案。

（七）合作计划书

1. 定义

合作计划书是项目发起方为了分散风险或者联合合作伙伴的核心技术或特有的资源渠道等目的而向拟合作伙伴发出的项目邀请文件。

2. 特点

（1）从使用主体来看，合作计划书的使用主体一般是项目的发起方。项目发起方自身拥有一定的资源，但要完成整个项目，还需要寻找外部资源进行合作。

（2）从合作方式来看，往往是合作双方（多方）组成新的企业法人，按照合作协定的利润分成比例进行最终的利润分配。

（3）从撰写的角度来看，合作计划书更注重的是合作模式的商定及利益分配机制的设定。

3. 主要内容

（1）项目发起方的优势及资源。主要是向其潜在合作伙伴展示项目发起人自身的优势，向潜在合作伙伴传递：与"我"合作是切实可信的，是有盈利保障的。

（2）合作伙伴的资源及优势。合作伙伴的资源及优势是合作计划书撰写的前提，如何将合作伙伴的资源及优势融入项目中来，通过何种形式将合作双方（多方）的资源形成合力，实现"双赢（多赢）"的局面。

（3）合作双方（多方）的利润分配。这是合作成果的分享环节，也是合作的最终目的。通过对合作双方（多方）资源禀赋价值的评定及其在项目营收中的贡献，分配给合作双方（多方）相应的利润。

（八）商业企划书

1. 定义

商业企划书是创业者（或是企业主）与潜在投资者之间一种最有效的沟通工具，是一种说明公司的长期目标/总目标（Goals）、阶段目标/次目标（Objectives）、商业策略

（Strategies）以及战术（Tactics）的文书。简单地说，企划书的目的是要说明公司未来要往哪里去，它要如何到达目的地，以及目标达成后的景象如何。

2. 商业企划书的分类

商业企划书包括市场营销调研企划书、营销企划书、市场定位企划书、企业形象企划书、产品企划书、品牌企划书、价格企划书、营销渠道企划书、促销企划书、广告企划书、整合营销传播企划书、服务企划书、网络营销企划书、关系营销企划书。

3. 主要内容

商业企划书必不可少的 8 大基本要素：

（1）What（什么）——企划的目的、内容。
（2）Who（谁）——企划主体及项目产品或服务对应的目标群体。
（3）Where（何处）——企划实施场所。
（4）When（何时）——企划的时间。
（5）Why（为什么）——企划缘由、前景。
（6）How（如何）——企划的方法和运转实施。
（7）How much（多少）——企划预算。
（8）Effect（效果）——预测企划结果、效果。

任何一种真正意义上的企划书必须具备上述 8 个基本要素。值得一提的是，要注意 How much 和 Effect 对整个企划案的重要意义。如果忽视企划的成本投入，不注意预测企划书的实施效果，那么，这种企划就不是一种成功的企划。

为了更好地说明商业计划书的作用，本教材将以创业计划书为例，对撰写一份完善的商业计划书进行说明。

四、商业计划书的格式规范

作为创业者创建新企业的蓝图，商业计划书在本质上是一座沟通理想与现实的桥梁，是把计划书中的创业或经营活动推销给了创业者自己。此外，商业计划书是创业者吸引投资者的创业资本的一份报告性文件。创业计划对于任何形式出资的创业者都是有需要的，因此，提前做一个较为完善的计划是非常有意义的。

（一）商业计划书的要素

1. 关注产品

在商业计划书中，应提供所有与企业产品或服务相关的细节，包括企业所实施的所有调查。需要回答的主要问题包括：商品的属性与定义。产品正处于什么样的发展阶段？它的独特性怎么样？企业分销产品的方法是什么？谁会使用企业的产品？产品的生产成本是多少，售价是多少？企业发展新的现代化产品的计划是什么？

2. 敢于竞争

在商业计划书中，创业者应细致分析竞争对手的情况。需回答的主要问题有：竞争对手是谁？他们的产品是如何实现其价值的？竞争对手产品与本企业产品相比，优缺点有哪些？竞争对手采用的营销策略是什么？要明确每个竞争者的销售额、毛利润、收入以及市场份额，并说明竞争优势，展示顾客偏爱本企业的主要原因。

3. 了解市场

商业计划书要给投资者提供企业对目标市场的深入分析与理解，分析经济、地理、职业以及心理等因素对消费者选择产品行为的影响。因此，要制订完善的营销计划与销售策略，计划中应列出本企业打算开展广告、促销以及公共关系活动的地区，明确每一项活动的预算和收益。比如：企业是使用转卖商、分销商还是特许商？

4. 表明行动方针

企业的行动计划应该是无懈可击的。商业计划书中应明确以下问题：企业如何把产品推向市场？如何设计生产及组装产品？需要哪些原料？拥有哪些生产资源，还需要什么生产资源？生产与设备的成本是多少？设备是购买还是租赁？固定成本与变动成本分别为多少？

5. 展示队伍

把一个思想转化为一个成功的风险企业，其关键因素就是要有一支强有力的管理队伍。应描述整个管理队伍及其职责，再分别介绍每位管理人员的特殊才能、特点和造诣，详细描述每个管理者将对公司所做的贡献，明确管理目标以及组织结构图。

6. 计划摘要

商业计划书的计划摘要非常重要。它必须能让投资者感兴趣并渴望得到更多的信息，它将给投资者留下长久的印象。计划摘要是投资者首先要浏览的内容，如果公司是一本书，它就像是这本书的封面，写好了就可以吸引投资者。

（二）商业计划书所需材料清单

商业计划书是全面介绍公司或项目运作情况及阐述未来发展前景和融资要求的书面材料。为使商业计划书更全面地被投资者了解，一般应包含以下材料清单：

（1）公司概要。
（2）股权结构、股东背景。
（3）公司组织架构、高级管理人员简介。
（4）产品介绍、市场占有率、知识产权状况。
（5）资金需求及使用计划。

此外，商业计划书的编制原则是：真实，论据、假设合理；形式完善，叙述清晰流畅；简明扼要，突出重点。

（三）商业计划书的架构

不同行业的商业计划书形式有所不同。但是，从总的结构方面来讲，所有的商业计划书都应该包括摘要、主体、附录三个大部分。摘要是对整个商业计划书最高度的概括。摘要部分的作用是以最精练的语言、最有吸引力和冲击力的方式突出重点，一下子就抓住投资者的心。摘要部分是引路人，把投资者引入文章的主题。主体部分是整个商业计划书的核心，其功能是最终说服投资者，使他们充分相信这个项目是一个值得投资的好项目，以及管理团队有能力让他们的投资产生最佳的投资回报。附录部分是对主体的补充，提供更多更详细的补充信息，完成主体部分中言犹未尽的内容。

1. 摘要

摘要应该包含创业计划的主要内容，以简明扼要的语言总结、概述整个商业计划书的内容及创业战略，其目的是吸引投资者产生想进一步评估的兴趣。

2. 业务内容

在介绍创业项目及计划的主要业务内容时，为了让投资者对创业计划有一个初步的了解，需要简单明了。既要覆盖业务的各个方面，不可遗漏一些内容，又不能冗长啰唆，让人不知所云。此部分内容主要包括：
（1）公司简介。
（2）市场目标。
（3）经营策略。

3. 行业分析

在商业计划书的前期准备工作中，已经收集了必要的技术资料，并做了详细的市场调查，在此，创业者所要做的是对这些资料和数据进行整理、归纳和总结，以毋庸置疑的翔实数据和合理的逻辑分析，描绘出真实的市场情况。行业分析的目的不只是为了使创业者知己知彼，更是为了向投资者展现一幅充满生机和希望的商业图景，证明向本项目投资是有利可图的。此部分内容主要包括：
（1）行业的国内现状。
（2）行业的国外现状。
（3）行业的发展方向。
（4）市场规模。
（5）市场份额。

4 产品与服务

为了使商业计划书对投资者产生足够的吸引力，在介绍创业项目的产品或服务时，要突出创新及其不可比拟性，全面介绍产品或服务的优点、价值，将之与竞争对象进行比较，证明自己的产品或服务是前所未有的。即使市场上存在相似的产品或服务，也要说明公司的产品或服务是最好的，不仅可以提供额外的价值，而且还代表了市场发展的方向，迟早要成为市场的主流。此部分内容主要包括：
（1）产品或服务是什么。
（2）产品或服务有什么特点。
（3）如何为客户创造价值。

5. 管理团队

风险投资界有一句名言："宁投一流的人才、二流的项目，不投二流的人才、一流的项目。"投资者特别强调对创业管理团队的考察，以保证创业管理团队的结构和人员素质达到应有的要求。此部分内容主要包括：
（1）管理团队的三种人：管理、技术、市场。
（2）管理团队的素质和能力。
（3）组织结构。
（4）激励机制。

6 生产过程

生产过程也是商业计划书中的一个重要内容，此部分应能使得投资者对创业产品的生产过程有一个清晰的了解，从而对创业项目产生兴趣。此部分内容主要包括：
（1）工艺流程。
（2）厂房、设备、劳动力。
（3）原材料采购、供应。
（4）质量标准。

(5) 生产规模。

7. 市场营销

市场营销在企业产品和顾客之间架设了一道桥梁，只有通过市场营销，企业产品才能转化为利润，所以市场营销是投资者十分关心的内容。市场营销极富挑战性，其设计应充分展示创业者挖掘市场的潜力。此部分内容主要包括：

(1) 客户是谁。
(2) 营销计划。
(3) 营销手段。
(4) 定价。
(5) 营销团队。

8. 研究与开发

任何技术及产品都有一定的生命周期，为保持企业的生命力，实现长期发展的目标，企业必须考虑研究与开发的问题，研究与开发的关键是创新与发展的能力，因此，商业计划书对研究与开发的叙述要突出企业的创新与发展能力。此部分内容主要包括：

(1) 研发计划。
(2) 研发人员。
(3) 合作单位。

9. 财务分析

在商业计划书的财务分析中，不仅要有一份良好的财务记录，还要突出预计的盈利能力和良好的现金流，并详细说明资金的筹集情况和使用计划，以增强投资者对投资项目的信心。此部分内容主要包括：

(1) 财务模型。
(2) 目前的财务状况。
(3) 3年财务预测。
(4) 资金的流入与流出。
(5) 融资计划。
(6) 资金流向。

10. 风险控制

风险是任何企业都无法规避的问题，商业计划书应对企业可能遇到的各种风险做出实事求是的分析，从而使整个创业计划显得更客观；同时，还要提出一些风险防范措施。此部分内容主要包括：

(1) 竞争优势分析。
(2) 风险分析。
(3) 风险的控制。

11. 风险资本的退出

一般情况下，风险投资属于权益性投资，投资退出的方式是投资者非常重视的方面。创业者要精心设计一个兼顾各方利益、有利于投资者的退出方式，才能提高获得风险投资的可能性。此部分内容主要包括：

(1) 股权交易。

(2) 回购。

(3) 上市。

12. 附录

附录是商业计划书的一个重要组成部分。附录是正文的重要补充。

> **想一想**
>
> 在智能制造的发展趋势下，一个传统制造业的集团公司正面临转型期，面对市场优胜劣汰的竞争规则，公司董事会决定写一份优化生产模式、重振集团业绩的商业计划书。请你指出这份商业计划书所属类别。它应该包含哪些内容要素？请你试着构建商业计划书框架。

思考与练习

1. 【判断题】风险投资者一般不会先与创业者面谈，而是先审阅创业企业的商业计划书。（　　）

2. 【判断题】创业项目的调研只要在确定项目后进行一次就可以。（　　）

3. 【多选题】创业项目的市场调研目标主要包括（　　）。
   A. 产品调研　　　　　　　　　B. 竞争对手调研
   C. 背景和行业调研　　　　　　D. 消费者调研

4. 【单选题】创业项目识别的七大问题中不包括以下哪一项。（　　）
   A. 项目产品和服务　　　　　　B. 市场容量
   C. 如何生产　　　　　　　　　D. 竞争对手

5. 【判断题】研讨项目和识别商机是商业计划书撰写的开始。（　　）

6. 【判断题】高校的创新项目是大学生创业项目的主要来源。（　　）

7. 【判断题】商业计划书可以描述现状也能预测未来。（　　）

8. 【判断题】不同类型的企业实现战略目标的阶段不一样。（　　）

9. 【多选题】创业企业的发展战略目标包括。（　　）
   A. 品牌　　B. 市场　　C. 资金　　D. 团队　　E. 产品

10. 【判断题】创业企业如果失败，创业者不用归还风险投资投入的资金。（　　）

评价与分析

学习过程评价表（学生自评、互评，教师评价）

班级		姓名		日期　　月　　日	配分	自评	互评	教师
评价	平时表现评价		1. 出勤情况 2. 遵守纪律情况 3. 学习任务完成情况，有无提问记录 4. 是否主动参与情况学习活动		30			

续表

班级		姓名		日期	月　　日	配分	自评	互评	教师
评价	创业知识	1. 了解蒂蒙斯创业过程模型的含义 2. 了解商业计划书的定义与作用 3. 了解商业计划书的分类 4. 熟悉商业计划书包含的框架要素				20			
	创业实践	创业实践任务：起草一个商业计划书的框架				30			
	综合能力	1. 能否使用文明礼貌用语，有效沟通 2. 能否认真阅读资料，查询相关信息 3. 能否与组员主动交流、积极合作 4. 能否自我学习及自我管理				20			
合计						100			
教师评语									

创新创业名句

采用原始创新去开发新技术，而原始创新要有科学技术知识的积累。

——闵恩泽

单元二

规划商业计划书

知识目标

1. 掌握商业计划书的框架结构；
2. 了解商业计划书的撰写原则；
3. 掌握商业计划书的正文内容。

能力目标

1. 懂得各类别计划书中各要素的主次性；
2. 能就某企业的案例撰写一份完整的商业计划书；
3. 会将长篇幅商业计划书中的关键信息进行提炼。

素质目标

1. 培养通过完整书面计划呈现问题解决方案的意识；
2. 树立全面性调研、思考、分析和解决问题的全局观；
3. 培育创新意识、激发创造能力、强化创业价值引导。

知识导图

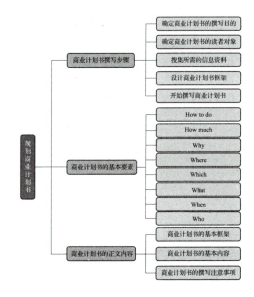

重点难点

商业计划书的撰写。

教学资料

视频资料

课件资料

案例及分析

【案例】

咖啡老板的商业规划

一个刚进入咖啡店行业的老板,由于对市场和顾客的需求还不太了解,营业额逐月下降。于是,他对周边3公里范围内的市场做了一次调查,发现周边已有20家咖啡店,而且它们的生意都不太好。这个老板认真剖析了原因,找到了症结所在。其主要原因有两个:一是咖啡店数量过多;二是同质性,基本经营特色大同小异。因此,他做了一份商业计划书,其核心就是差异化经营,以适合小微企业办公环境为其核心特色,并且认真执行,一年后彻底扭转了局面。他写的商业计划书的主要章节是:第一章周边市场调查;第二章咖啡店业绩下滑的症结;第三章提升业绩的有效方案;第四章计划执行流程。

【分析】

成功商业模式可进一步划归为"基于技术创新"和"依托产业价值链"两类,并在不同的专业领域与产业价值链条上做出了不同程度的创新。

成功的商业模式非常一样而又非常不一样。非常一样的是创新地将内部资源、外部环境、盈利模式与经营机制等有机结合,不断提升自身的盈利性、协调性、价值、风险控制能力、持续发展能力与行业地位等。非常不一样的是在一定条件、一定环境下的成功,更多的是具有个性,不能简单地复制,而且必须通过不断修正才能保持企业持久的生命力。

上述案例咖啡店老板正是依托产业价值链,将经济法则与人文需求相结合进行了商业模式的创新。他在撰写商业计划书时,只需要将以下几方面阐述清楚即可:

(1) 说明目前咖啡市场中存在什么空白点,以及这个问题有多严重。

(2) 论证咖啡店这个市场有多大,未来是怎么样?

(3) 有什么样的解决方案来解决这个问题。

(4) 店内的产品将面对的用户群是哪些?

(5) 说明自己的竞争力,突出自己的亮点。

(6) 说明未来一年或者6个月差异化经营实施计划,譬如:需要投资多少钱,具体用途,及目标赚多少钱。

一、商业计划书撰写步骤

商业计划书是一个创业项目的发展蓝图和行动纲领,是企业或项目单位为达到招商、融资、寻找合作伙伴及其他发展目标,根据一定格式和内容要求,撰写的一份全面展示企业和项目目前状况、未来发展潜力的书面材料。

对于一家创业企业来说,制作一份商业计划书,有两方面的价值:一是为了向投资者

（评委、商业伙伴）展示，让他们更快速便捷地了解项目，了解创业者要做什么以及如何做，帮助项目融资；二是帮助创业者梳理自己的创业思路，包括提炼和梳理产品逻辑、业务走向，规划发展路径，定制资金规划等。

如果说创新创业的本质是解决问题，那么商业计划书就是一套完整的问题解决方案。一份高质量的计划书是创业项目成功的第一步。

商业计划书的撰写可以按以下步骤进行，如图 1-2-1 所示。

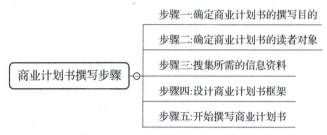

图 1-2-1　商业计划书撰写步骤

（一）确定商业计划书的撰写目的

为什么要撰写创业计划书？一般而言，根据商业计划书的功能定位，主要分为两种目的：

一种是被广泛应用于融资工具，达到吸引投资者并成功获取资金资源的目的。

一种是用于公司内部的项目建议书，主要目的是便于组织内部沟通并认同项目的价值，并明确项目的战略规划与行动方案，便于项目的实施管理。该类商业计划书在管理团队、经营管理计划方面的内容不宜过多描述，而应该强调项目的重要性、项目的实施进度等务实方面的内容。

（二）确定商业计划书的读者对象

不同的读者对象，所关注的商业计划书内容的侧重点会有较大的差别，这当然与撰写创业计划书的根本目的，即创业者的个人需求也存在紧密的关系。如果创业者对个人的需求非常清晰，对读者对象了如指掌，那么创业者一定能够将重点信息提供给目标读者。

如果创业者的商业计划书是为了获取资金等资源支持，那么计划书的读者就会是投资者或者贷款方。投资者最为关注的是盈亏平衡点、投资回报、项目的长期发展潜力以及管理团队的能力；而贷款方则是更多的关注贷款项目的风险。

如果创业者的商业计划书只是用于企业内部的沟通交流，或者说是内部创业的商业计划书，那么计划书就应该主要面向负责投资决策的董事会或者利益相关者。他们最为关注的是项目的可行性分析、投资回报以及具体的行动方案。

（三）搜集所需的信息资料

充足的信息资料将有助于创业者完成一份分析透彻、论据充分、内容丰富的商业计划书。因为商业计划书的涵盖面很广，创业者可能需要就各个构成要素准备所需信息资料；而且商业环境分析、竞争性分析、目标市场定位以及项目的可行性等关键性内容都需要充分的数据、信息来强力支撑。

因此，信息资料的搜集与准备，也是商业计划书撰写过程中的关键环节。其具体流程如下：

(1) 初步设计商业计划书的主要结构。
(2) 确定所需信息资料的重点以及详细分类。
(3) 确定已有的关键信息与缺乏的信息资料。
(4) 开始搜集信息资料。
(5) 对信息资料进行重新编码。

(四) 设计商业计划书框架

这里所指的商业计划书框架，并非通用的商业计划书内容结构框架，而是一个充分体现创业项目特色、各部分子标题更加细分明确的商业计划书框架。具体设计原则如下：

1. 五个依据

一是依据撰写目的；二是依据读者对象；三是依据一般的商业计划书主要构成要素；四是依据创业项目的性质与特征；五是根据搜集的信息资料。

2. 两个便于

一是便于撰写者自己后期的撰写，这就要求各部分的子标题越细分越好，当然，整体逻辑还是需要非常清晰，让人读起来感觉很连贯；二是便于读者找到自己关注的重点内容（一般通过小标题来体现）。

3. 一大特色

充分体现创业项目的特色。在总体框架设计中，一方面是整体的思路与逻辑体现出创业项目的优势，另一方面是一些小标题能够体现出创业项目的亮点。

(五) 开始撰写商业计划书

本部分内容是商业计划书成文的关键步骤。撰写商业计划书之前，要先把项目分析透彻，可以运用"商业模式画布"进行具体分析（如图1-2-2所示）。

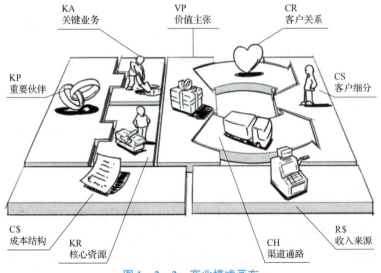

图1-2-2 商业模式画布

(1) 客户细分：产品的核心用户群体。
(2) 价值主张：产品能提供给核心用户的核心价值、核心需求。
(3) 渠道通路：如何将产品送达给用户。
(4) 关键业务：制造产品、问题解决、平台等。

(5) 收入来源：产品的收益方式（如流量变现、游戏、电商）。
(6) 核心资源：资金、人才、技术、渠道。
(7) 成本结构：创造产品的投入资源，如资金、人力等。
(8) 重要伙伴：商业链路上的伙伴，如产品方和渠道方。
(9) 客户关系：产品和用户的关系。

这9个要素并不是任选一个开始进行的，而是要按照一定的顺序才能发挥它最大的作用。首先要了解目标用户群（客户细分），然后确定他们的需求（价值主张），思考我们如何接触到用户（渠道通路），制作怎样的业务（关键业务），怎么使产品盈利（收入来源），凭借什么筹码实现盈利（核心资源），投入产出比是怎样的（成本结构），能向你伸出援手的人（重要伙伴），以及维护客户关系。这个顺序关系带领我们梳理了整个商业计划书的重要脉络，能给计划书带来更清晰的思路，帮助我们减少写作过程中的"卡壳"。

将各部分的要点提炼出来形成"摘要"，放在封面之后。对商业计划书进行文字校对、页码排序、装帧装订。

二、商业计划书的基本要素

撰写计划书时，要根据商业计划书的结构来具体说明。一份好的商业计划书应包含以下基本要素：2H6W（如图1-2-3所示）。

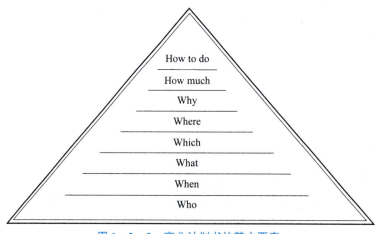

图1-2-3 商业计划书的基本要素

（一）第一个"H"——How to do

即商业计划书中要体现你打算怎么做。

例如，一个有关跨境电商平台的创业项目可以这样叙述：我们将在两年内打造一个面向全球60亿人的跨境电商服务平台，通过建立全球化采购渠道、快速运输配送网络，以区块链技术克服语言沟通、物流配送、质量保真等方面的困难，让天下没有难做的跨境生意。

（二）第二个"H"——How much

即在商业计划书中一定要讲清楚资金问题，包括需要多少钱、能赚多少钱、盈利空间有多大等。

同样以跨境电商平台项目为例，计划书中可以这样写：我们需要2000万美元，占股

10%~20%，主要用于区块链系统研发、采购渠道打通、物流网络搭建等。项目上线后一年内可实现盈亏平衡，第二年的盈利能力将超过 3000 万美元；项目上线后三年内将实现纳斯达克上市，投资回报率将达 1000 倍等。

（三）第一个"W"——Why

即为什么要做这个项目。

例如：行业的痛点和问题是什么，为什么这么做；用户需求是什么、需要的频次如何，是真需求还是伪需求。

（四）第二个"W"——Where

即开展这个项目的必要市场在哪里。

例如：目标市场和相关潜在市场在哪里、规模多大，未来趋势如何？目前市场现存痛点的解决方案是什么，有没有做到最好，替代方案的市场占有率多少？种子客户与核心客户在哪里？这三方面的答案可通过分析政府数据、行业数据、同行数据来获取。

（五）第三个"W"——Which

即行业里的竞争对手以及彼此差异有哪些。

例如：哪些是核心竞争对手，哪些是潜在竞争对手，判断标准是什么，他们提供什么产品或服务；差异性分析，彼此商业模式的差异性在哪儿，自身取而代之的机会在哪儿。

（六）第四个"W"——What

即项目运营时呈现的产品是什么。

产品的研发如何规划商业模式和产品体系。在开发种子客户、获得核心客户时，用什么商业模式出奇制胜。例如，用户、定价、市场、宣传、人才等各项运营策略是什么。

（七）第五个"W"——When

即项目实施过程中的各时间节点。

例如：融资的时间节点规划，计划融资多少轮，每轮融资多少钱；花钱计划，本轮融资的盈亏平衡点将出现在何时。

（八）第六个"W"——Who

即说明谁在做这个项目，团队优势如何。

例如：团队成员简介，包括实际参与运营的团队成员是谁，如何分工，组织架构是否健全；已有股东简介，包括股东投资情况如何，股份是否清晰合理；关键专家人物简介，包括是否有相关领域的权威顾问，是否有后备力量等。

三、商业计划书的正文内容

撰写商业计划书的目的是解决一个问题，就是吸引和说服投资者投资。对外是为了让投资者提前了解企业，省去大量的面对面沟通时间而出现的一种商业信息载体；对内则是让企业厘清成长思路的蓝图。

（一）商业计划书的基本框架

商业计划书包括引导内容、核心内容、结尾内容（如图 1-2-4 所示），其中核心内容包含挖掘商机、组建团队、获取资源三要素，主要包括以下几个方面：

（1）增长前景：投资者需要看到公司的盈利前景。

（2）融资方案合理性：方案的合理性。

（3）合法合规合策性。

（4）竞争优势：

1）产品或服务—企业研发（成果转化）—技术转移—技术开发—科学研究。

2）商业模式—战略选择—产业定位—产业环境—宏观环境。

3）资源禀赋与竞争基础（人、财、物、其他）

（1）~（3）是投资机构核心投资逻辑；（4）是企业核心业务逻辑及外部环境。

通常在做产业定位时，必须要尽量细化到产品，不能空谈；商业模式就是企业要如何做的一个详细步骤；所有这些都需要考虑证据性和可验证性，可以从专利、技术参数、项目经验等方面来论证。

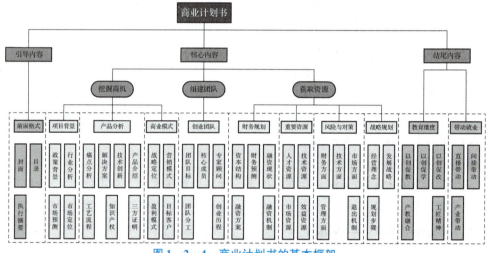

图 1-2-4 商业计划书的基本框架

（二）商业计划书的基本内容

商业计划书的基本内容一般包括以下 11 个方面：

（1）执行摘要。说明项目本身的主要技术要素和商业要素，一般 2000 字以内，让投资者快速了解项目。

（2）环境分析。包括政策分析、宏观环境分析、市场痛点、细分市场分析、目标市场的选择等）。

（3）产品概况。根据市场痛点制定的解决方案及创新点，包括产品或服务、研发、供应、生产、成本、性能与价格之比、市场的空间、产品的服务、产品设计与性能优势、同行业的生产优势、生产工艺的先进性、能耗、良品率、环保、专利申请及授权情况、第三方技术证明情况等。

（4）财务测算和融资。包括资金来源、未来 3 年销售额与利润预测、订单的预测、融资计划及股权分配。

（5）团队介绍。让合适的人做合适的事，包括职称、专业、项目经验。

（6）公司介绍。包括主营业务、目前进展、获得订单或合同协议情况、有多少意向客户、国家是否扶持行业、竞争者等。

（7）市场销售。包括营销模式、传播渠道、分销渠道、渠道竞争力、盈利模式。

（8）战略规划。包括战略布局，一般不超过5年。

（9）SWOT分析。包括技术、市场、资金、财务、政策、管理等的优势、劣势、机遇等，同时包括退出机制。

（10）教育与社会效益。包括教育本身、上中下游企业的带动情况等。

（11）附件。包括各类证明材料。

（三）商业计划书的撰写注意事项

商业计划书没有统一的格式（如图1-2-5所示），每个模块顺序及存在与否，并不是固定的，撰写者应根据项目特点灵活设计。但撰写时应该注意以下事项：

（1）团队一般不放在第一个，融资计划一般放最后。

（2）商业模式和产品可以放在一起，也可以分开。

（3）战略可以放在融资计划里面，也可以放在最后。

（4）战略和融资计划可以放在商业模式里面，也可以分开。

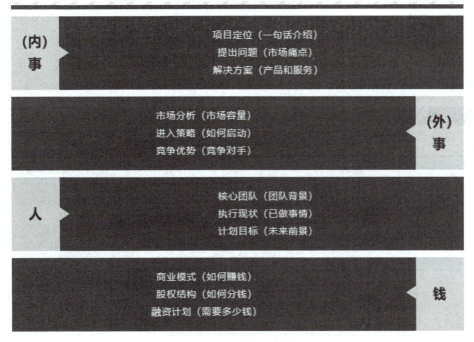

图1-2-5 商业计划书框架

> **想一想**
> 1. 撰写一份完整的商业计划书需要哪些基本要素？
> 2. 一份商业计划书框架结构包括哪些内容？

思考与练习

1. 【单选题】风险投资企业最愿意投资以下哪种类型企业？（　　）

A. 成熟的家电制造企业　　　　B. 公共基础建设投资

C. 高技术快速成长企业　　　　　　D. 发电站等具有稳定收益的企业

2.【单选题】一般来说，商业计划书有两部分最核心的内容，称为"商业计划书两条腿"，第一部分是产品或服务，第二部分是（　　）。

A. 消费者　　　B. 市场　　　C. 财务　　　D. 投资回报

3.【单选题】财务报表中的三大报表不包括（　　）。

A. 现金流量表　　B. 资产负债表　　C. 所有者权益表　　D. 损益表

4.【多选题】商业计划书的主要内容包括多个逻辑层面，其中包括（　　）。

A. 摘要　　　B. 封面　　　C. 附件内容　　　D. 正文内容

5.【多选题】商业计划书摘要撰写需要关注的问题包括（　　）。

A. 开门见山　　B. 通俗易懂　　C. 抓住痛点　　D. 文笔生动

6.【多选题】在产品介绍中，应该包括以下几方面内容？（　　）

A. 产品的机理和功能特点　　　　B. 产品的研发团队和技术水平
C. 产品的同类比较和影响力　　　D. 产品的未来研发战略

7.【判断题】盈利模式包括收入模式和成本模式。（　　）

8.【多选题】商业模式的分类主要包括（　　）。

A. 客户价值型　　B. 产品收益型　　C. 顾客资源型　　D. 平台型

9.【判断题】评审者最关心创业者的商业项目选择和科学知识的运用。（　　）

10.【判断题】在商业计划书中，战略规划应该分阶段和分年份提出。（　　）

评价与分析

学习过程评价表（学生自评、互评，教师评价）

班级		姓名		日期	月日	配分	自评	互评	教师
评价	平时表现评价	1. 出勤情况 2. 遵守纪律情况 3. 学习任务完成情况，有无提问记录 4. 是否主动参与学习活动				30			
	创业知识	1. 掌握商业计划书的结构形式 2. 理解商业计划书的基本要素：2H6W				20			
	创业实践	创业实践任务：完善一份商业计划书的框架				30			
	综合能力	1. 能否使用文明礼貌用语，有效沟通 2. 能否认真阅读资料，查询相关信息 3. 能否与组员主动交流、积极合作 4. 能否自我学习及自我管理				20			
		合计				100			
教师评语									

模块二
挖掘商业机会

创新创业名句

苟日新，日日新，又日新。
——《盘铭》（商）商汤

单元一

挖掘商业需求

知识目标

1. 了解创新创业的定义；
2. 熟悉商业机会获取；
3. 掌握商业机会筛选。

能力目标

1. 运用国家创新创业政策支持寻找创业机会；
2. 运用商业痛点分析寻找商机。

素质目标

1. 培养大学生创新创业的理念；
2. 提高大学生创新精神和创业能力。

知识导图

重点难点

1. 运用商业痛点分析寻找商机；
2. 商业机会获取和筛选。

教学资料

视频资料

课件资料

案例及分析

【案例】

中小微企业的关键引擎

中小微企业正逐步成长为我国技术创新的中坚力量和关键引擎。作为重要组成部分，科技型中小微企业的典型特点是"轻资产、重创新"。为此，党中央、国务院多次强调加大对中小企业的帮扶力度。今年1月，科技部官网发布《关于营造更好环境支持科技型中小企业研发的通知》，全国各地精准施策，通过采取加大减税降费力度、拓宽融资渠道、加强服务保障等举措，扶持科技型中小企业。

当越来越多的摩天大楼"穿"上了玻璃外衣，很多人在问，这些"玻璃建筑"如何做到冬暖夏凉？重庆禾维科技有限公司首创性地研发出"被动式智能建筑外遮阳系统"，他们生产出了"聪明的"热致调光玻璃，可在-20℃到70℃之间设置"记忆温度"。

凭着这样的技术，该企业晋升为国家高新技术企业，今年又入围重庆"专精特新"中小企业名单。"小微"变强变壮，需要时代风口下的自身努力，也需要政策塑造的环境。比如针对中小微企业成长的难点，重庆从人才、平台、资本、项目等各个创新要素板块推出一系列支持措施。今年5月，该市又推出18条新政，加码推动中小微企业成长。

科技型中小微企业兼具"科技型"和"中小微"两方面特点，缺乏资金与抗风险能力是其成长的"拦路虎"。如何破解？减税、降费、缓税、免税、退税……在全国各地，各种组合式税费支持政策，旨在给企业现金流"充值"，为企业发展注入"活水"。

在江苏，相关政府部门扩大了科技型中小企业研发费用加计扣除优惠政策覆盖面，做好税收优惠政策落实相关工作。今年1~9月，该省累计有3.98万家科技型中小企业享受研发费用税前100%加计扣除的优惠政策，加计扣除金额达710亿元。

在广东，政府部门支持企业增加研发投入，加大对企业的创新政策落实力度。2021年该省有8.6万家企业享受了研发费用加计扣除政策，加计扣除额5620亿元；普惠性科技金融覆盖面不断扩大，科技企业与资本市场有效对接获得支持，为企业创新插上了"金融翅膀"。

【分析】

从小微企业成长为行业翘楚，离不开政府打造的优良环境，也离不开自身创新力的提升。在激烈的市场竞争中，中小微企业提升创新力与提升抗风险能力是同步的。

一、创新创业的定义

(一) 创新的定义

创新是指人类为了满足自身的需要,不断拓展对客观世界及其自身的认知与行为,从而产生有价值的新思想、新举措、新事物的实践活动。创新具有人人皆有、时时皆有、处处皆有的特性。创新并不是特定的人、特定的时间特定的场所才能发生的。创新是人的本性,是人类与自然交互影响形成的一种自然禀赋。

(二) 创业的定义

创业是创业者对自己拥有的资源或通过努力能够拥有的资源进行优化整合,从而创造出更大经济价值或社会价值的过程。创业是"机会、资源、团队"三大要素的结合和有效链接。

创业实际上就是一种经济投资,主要表现为经济领域的活动,使没有的职业或行业开创出来,使已有的行业和职业做大做强。然而,无论什么样的创业都需要生命力和竞争力,生命力和竞争力必然体现在新的项目产品或者新的管理模式和理念上。

可以看出,创新与创业都是开创有别于其他的、新颖的,同时能产生积极作用的做法或结果,本质上是一致的。从创新和创业的发生、发展分析,创新和创业是相辅相成的:创新是创业的前提,创业是创新的归属。人类靠创新不断地推出新的职业和行业,靠创新把各种职业不断提升到新的高度。而创业不断实现创新的意义,达到创新的目的,又反过来促进人类不断创新。

二、国家政策支持

目前,从中央到各级地方政府,都出台了各项扶持政策,涉及创新创业指导、企业开办、税收优惠、贷款支持、落户支持、创新创业教学改革、学籍管理等多方面,以支持大学生的创新创业。

(一) 国务院层面的扶持政策 (如表 2-1-1 所示)

表 2-1-1 国务院层面的扶持政策

名称	网址	目的
《国务院办公厅关于深化高等学校创新创业教育改革的实施意见》(国办发〔2015〕36号)	http://www.ncss.org.cn/tbch/glzcdxscxcywjhb/gwy/291052.shtml	形成一批可复制可推广的制度成果,普及创新创业教育,实现新一轮大学生创业,引领计划预期目标
《国务院办公厅关于支持返乡下乡人员创业创新促进农村一二三产业融合发展的意见》(国办发〔2016〕84号)	http://www.gov.cn/zhengce/content/2016-11/29/content_5139457.htm	在《国务院办公厅关于支持农民工等人员返乡创业的意见》(国办发〔2015〕47号)和《国务院办公厅关于推进农村一二三产业融合发展的指导意见》(国办发〔2015〕93号)的基础上,为进一步细化和完善扶持政策措施,鼓励和支持返乡下乡人员创业创新

续表

名称	网址	目的
《国务院关于强化实施创新驱动发展战略进一步推进大众创业万众创新深入发展的意见》(国发〔2017〕37号)	http://www.gov.cn/zhengce/content/2017-07/27/content_5213735.htm	为进一步系统性优化创新创业生态环境，强化政策供给，突破发展瓶颈，充分释放全社会创新创业潜能，在更大范围、更高层次、更深程度上推进大众创业、万众创新
《国务院关于推动创新创业高质量发展打造"双创"升级版的意见》(国发〔2018〕32号)	http://www.gov.cn/zhengce/content/2018-09/26/content_5325472.htm	为深入实施创新驱动发展战略，进一步激发市场活力和社会创造力，推动创新创业高质量发展，打造"双创"升级版
《国务院办公厅关于进一步支持大学生创新创业的指导意见》(国办发〔2021〕35号)	http://www.gov.cn/zhengce/content/2021-10/12/content_5642037.htm	为提升大学生创新创业能力、增强创新活力，进一步支持大学生创新创业
《国务院办公厅关于进一步做好高校毕业生等青年就业创业工作的通知》(国办发〔2022〕13号)	http://www.gov.cn/zhengce/content/2022-05/13/content_5690111.htm	为贯彻落实党中央、国务院决策部署，做好当前和今后一段时期高校毕业生等青年就业创业工作

2. 各部委层面的扶持政策（如表2-1-2所示）

表2-1-2 各部委层面的扶持政策

部门	名称	网址	目的
发改委	《国家发展改革委办公厅关于推广支持农民工等人员返乡创业试点经验的通知》（发改办就业〔2021〕721号）	https://www.ndrc.gov.cn/xxgk/zcfb/tz/202109/t20210918_1297129.html?code=&state=123	为进一步放大试点示范效应，将试点典型经验予以推广
	《国家发展改革委等部门关于深入实施创业带动就业示范行动力促高校毕业生创业就业的通知》（发改高技〔2022〕187号）	https://www.ndrc.gov.cn/xxgk/zcfb/tz/202202/t20220211_1315434.html?code=&state=123	为贯彻落实中央经济工作会议精神，进一步做好高校毕业生重点群体就业工作，深入实施创业带动就业示范行动

续表

部门	名称	网址	目的
人社部	《人力资源社会保障部 财政部 农业农村部关于进一步推动返乡入乡创业工作的意见》（人社部发〔2019〕129号）	http://www.mohrss.gov.cn/xxgk2020/fdzdgknr/zcfg/gfxwj/jy/202001/t20200108_352969.html?keywords=%E5%88%9B%E6%96%B0%E5%88%9B%E4%B8%9A	为贯彻落实党中央、国务院的决策部署，进一步推动返乡入乡创业工作，以创新带动创业，以创业带动就业，促进农村一二三产业融合发展，实现更充分、更高质量就业
财政部	《关于进一步支持和促进重点群体创业就业有关税收政策的通知》（财税〔2019〕22号）	http://szs.mof.gov.cn/zhengcefabu/201902/t20190202_3141331.htm	进一步支持和促进重点群体创业就业

（三）主要省市的创新创业支持政策（如表2-1-3所示）

表2-1-3　主要省市的创新创业支持政策

省市	名称	网址	目的
北京市	《北京市人民政府办公厅关于印发〈北京市支持高校毕业生就业创业若干措施〉的通知》（京政办发〔2022〕20号）	http://jw.beijing.gov.cn/xxgk/zfxxgkml/zfgkzcwj/202207/t20220701_2761058.html	为贯彻党中央、国务院关于做好高校毕业生就业创业决策部署，落实《国务院办公厅关于进一步支持大学生创新创业的指导意见》（国办发〔2021〕35号）、《国务院办公厅关于进一步做好高校毕业生等青年就业创业工作的通知》（国办发〔2022〕13号）要求，做好当前和今后一段时期高校毕业生等青年就业创业工作，助力首都高质量发展
上海市	《上海市人力资源和社会保障局 上海市财政局关于进一步做好灵活就业人员就业创业工作有关事项的通知》（沪人社规〔2021〕28号）	http://service.shanghai.gov.cn/XingZhengWenDangKuJyh/XZGFDetails.aspx?docid=REPORT_NDOC_007767	为贯彻落实《国务院办公厅关于支持多渠道灵活就业的意见》（国办发〔2020〕27号）和《上海市政府办公厅关于支持多渠道灵活就业的实施意见》（沪府办规〔2021〕9号）要求

续表

省市	名称	网址	目的
广东省	《广东省进一步支持大学生创新创业的若干措施》（粤府办〔2022〕16号） 《广东省人力资源和社会保障厅 广东省财政厅关于印发〈广东省就业创业补贴申请办理指导清单（2021年修订版）〉的通知》（粤人社规〔2021〕12号）	https://www.gd.gov.cn/zzzq/zxzc/content/post_3941039.html https://www.gd.gov.cn/zwgk/gongbao/2021/23/content/post_3496203.html	为深入贯彻落实党中央、国务院决策部署，为大学生创新创业营造良好环境、创造有利条件，增强创新创业活力，进一步支持大学生创新创业 为贯彻落实《广东省人民政府关于印发广东省进一步稳定和扩大就业若干政策措施》（粤府〔2021〕13号）、人力资源社会保障部等5部门《关于切实加强就业帮扶巩固拓展脱贫攻坚成果助力乡村振兴的指导意见》（人社部发〔2021〕26号）、人力资源社会保障部等5部门《关于延续实施部分减负稳岗扩就业政策措施的通知》（人社部发〔2021〕29号）等文件精神，做好新旧政策衔接，进一步优化调整完善补贴项目

（四）创新创业中的主要法律

大学生开展创新创业活动，必须要了解和学习相关法律法规，一方面依法开展创新创业实践，另一方面当面对法律风险时，能够有效地维护自身的合法权益。大学生在开展创新活动时，要熟悉《中华人民共和国专利法》，以保护自己的创新成果；在开展创业实践时，要熟悉企业注册经营及注销、规范劳动关系及市场交易活动、解决创业纠纷等相关的法律，主要有《中华人民共和国公司法》《中华人民共和国企业破产法》《中华人民共和国劳动法》《中华人民共和国劳动合同法》《中华人民共和国民法典》《中华人民共和国消费者权益保护法》《中华人民共和国民事诉讼法》等。

三、商业痛点分析

痛点，顾名思义是用户在使用产品或服务时的抱怨点，转化到产品上来说，就是产品的原始需求中被大多数人反复表述的一个有待解决的问题或有待实现的愿望。哪里有痛点，哪里就有"新需求"。商业痛点思维，是创业者不可或缺的思维方式之一。

不管什么样的企业、什么类型的产品，创业者都需要从用户的痛点入手，以解决痛点为产品设计思路。所以，对广大创业者来说，任何一个痛点都意味着商机，抓住一个准确的用户痛点，并努力帮助用户治愈这个痛点，便意味着成功的可能。创业者在寻找商业痛点时，尤其要注意抓住用户的第一痛点，也就是最核心、最深刻的痛点，在此基础上创新和突破，才可以赢得市场。比如戴森的吹风机打破了传统吹风机的模式和价格（如图 2-1-1 所示），却赢得了市场的认可。正是因为戴森公司抓住了吹风机伤头发这个痛点，并用设计将其解决，使产品走进了用户的内心，价格又没有超出目标客户的支付意愿，从而赢得了市场。

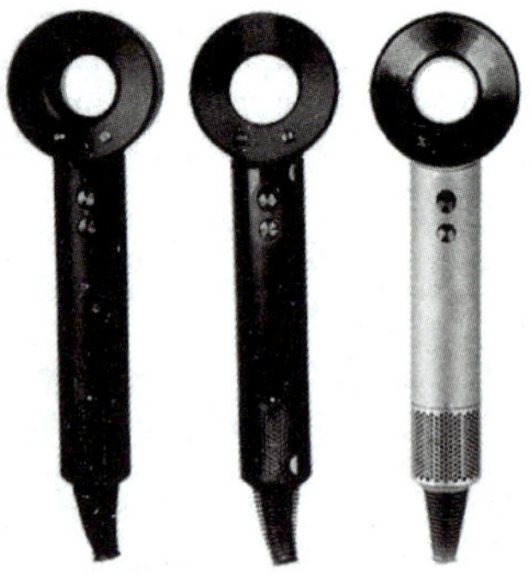

四、商业机会获取

（一）商机的定义

商机无论大小，从经济意义上讲一定是能由此产生利润的机会。商机表现为需求的产生与满足的方式在时间、地点、成本、数量、对象上的不平衡状态。旧的商机消失后，新的商机又会出现。没有商机，就不会有"交易"活动。

商业机会由四个要素组成，如图 2-1-2 所示。

图 2-1-1　负离子护发吹风机

图 2-1-2　商业机会的组成

在一个商业机会被宣称之前，所有这些要素都是在同一时间内出现的（机会之窗），最常在同一领域或地理位置内出现。

二、商业机会的来源

1. 用户需求

深入用户需求时会产生突破性的创意。除了用户说出来的需求，还要深入洞察用户未得到满足的、未说出来的需求，甚至用户自己也未想到的需求，这些隐性需求蕴含着巨大机会。

2. 竞争对手的缺陷

如果你能弥补竞争对手的缺陷和不足，这也将成为你的创业商业机会。你可以观察周围的公司，他们的产品或服务存在缺陷吗？你能比他们更快、更可靠、更便宜地提供优质的相关产品或服务吗？如果你可以做得更好，那么这就是你的机会。

3. 市场环境变化

创业的机会大都产生于不断变化的市场环境，环境变化了，市场需求、市场结构必然发生变化。

4. 新技术

每一次技术的变革，都存在海量的商业机会。纵观历史，每一次新技术的出现，都会诞生大量的巨型企业：智能手机技术的出现，苹果打败了诺基亚；移动互联网时代的来临，手机操作系统出现，Windows 不再独霸天下。云计算、大数据、人工智能等（如图 2-1-3 所示），这些新技术的出现都创造出大量的创业机会。

5. 新的发明创造

创造发明提供了新产品、新服务，能更好地满足用户需求，同时也带来了商业机会。比如随着电脑的诞生与发展，电脑维修、软件开发、电脑操作的培训、图文制作、信息服务、网上开店等商业机会随之而来。即使你不发明新的东西，你也能成为销售和推广新产品的人，从而给你带来商机。

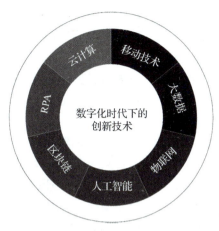

图 2-1-3 数字化时代下的创新技术

五、商业机会筛选

商业机会筛选应当是狭义上的机会识别，即从创意中筛选合适的机会。通过对整体的市场环境以及一般的行业分析来判断该机会是否在广泛意义上属于有利的商业机会；同时，考察这一机会对于特定的创业者和投资者来说是否有价值。

（一）影响商业机会筛选的因素

商业机会筛选受哪些因素影响，很多学者做过相关的研究，其中有四类因素是大多数学者普遍认可的影响因素（如表 2-1-4 所示）。

表 2-1-4 影响商业机会筛选的因素

影响商业机会筛选的因素	具体内容
先前经验	在特定行业中的先前经验有助于创业者筛选商业机会。在某个行业工作的个体较之于其他个人，更容易识别出本行业未被满足的市场需求，如果投身于该行业创业，将比那些从行业外观察的人更容易看到行业内的新机会
认知因素	有些人认为，创业者有"第六感"，所以他们往往能看到别人看不到的机会。这是一种"警觉"。警觉很大程度上是一种习得性的技能。拥有某个领域更多知识的人，倾向于比其他人对该领域内的机会更警觉
社会关系网络	社会关系网络能带来承载筛选机会的有价值信息，个人社会关系网络的深度和广度影响着机会识别和筛选。建立了大量社会与专家联系网络的人，比那些拥有少量网络的人容易得到机会和创意
创造性	创造性有助于产生新创意。从某种程度上讲，机会筛选也是一个创造过程，是不断反复的创造性思维过程。在获取大量信息的基础上，具有创造性的创业者会激发出更多的灵感和创意。这个创造过程是经过准备、孵化、洞察、评价和阐述五个阶段完成的

(二) 商业机会筛选的内容

1. 特定商业机会的原始市场规模，即特定商业机会形成之初的市场规模

多数市场机会有着成长的可能，但原始市场规模往往是极为有限的，因此，分析、判断某一商业机会的原始市场规模决定着新创企业最初阶段的投资活动可能实现的销售规模，决定着创业利润。

2. 特定商业机会存在的时间跨度

一切商业机会都只存在于一段有限的时间之内，这是由特定行业的商业性质决定的。在不同行业，这一时间的长度差别很大。一般而言，特定商业机会存在的时间跨度越长，新创企业调整自己、整合市场、与他人竞争的操作空间就越大。当创业者推动新的创业项目时，需要通过对特定商业机会的时间跨度及进程的分析，来确定相应商业计划的时间期限，以使特定的商业计划更为可靠。

3. 特定商业机会的市场规模随时间的增长速度

客观地看，该速度决定利用某一商业机会创业的新创企业的成长速度。这一速度快，新创企业就会有可利用的成长空间。例如淘宝和支付宝，随着时间市场规模增长速度非常快，为阿里巴巴提供了充分的成长空间。

4. 创业者拟利用的商业机会对其自身的现实性

这是创业者对内自我剖析的过程。例如，创业者是否拥有利用该商业机会所需的各种关键资源，如社会网络销渠道、企业管理能力、科研技术能力等，作为创业者，不一定拥有全部创业所需的资源，但是应具备创业所需的关键资源，否则创业难以启动；如某些创业资源欠缺，创业者是否具有弥补资源缺口的能力；一旦遇到市场竞争，自身是否具备竞争的优势和抵御竞争的能力；创业者能否承担创业带来的风险。

总之，创业者面对特定的商业机会，只有拥有可利用该机会所需的关键资源，具备弥补资源缺口的能力，面对竞争具有抗衡的力量和竞争优势，能够承受利用该创业机会带来的创业风险，这一机会就是可利用的商业机会。

(三) 商业机会筛选的方法

商业机会筛选方法通常有四种，即市场调研法、系统分析法、问题导向法与技术创新法，具体内容如表2-1-5所示。

表2-1-5 商业机会筛选方法

商业机会筛选方法	内容
市场调研法	通过与顾客、供应商、代理商等沟通，获取一手资料与信息，了解现在发生了什么，以及未来将要发生什么，针对自己的某个特定想法，获取市场调研数据来发现可能的创新机会
系统分析法	绝大多数的机会都可以通过系统分析得以发现。人们可以从宏观环境（政治、社会、法律、技术、人口等）和微观环境（细分市场、顾客、竞争对手、供应商等）的变化中发现机会，这是精准创业机会的识别最常用、最有效的方法之一

续表

商业机会筛选方法	内容
问题导向法	从一个组织或者个人面临的某个问题或者明确的需求中寻找机会，这可能是创业机会识别最快速、最精准、最有效的方法，因为创业的根本目的是为顾客创造新的价值，解决顾客面临的问题。在这个过程中，常用的方法就是不断与顾客沟通，不断汲取顾客的建议，基于顾客的需求创造性地推出新的产品或服务
技术创新法	技术创新法在新技术行业中最为常见，它针对技术市场的需求，积极探索相应的新技术和新知识；也可能始于一项新技术发明，进而积极探索新技术的商业价值。通过创造获得机会比其他任何方式的难度都大，风险也更高。同时，如果能够成功，其回报也更大

除了以上的方法，还包括头脑风暴法、深度访谈法、领先用户法等。

> **想一想**
> 如果你选择创业，以校园小环境为前提，通过市场调研运用商业痛点分析提出可行的商业机会并进行简要说明。

思考与练习

1. 【单选题】传统创业与创新创业的区别是（　　）。
   A. 是否创造利润　　　　　　　　B. 是否创造商业价值
   C. 是否创造品牌形象　　　　　　D. 是否有创新因素
2. 【多选题】通常认为，（　　）等宏观环境会对创业决策造成关键性影响从而面临各种不同的创业风险。
   A. 金融　　　　B. 产业　　　　C. 经济　　　　D. 政策和文化环境
3. 【多选题】影响商业机会筛选的因素有（　　）。
   A. 先前的经验　　　　　　　　B. 创业者的"第六感"
   C. 社会关系网络　　　　　　　D. 创造性
4. 【判断题】特定商业机会存在的时间跨度越长，新创企业调整自己、整合市场、与他人竞争的操作空间就越大。（　　）
5. 【判断题】作为创业者，一定要拥有全部创业所需的资源，否则创业难以启动。（　　）
6. 【填空题】____具有人人皆有、时时皆有、处处皆有的特性。
7. 【填空题】____是用户在使用产品或服务时的抱怨点。
8. 【填空题】创业是____、____、____三大要素的结合和有效链接。
9. 【简答题】根据自己的理解简述创新与创业的关系。
10. 【简答题】大学生开展创新创业活动，如何有效地维护自身合法权益？

评价与分析

学习过程评价表（学生自评、互评，教师评价）

班级		姓名		日期	月 日	配分	自评	互评	教师
评价	平时表现评价	1. 出勤情况 2. 遵守纪律情况 3. 学习任务完成情况，有无提问记录 4. 是否主动参与学习活动				30			
	创业知识	1. 了解创新创业的定义 2. 了解创新创业的国家政策支持 3. 运用商业痛点分析寻找商机 4. 熟悉商业机会获取 5. 掌握商业机会筛选				20			
	创业实践	创业实践任务：运用商业痛点分析提出可行的商业机会				30			
	综合能力	1. 能否使用文明礼貌用语，有效沟通 2. 能否认真阅读资料，查询相关信息 3. 能否与组员主动交流、积极合作 4. 能否自我学习及自我管理				20			
		合计				100			
教师评语									

> **创新创业名句**
> 我们不能人云亦云,这不是科学精神,科学精神最重要的就是创新。
> ——钱学森

单元二

突破核心技术

知识目标

1. 了解创新思维的特点与分类;
2. 掌握创新常见技法的特点与分类;
3. 了解技术创新流程;
4. 熟悉技术创新思路与途径。

能力目标

1. 掌握技术创新成果转化的途径;
2. 运用知识产权保护技术创新。

素质目标

1. 引导大学生培养技术创新能力;
2. 引导大学生树立运用知识产权保护技术创新的观念意识。

知识导图

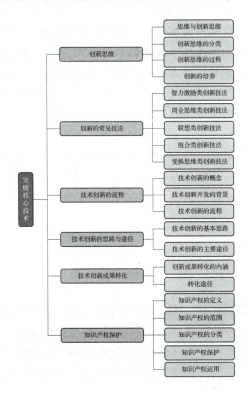

重点难点

1. 技术创新成果转化的途径；
2. 如何保护新技术。

教学资料

视频资料

课件资料

案例及分析

【案例】

科学—技术—需求相互关系，产生创新突破

激光器的发明是20世纪科学技术的一项重大成就，标志着人类对光的认识和利用达到了一个新的水平。1916年爱因斯坦发表了《关于辐射的量子理论》，对能态之间的跃迁方式第一次给出了实际的认识，提出了三种假设，即自发辐射、受激吸收和受激辐射，其中受激辐射是个新概念。随后在第二次世界大战中大批物理学家参加了微波技术的研究与发展工作，并将光谱学和微波电子学结合起来，开创了微波波谱学。随着微波波谱学的发展，许多分子和原子微波波谱的发现，关于粒子数反转的概念，以及利用受激辐射实现相干放大等问题逐渐成为微波波谱学家们的关注点，从而导致了1954年第一台微波激射器（MASER）的问世，从理论、技术和人才等方面为激光器（LASER）的问世准备了条件。1960年第一台红宝石激光器及稍后的氦氖激光器诞生后，人们根据激光的一系列优异特性——高单色性、高方向性、高相干性和高亮度，设想了激光的种种应用前景，由此吸引了来自政府和企业等各方面的投资，大批研究开发人员转入这一领域，激光理论、器件和技术的研究因此进展更为迅速。激光技术已在材料加工、医疗、通信、武器、全息照相、同位素分离、核聚变和计量基准等领域发挥巨大的作用，成为支撑信息时代的一项关键技术。

【分析】

激光技术的发明一方面是20世纪初量子理论的结晶，另一方面对微波技术发展的需求推动了激光技术研究的步伐，而社会多方面的需求使得激光技术能获得更为广泛的应用，是科学—技术—需求的三者互动作用推动了激光技术的迅猛发展。

一、创新思维

（一）思维与创新思维

1. 思维

思维是人们对现实的概括认识，是高级的认识过程，是在多次感知的基础上概括出来的，对事物本质和事物间规律性联系的认识（如图2-2-1所示）。人们看见汽车在大街上开动，汽车的颜色、形状以及在街上飞快行驶的情景在脑中得到反映，这是感知；但要知道汽车为什么能开动，找出汽车的结构特点及各部件关系，则是思维。

图 2-2-1 思维的意义

按照思维方式的不同，可将思维分成形象思维、抽象思维、直觉思维和逻辑思维等。思维具有间接性、抽象性、概括性、逻辑性、问题性和目的性等特点。

2. 创新思维

创新思维是指以新颖独创的方法解决问题的思维过程，是在解决问题的过程中通过选择、突破和重新建构已有的知识、经验和新获取的信息，突破常规思维的界限，以新认知模式把握事物发展的内在本质及规律，以超常规甚至反常规的方法、视角去思考问题，提出与众不同的解决方案，从而产生新颖的、独到的、有社会意义的思维成果。

创新思维具有新颖性、独特性、多样性、开放性、潜在性、顿悟性、综合性、批判性等基本特征。

3. 创新思维与一般思维的区别

创新思维，就是可以更多面、更多变地看待同一事物、产生不同的想法，比一般思维更有前沿性、更有创造能力。创新思维之所以有别于一般思维，主要是因为有以下特点：

（1）思维形式的反常性。又经常体现为思维发展的突变性、跨越性或逻辑的中断。这是因为创新思维主要不是对现有概念、知识的循序渐进的逻辑推理的结果和过程，而是依靠灵感、直觉或顿悟等非逻辑思维形式。

（2）思维过程的辩证性。主要是指它既有抽象思维，又有非逻辑思维；既有发散思维，又有收敛思维；既有求同思维，又有求异思维等。由此形成创新思维的矛盾运动，从而推动创新思维的发展。创新思维实际上是各种思维形式的综合体。

（3）思维空间的开放性。主要是指创新思维需要从多角度、全方位、宽领域地考察问题，形成开放式思维，而不再局限于逻辑的、单一的、线性的思维。

（4）思维成果的独创性。这是创新思维的直接体现或标志，常常具体表现为创新成果的新颖性及唯一性。

（5）思维主体的能动性。这表明创新思维是创新主体的一种有目的的活动，而不是客观世界在人脑内简单、被动的直映，充分显示了人类活动的主动性和能动性。

（二）创新思维的分类

一般来说，创新思维主要有发散思维、收敛思维、联想思维、逆向思维和非逻辑性思维

（如图 2-2-2 所示），其中，发散思维和收敛思维的形成过程如图 2-2-3 所示。

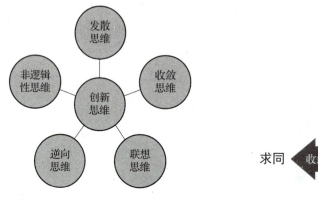

图 2-2-2　创新思维分类

图 2-2-3　发散思维和收敛思维的形成过程

1. 发散思维

发散思维是指从一个目标出发，沿着各种不同的途径去思考，探求多种答案的思维方式，具有流畅性、变通性、独特性和非逻辑性的特点。

以物品的功能以及构成物品的材料、形态以及事物产生的原因、事物之间的关系等作为发散思维的出发点，可以把发散思维分为功能发散、组合发散、方法发散、因果发散等。

2. 收敛思维

收敛思维是指在解决问题的过程中，尽可能地利用已有的知识和经验，把众多的信息和解决问题的可能性逐步引导到条理化的逻辑序列中，最终得出合乎逻辑的结论。

3. 联想思维

联想思维是人们在头脑中将一种事物的形象与另一种事物的形象联想起来，探索它们之间相同或类似的规律，从而解决问题的思考方法。联想思维就是做到由此知彼、举一反三、触类旁通。

根据联想产生的方向不同，可将联想分为相似联想、相关联想和对比联想。

4. 逆向思维

人们的思维习惯是沿着事物的发展方向去思考问题，这样的思考方式比较有效、便利，能解决大多数问题。但在创新中，正向思维会形成思维定式，束缚人们的思路，影响创造性。因此，可以从相反方向去思考，从结论往回推理，倒过来思考，往往会使问题简单化，使解决它变得轻而易举。

逆向思维一般会从事物的功能、原理、程序等多方面进行逆向思考。

5. 非逻辑性思维

非逻辑性思维主要是灵感、直觉、想象等一系列没有逻辑性的思维方式。它们的产生通常没有特定的条件，可能一件小事、一次回忆、一个经验判断就发生了。

非逻辑性思维的产生没有固定的逻辑程序，具有一定的偶然性，但它也是创新思维的重要组成部分。

（三）创新思维的过程

创新思维在解决问题的活动中需要一定的过程。心理学家对这个过程做过大量的研究，比较有代表性的是英国心理学家华莱士（G. Wallas）提出的四阶段论和美国心理学家艾曼贝尔（T. Amabile）提出的五阶段论。下面以华莱士的四阶段论来看创新思维的活动过程。

1. 准备阶段

准备阶段是创新思维活动过程的第一个阶段。这个阶段是搜集信息、整理资料、做前期准备的阶段。由于要解决的问题存在许多未知数，需要搜集前人的知识经验来对问题形成新的认识，从而为创造活动的下一个阶段做准备。

2. 酝酿阶段

酝酿阶段主要对前一阶段所搜集的信息、资料进行消化和吸收，在此基础上找出问题的关键点，以便研究解决这个问题的各种策略。在这个过程中，有些问题由于一时难以找到有效的答案，通常会把它们暂时搁置，但思维活动并没有因此而停止，这些问题会时时刻刻萦绕在头脑中，甚至转化为一种潜意识。

3. 豁朗阶段

豁朗阶段也被称为"明朗阶段"或"顿悟阶段"。经过前两个阶段的准备和酝酿，思维已达到一个相当成熟的阶段，在解决问题的过程中常常会进入一种豁然开朗的状态，这就是前面所讲的灵感。例如，耐克公司的创始人比尔·鲍尔曼在吃妻子做的威化饼时，感觉特别舒服，他被触动了，如果把跑鞋制成威化饼的样式，会有怎样的效果呢？于是，他拿着妻子做威化饼的特制铁锅到办公室研究起来，之后制成了第一双样鞋，这就是有名的耐克鞋的发明。

4. 验证阶段

验证阶段又被称为"实施阶段"，主要是把通过前面三个阶段形成的方法、策略进行不断实践检验，以求得到更合理的方案（如图2-2-4所示）。

（四）创新的培养

创新性思维是在一般思维的基础上发展起来的，它是后天培养与训练的结果。日本心理学家多湖辉在他的《创新思维》一书中，提出了以下建议：

图2-2-4　验证的逻辑性

1. 展开"幻想"的翅膀

心理学家认为人脑有四个功能部位（如图2-2-5所示）。

图2-2-5　人脑的四个功能部位

据心理学家研究，一般人只用了想象区的15%，其余的还处于"冬眠"状态，开垦这块地就要从培养幻想入手。

2. 培养发散思维

发散思维是创新思维的核心，通过训练发散思维可以提高一个人的创新思维能力。发散思维的训练方法有多种，以下列举出几种训练方法作为参考，如表2-2-1所示。

表 2-2-1 发散思维训练方法

训练方法	措施
用途扩散	列举某种物品的用途
结构扩散	加一笔变个字
形态扩散	列举绿色的物品
方法扩散	用"敲"能解决的问题
语文	自由联想组词
数学	一题多解
历史	列举以少胜多的战役

3. 发展直觉思维

直觉思维在学习过程中有时表现为提出怪问题，有时表现为大胆猜想，有时表现为一种应急性的回答，有时表现为解决一个问题，设想出多种新奇的方法、方案。为了培养创新思维，当这些想象纷至沓来的时候，千万别怠慢了它们。青年人感觉敏锐，记忆力好，想象极其活跃，在学习和工作中发现和解决问题时，可能会出现突如其来的新想法、新观念，要及时捕捉这种创新思维的产物，要善于发展自己的直觉思维。

4. 以不同的思维视角思考问题

同一事物，使用不同的思维视角去看时，就能发现事物不寻常的性质，这些特性并不是事物新产生的，而是一直存在于该事物中，只是没有人发现而已。所以，以不同的思维视角看待问题，能够不断地发现创新点，对于提升创新能力乃至整个创新过程起到至关重要的作用。

一个物体，如果从它的物理性质、几何性质、化学性质等不同的角度去分析它，就能够拓展物体的使用空间。

5. 培养强烈的求知欲

没有精神上的需要，就没有求知欲。要有意识地为自己出难题，或者去"啃"前人遗留下的不解之谜，激发自己的求知欲。求知欲会促使人探索科学，进行创新思维，而只有在探索过程中才会不断激起好奇心和求知欲，并使之不枯不竭、永为活水。

二、创新的常见技法

创新思维是创新能力的核心基础，但仅仅通过培养创新思维能力，并不能有效地将其转化为创新能力，必须使用一些创新技法把创新思维与创新经验、成果结合起来，整体地提高创新能力和创新成功的概率。

(一) 智力激励类创新技法

智力激励类创新技法是能充分发挥每个人才能的群体创新方法，主要有"头脑风暴法""德尔菲法"等。

1. 头脑风暴法

头脑风暴法，又称奥斯本智力激励法、BS法、自由思考法，是由美国创造学家亚历克斯·奥斯本提出，通过群体自由联想和讨论的一种创新方法。在群体决策中，由于群体成员心理相互作用影响，易屈于权威或大多数人意见，形成所谓的"群体思维"，群体思维削弱了群体的批判精神和创造力，损害了决策的质量。为了保证群体决策的创造性，提高决策质量，管理上发展了一系列改善群体决策的方法，头脑风暴法是较为典型的一个。

采用头脑风暴法组织群体决策时，要集中有关人员召开专题会议，主持人以明确的方式向所有与会人员阐明问题，说明会议的规则，尽力创造融洽轻松的会议气氛，一般不发表意见，以免影响会议的自由气氛，由与会人员"自由"提出尽可能多的方案（如图2-2-6所示）。为使与会人员畅所欲言，互相启发和激励，达到较高效率，必须严格遵守下列原则：禁止批评和评论，也不要自谦；目标集中，追求设想数量，越多越好；鼓励巧妙地利用和改善他人的设想；与会人员一律平等，各种设想全部记录下来；主张独立思考，不允许私下交谈，以免干扰别人思维；提倡自由发言，畅所欲言，任意思考；不强调个人的成绩，以整体利益为重等。

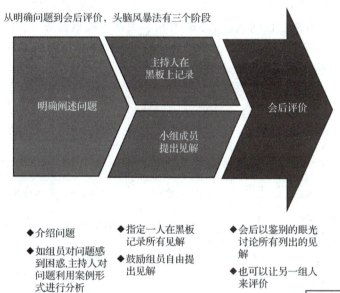

图2-2-6 头脑风暴法流程

2. 德尔菲法

德尔菲法（专家调查法）（如图2-2-7所示）本质上是一种反馈匿名函询法。其大致流程是：匿名征求专家意见—归纳、统计—匿名反馈—归纳、统计……若干轮后停止。

由此可见，德尔菲法是一种利用函询形式进行的集体匿名思想交流过程。它有三个明显区别于其他专家预测方法的特点，即匿名性、多次反馈、小组的统计回答。

（二）周全思维类创新技法

周全思维是指全方面地考虑事物的属性，从而找到事物新的可利用或发展的特点。周全思维类创新技法是借助周全思维，启发创造者的创造灵感、控制创新思维，从而产生创造性的设想，最终达成发明创造的方法。周全思维类创新技法分列举法、设问法等。

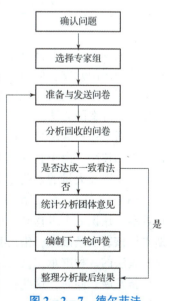

图2-2-7 德尔菲法

1. 列举法

列举法首先对某一事物的特定性质进行全面的分析、列举，然后采用表格的形式将列举的内容罗列出来，再从所列举出来的内容中启发出创造性的设想和挖掘出发明创造的主题。

列举法又分为特性列举、缺点列举、希望点列举。特性列举针对事物的原理、结构、功能、材料、造型、工艺等方面进行列举；缺点列举从事物的缺点出发，如商品体积大、功能少、难操作、不结实等；希望点列举则注重使用者的意见，特别是特殊人群对事物的希望。

使用列举法创新的过程中，列举所得到的事物特性是进行创新的资料，往往能诱发创新思路。例如，缺点列举时，并不是所有缺点都是不能利用的，有的缺点能为人们找到改进的思路，甚至有的缺点还能逆用来增加事物的功能或价值。移动电话正是克服了固定电话不能移动的缺点而产生的。

2. 设问法

设问法是对某一事物或对象提出指定的问题，在回答问题的同时，启发人们的创造性设想或找出创新主题的方法。设问法包括5W1H法、奥斯本检核表法、和田十二法。

（1）5W1H法。5W1H法可用于分析产品，也可以用于分析创新方案和某一功能（如图2-2-8所示），分析之后再决定是否要做。

	现状如何	为什么	能否改善	该怎么改善
对象(What)	生产什么	为什么生产这种产品或配件	是否可以生产别的	到底应该生产什么
目的(Why)	什么目的	为什么是这种目的	有无别的目的	应该是什么目的
场所(Where)	在哪儿干	为什么在那儿干	是否在别处干	应该在哪儿干
时间和程序(When)	何时干	为什么在那时干	是否其他时候干	应该什么时候干
作业员(Who)	谁来干	为什么那人干	是否由其他人干	应该由谁干
手段(How)	怎么干	为什么那么干	有无其他方法	应该怎么干

图2-2-8　5W1H法

（2）奥斯本检核表法。奥斯本检核表法是针对某种特定要求制定的检核表，主要用于新产品的研制开发。奥斯本检核表法是指以该技法的发明者奥斯本命名，引导主体在创造过程中对照九个方面的问题进行思考，以便启迪思路，开阔思维想象的空间，促进人们产生新设想、新方案的方法。它主要面对九个大问题，如图2-2-9所示。

奥斯本检核表法是一种产生创意的方法。在众多的创造技法中，这种方法是一种效果比较理想的技法。由于它突出的效果，被誉为创造之母。人们运用这种方法，产生了很多杰出的创意，以及大量的发明创造。

（3）和田十二法。和田十二法，又叫"和田创新法则"（和田创新十二法），即指人们在观察、认识一个事物时，可以考虑是否可以。和田十二法是我国学者许立言、张福奎在奥斯本检核表法基础上，借用其基本原理，加以创造而提出的一种思维技法。它既是对奥斯本检核表法的一种继承，又是一种大胆的创新。比如，其中的"联一联""定一定"等，就是一种新发展。同时，这些技法更通俗易懂，简便易行，便于推广。其检核的项目归纳为十二个，如表2-2-2所示。

图 2-2-9 奥斯本检核表法

表 2-2-2 和田十二法检核项目

1. 加一加：加高、加厚、加多、组合等
2. 减一减：减轻、减少、省略等
3. 扩一扩：放大、扩大、提高功效等
4. 变一变：变形状、颜色、气味、音响、次序等
5. 改一改：改缺点、改不便、不足之处
6. 缩一缩：压缩、缩小、微型化
7. 联一联：原因和结果有何联系，把某些东西联系起来
8. 学一学：模仿形状、结构、方法，学习先进
9. 代一代：用别的材料代替，用别的方法代替
10. 搬一搬：移作他用
11. 反一反：能否颠倒一下
12. 定一定：定个界限、标准，能提高工作效率

如果按这十二个"一"的顺序进行核对和思考，就能从中得到启发，诱发人们的创造性设想。所以，和田十二法、奥斯本检核表法，都是一种打开人们创造思路、从而获得创造性设想的"思路提示法"。

（三）**联想类创新技法**

联想类创新技法是基于联想思维的创新技法，主要包括类比法、移植法、强制联想法。

1. 类比法

类比法是把陌生的对象与熟悉的对象、把未知的事物与熟悉的事物进行比较，从中获得启发而解决问题的方法。类比又分为直接类比、仿生类比、因果类比等。

2. 移植法

移植法是把某一事物的原理、结构、方法等转化到当前研究的对象中，从而产生新成果的方法。移植法分为原理移植、结构移植、方法移植、材料移植等。移植法最突出的例子，就是对发泡原理的移植，移植到橡胶工业，发明了海绵；移植到塑料工业，有了泡沫塑料；移植到水泥工业，诞生了气泡混凝土；移植到化工领域，有了轻质香皂；移植到食品中，有了膨化冰淇淋。

3. 强制联想法

强制联想法是将一些没有关联的事物放在一起，迫使人们去联想那些想象不到的东西，从而产生思维的跳跃，跨越逻辑思维的屏障而产生新奇怪异的设想。强制联想往往会先设定一个需要革新的事物作为目标，然后，将它与其他事物联系起来，用其他事物的特性去改变它。例如，选择一个待革新的事物——笔记本作为目标，联想物选择电灯。接下来，展开联想：①电灯会发光，能否把荧光材料添加到笔记本中，让它也发光；②电灯有螺旋插口和卡口两种形式，笔记本闭合时能否使用其中某种形式；③电灯是玻璃制成的，笔记本能否加上玻璃材质，让它更美观；④电灯是圆形的，笔记本能否制成圆形等。有了这些设想后，再来筛选有价值的设想，并研究它。

（四）组合类创新技法

组合是把两项或两项以上独立的技术或事物通过想象加以联合，构成一个新的不可分割的整体。组合类创新技法基于组合思维，主要包括主体附加法、二元坐标法等。

1. 主体附加法

主体附加法是指以某一特定的对象为主体，通过对主体的某一部分进行置换，或者在主体上插入其他附件和技术，以增加主体的功能和性能的方法。例如：内含充电电池的音箱，脱离了必须使用交流电的限制；内含蓝牙接口的音箱，在连接电脑或其他音频设备时不受连接线的限制；内含存储卡读卡器的音箱，使音箱直接摆脱了电脑或其他音频设备可以独立播放音乐；当音箱和拉杆箱组合的时候，音箱又摆脱了移动困难的问题。

2. 二元坐标法

二元坐标法是将任意的多个元素放在平面直角坐标系的两条数轴上，按秩序轮番地对元素进行组合，并对这些组合进行论证，选出有意义的组合物进行创新。例如：任意选择几个概念，如手机、水、小熊、钟表、折叠、雨伞、声音、刻度、钢笔、包；然后任意地将上述概念放到横、纵坐标上，对坐标上的元素进行两两组合，产生不同的新设想。当然，有的设想是已经存在的，有的是新的，有的没有意义，有的较难实现。

二元坐标法遵从三个原则，如图2-2-10所示。

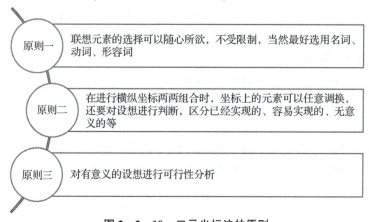

图2-2-10 二元坐标法的原则

随着创新技法的不断发展，组合类创新法还包含了与二元坐标法相似的多种方法，如形态分析法、信息交合法等。

（五）变换思维类创新技法

变换思维类创新技法是指把事物的一种形式和内容换成另一种，从而导致出现新思路、新途径、新功能等设想。变换思维类创新技法主要应用逆向思维打破思维定式产生创新。

变换思维类创新技法主要包括还原法、逆向法等。

1. 还原法

还原法是指暂时放下当前问题，另辟蹊径，分析问题的本质，回到问题的起点，解决问题的创新方法。当回到问题的起点时，分析问题的本质，往往会发现问题并不困难，完全可以用其他思路去解决。

2. 逆向法

当把问题反过来思考时，往往能解决正向思考不能解决的问题，这就是逆向法。逆向法的核心在于对立、颠倒、相反地考虑问题。

创新技法是在创新活动中充分利用创新思维的一系列技法。在使用创新技法进行创新时，并不拘泥于单一地使用某一个创新思维，往往会把多种创新思维结合起来使用。

三、技术创新的流程

创新是民族进步的灵魂，是一个国家兴旺发达的不竭动力。对于一个企业来说，技术创新的开发关系到企业兴衰成败。技术创新同时也是经济学、管理学、心理学和社会学等多学科共同关注的一个话题。

（一）技术创新的概念

何谓技术创新？曼斯费尔德（M. Mansfield）对技术创新的定义常为后来学者认可并采用。他的研究对象主要侧重于产品创新，所以其定义也只限定在产品创新上。弗里曼（C. Freeman）在《工业创新经济学》一书中明确指出，技术创新就是指新产品、新过程、新系统和新服务的首次商业性转化。经济与合作发展组织（OECD）将技术创新界定为包括新产品和新工艺以及原有产品和工艺在内的显著技术变化。傅家骥认为技术创新是企业家以获利为目的，抓住潜在的市场盈利机会，重新组织生产条件和要素，建立效能更强、效率更高、费用更低的生产经营系统，从而推出新产品、新生产方法、开辟新市场、获得原材料或者半成品供给来源，建立企业的新组织的一系列活动的综合过程。

技术创新大致分为产品创新和过程创新。

1. 产品创新

产品创新，既包括企业提供某种新产品或新服务，也包括企业生产和传输产品或服务的新形式。产品创新是把任何一种新的生产要素或者生产条件引入生产系统，使产品的核心价值、形式或者附加值发生了改变，为企业创造了新的市场需求。产品创新又分为以下几类：

（1）全新产品。应用科技成果，运用新原理、新技术、新工艺、新材料制造的市场上从未有过的产品，不容置疑为新产品。

（2）换代新产品。是在原有产品的基础上，部分采用新技术、新材料、新结构制造出来的性能上有显著提高改善的产品。换代产品在性能上有了重大突破。

（3）改进新产品。是在原有产品的基础上，对成分、特点、功能、包装、款式、质量等给以适当改进和变化的产品。市场上的产品大部分是这种新产品。

（4）仿制新产品。是企业模仿市场已有的产品，只是在造型、式样和外观等方面稍微做改变，使用新品牌后，提供给市场的产品。

2. 过程创新

过程创新是指产品生产技术的变革，包括新工艺和新设备的变革。根据技术创新过程中技术变化强度的不同，过程创新可分为全新（重大）的过程创新和改进（渐进）的过程创新。

总之，在产品创新和过程创新基础上，每一种创新都涵盖渐进性、空缺性、结构性、根本性创新四种类型，分别代表不同程度的创新。在技术变革的过程中，以上四种创新交织在一起，共同推动了产品和市场的不断进步。

（二）技术创新开发的背景

不断运用新技术开发新产品是现代企业生存和发展的关键。随着科学技术迅速发展，人们生活水平的提高，产品的市场生命周期越来越短，企业只有不断通过技术创新开发新产品，适应消费者不断变化的需要，才能在市场竞争中立于不败之地。

（三）技术创新的流程

在实际的产品开发中，根据企业的具体情况，产品创新开发流程会有所变动。许多研究人员也认为产品创新 7 个阶段是新产品开发的基本流程。

1. 策略制定

在新产品开发项目启动之前，企业必须建立明确的目标。新产品开发流程第一阶段的目的是为新产品的研发提供指导，识别新产品应该满足的具有战略意义的商业需求（如图 2-2-11 所示）。基本上，这些需求来源于企业的发展目标和策略。总体上企业可以采取的驱动新产品开发的策略分为两种，即被动策略（Reactive）和主动策略（Proactive）。被动策略是指为了应付市场上出现的某种新产品给企业造成的压力所采取的策略。主动策略是将资源用于开发市场上前所未有的产品。企业选择哪一种策略取决于发展机会、创新能力、市场规模、时间局限、竞争强度及企业的生产和销售水平等因素。

图 2-2-11 策略制定过程

2. 提出构想

对市场需求和企业策略做过分析后，产品开发的目标需要进一步具体化，为了抓住商机，企业必须提出新产品的构想。通常企业应从多个构想中选出最佳方案。根据相关机构的调查，平均 100 个构想中有 15.2 个会成为成功的开发对象；也就是说，平均每 6.6 个构想中出 1 个成功构想。

3. 构想筛选

构想筛选的目的是鉴别出最有潜力取得成功的构想。随着新产品开发流程每一个阶段的陆续开展，开发成本将迅速增长，从企业的根本利益出发，只有那些成功率较大的构想才有继续开发的必要。

4. 经济性分析

新产品开发流程的经济性分析阶段主要对新产品的潜在销量、成本和利润估计等进行考察，评定这些因素是否满足企业的目标。管理层必须估计预期的销售额是否足够高以获得理想的利润。项目经理要对预期成本和利润进行估计，要考虑到所有阶段和部门的费用（包括研发、市场营销和财政部门），预期的开发成本、生产成本、营销和管理成本等。

5. 产品设计

产品设计的过程即是将产品构想转化为有形的实体的过程。产品设计过程可分为四个阶段：需求分析阶段、概念设计阶段、产品体系建立和详细设计阶段。

（1）需求分析阶段。需求分析在新产品构想阶段已经开始，在概念设计阶段根据具体构想进行更加具体的用户需求分析。需求分析是整个产品生命周期设计的最前端过程，它是与企业的特定目标市场和目标用户紧密相连的。在该过程中，企业根据自己的目标市场，获取目标用户的需求信息，然后根据现有的产品设计知识对其进行分析整理，输出需求说明书，作为后续产品设计的指导。

（2）概念设计阶段。在概念设计阶段，新产品的构想和用户需求被转化为各项具体的指标，在此基础上产生多个产品概念，通常工业设计师用草图或软模型（一般是用泡沫塑料或泡沫夹心板制作的全比例模型）对各概念方案进行描述表达。

（3）产品体系建立。通常可以从功能和实体两个方面来考察一个产品，产品的功能元素是对产品的整体性能做出贡献的独立的运行能力和传输能力。产品的实体元素是最终完成产品功能的零件、部件和子装配体。一个产品的实体元素经常被组合成几个大的构建单元，称之为组块。每个组块由实现产品功能的部件组成。产品体系是把产品各功能元素组织成实体组块的计划方案。

（4）详细设计阶段。优选得到的概念方案在详细设计阶段得以实现。此阶段最主要的工作是对购买要素、零部件制造、材料和生产工艺、产品组装等依据预定的规范和标准，将产品具体化。详细设计阶段的输出是一个较具体的产品原型。

6. 测试与评价

当最初的构想转化为有形的实体后，企业已经消耗了大量的时间和资金。测试与评价的目的是试验并改进新产品，以保证新产品达到用户最基本的满意度。这一阶段之所以非常重要在于它可能会大幅度降低产品推广的失败率。测试与评价的缺点是延迟了新产品投入市场的时间，从而给那些想要模仿或推出同类产品的竞争对手创造了机会。对新产品的测试与评价并不单单在这一个阶段，应该贯穿于整个新产品开发流程。

7. 产品的市场推广

新产品开发的最后一个阶段为产品的市场推广。在推广阶段，首先企业要把握新产品打入市场的时机。时机的选择很重要，企业需要考虑竞争对手、企业当前的产品生产线和新产品是否是季节性产品等因素。另外，还要考虑在哪里推出新产品效果最好。小规模的企业通常凭借新产品市场发布会的机会推出自己的新产品，这意味着产品只在某个区域或某个城市推出，而且一次只能在一个地方。大企业则可以迅速地将新产品在多个地区甚至全国市场上推出。

四、技术创新的思路与途径

技术创新从总体上来说是一个过程，是一个在市场需求发展的推动下，将发明和新思想通过研究开发和生产，演变成具有商业价值的新产品、新技术的过程。

（一）技术创新的基本思路

技术创新始于创新构想的产生，市场变化、新的科学技术进展和机会，对某种需要的认识以及竞争对手的举动都可能激发企业的技术创新（如图 2-2-12 所示）。从根本上来说，技术创新需从对技术的构成要素的分析出发。

机会 ▶ 环境 ▶ 支持系统 ▶ 创新者

图 2-2-12　技术创新的过程

创新者一般指企业家，环境即经营环境和创新政策，支持系统即资源和组织结构。企业家根据市场需求信息与技术进步信息，捕捉创新机会，通过把市场需求与技术上的可能性结合起来，产生新的思想。新的思想在合适的经营环境和创新政策的鼓励下，利用可得到的资源和内部的组织管理，比如研发、试生产、设计、生产和营销，从而发展成技术创新。

（二）技术创新的主要途径

技术的创新设计可分为改良性创新和开发性创新两大类。

改良性创新的特点是对已知的或现成的原理和产品进行改进或重新组合，这种方法一般有可供参考的原型或可供借鉴的样品，经过进一步的创新思考，运用一定的创新技法，获得新的产品方案。事实上这是一个再创造的过程。改良性创新在技术上的继承性大，制造工艺比较成熟，具有投资少、开发周期短、能较快适应市场变化的特点，效益非常明显，在技术创新中所占比重很大，也常常是引进、掌握先进技术为我所用的捷径。

开发性创新是指新技术具有明显的创新性，或者说，是指可称为"发明"的创造活动。这类技术与现有技术往往是异功异构。开发性创新难度大，它需要人们能突破原有"心理定式"的消极影响，运用创造性思维，对技术进行超常的巧妙构思，并往往需依靠各学科科技人员的密切合作。开发性创新投资大、有风险、短期效益不明显，在技术创新中所占比例较小；但从长远观点来看，开发性创新则是人类社会和经济发展的原动力。

五、技术创新成果转化

技术创新成果转化是实施创新驱动发展战略的重要任务，是加强科技与经济紧密结合的关键环节，对于推进结构性改革尤其是供给侧结构性改革，支撑经济转型升级和产业结构调整，促进大众创业、万众创新，打造经济发展新引擎具有重要意义。

（一）创新成果转化的内涵

创新成果转化是指为提高生产力水平而对科学研究与技术开发所产生的具有实用价值的创新成果所进行的后续试验、开发、应用、推广，直至形成新产品、新工艺、新材料，发展新产业等活动。

（二）转化途径

科技成果转化的途径，主要有直接和间接两种转化方式（如图 2-2-13 所示），并且这两种方式也并非泾渭分明，经常是相互包含的。

1. 直接转化

（1）科技人员自己创办企业。
（2）高校、科研机构与企业开展合作或合同研究。
（3）高校、研究机构与企业开展人才交流。
（4）高校、科研院所与企业沟通交流的网络平台。

图 2-2-13 科技成果转化途径

2. 间接转化

创新成果的间接转化主要是通过各类中介机构来开展的。机构类型和活动方式多种多样。在体制上，有官办的、民办的，也有官民合办的；在功能上，有大型多功能的机构（如既充当科技中介机构，又从事具体项目的开发等），也有小型单一功能的组织。

（1）通过专门机构实施科技成果转化。

（2）通过高校设立的科技成果转化机构实施转化。

（3）通过科技咨询公司开展科技成果转化活动。

六、知识产权保护

知识经济时代，知识创新、知识经济与知识产权密切联系。

（一）知识产权的定义

知识产权，是指公民、法人或非法人单位依法对智力劳动成果所享有的各种权利的统称（如图 2-2-14 所示）。尽管人们对知识产权一词的起源及其在文字表述上有一些不同，但在知识产权的基本内涵的理解上，基本上是一致的。大家认为，知识产权是人们因智力成果而依法享有的专有权利。

图 2-2-14 知识产权

(二)知识产权的范围

知识产权随着科技的发展和社会的不断进步,其内涵在不断变化,外涵日益扩大(如图2-2-15所示)。各国法律对知识产权范围的具体规定有所不同,有的范围大,有的范围小。从我国的情况看,我国参加的国际条约以及国内立法对知识产权范围的规定并不完全相同。

(三)知识产权的分类

知识产权的范围十分广泛,可根据不同的标准进行分类。常见的分类有以下两种:
(1)根据存在的领域不同,知识产权主要分为工业产权和版权。
(2)根据标的不同,知识产权分为创造性成果权利和识别性标志权利。

(四)知识产权保护

知识产权保护,在政府层次是指政府进行知识产权立法、确权、审查授权、防止侵权和打击侵权等执法的全过程;在企事业层次是指权利人根据相关法律法规防止自己的知识产权被侵权,以及被侵权后采用行政或司法手段进行维权和获取经济补偿等行为(如图2-2-16所示)。例如,保护专利权,首先要明确专利的权属,其次要对专利申请进行审查和授权,最后是防止侵权和打击侵权。

图2-2-15 知识产权的范围

图2-2-16 知识产权保护

目前,国家知识产权局已经开通了中国专利电子申请网(www.cponline.gov.cn),可进行专利电子申请,丰富了专利申请途径,专利申请流程如图2-2-17所示。

(五)知识产权运用

知识产权能够帮助确定和保护品牌,对于企业而言,全方位的知识产权保护策略已经成为重要的战略组成部分。创业企业从一开始就要树立知识产权保护的意识。

一方面,创业企业要学会利用功能性专利保护技术创新,设计专利保护产品的风格创新,利用版权、商标等保护产品的颜色、包装和整体形象等主要特征,这些知识产权保护的内容共同定义和区别产品的品牌标识;另一方面,创业企业要注意不要侵犯到其他企业或个人的知识产权,一旦掉以轻心,则可能在企业的经营过程中埋下造成灾难性后果的地雷。知识产权归根结底本质是财产,财产只有加以运用,才能产生经济效益和社会价值。

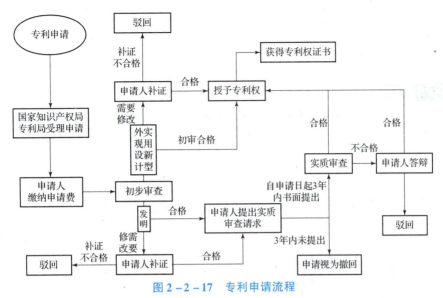

图 2-2-17 专利申请流程

> **想一想**
> 1. 什么是创新思维？如何培养和发展创新思维？
> 2. 简述新产品开发的流程。
> 3. 王明同学获得了小蓝辅助学习机器人装置的发明专利，但是他不知道如何运用，请你给出建议。

思考与练习

1. 【单选题】和田十二法是我国学者许立言、张福奎在（　　）基础上，借用其基本原理，加以创造而提出的一种思维技法。
　　A. 奥斯本检核表法　　　　　　B. 组合创新法
　　C. 创意列举法　　　　　　　　D. 移植创新法
2. 【单选题】（　　）是一种利用函询形式进行的集体匿名思想交流过程。
　　A. 奥斯本检核表法　　　　　　B. 5W1H 法
　　C. 德尔菲法　　　　　　　　　D. 头脑风暴法
3. 【多选题】创新思维主要有以下几个特征。（　　）
　　A. 敏感性　　B. 流畅性　　C. 灵活性　　D. 独特性
　　E. 综合性
4. 【多选题】发散思维是指从一个目标出发，沿着各种不同的途径去思考，探求多种答案的思维方式，具有（　　）的特点。
　　A. 流畅性　　B. 变通性　　C. 独特性　　D. 非逻辑性
5. 【判断题】创新思维是多种思维方式的综合运用，既有逻辑思维又有非逻辑思维，既有抽象思维又有形象思维，既有发散思维又有收敛思维。（　　）
6. 【判断题】知识产权是人们因智力成果而依法享有的专有权利。（　　）
7. 【填空题】创新成果的间接转化主要是通过各类＿＿＿＿＿来开展的。

8. 【填空题】_____是创新思维的核心，通过训练可以提高一个人的创新思维能力。
9. 【填空题】变换思维类创新技法主要应用_____打破思维定式产生创新。
10. 【填空题】根据标的不同，知识产权分为_____和_____。

评价与分析

学习过程评价表（学生自评、互评，教师评价）

班级		姓名		日期	月　　　日	配分	自评	互评	教师
评价	平时表现评价		1. 出勤情况 2. 遵守纪律情况 3. 学习任务完成情况，有无提问记录 4. 是否主动参与学习活动				30			
	创业知识		1. 了解创新思维的特点与分类 2. 掌握创新常见技法的特点与分类 3. 了解技术创新流程 4. 熟悉技术创新思路与途径 5. 掌握技术创新成果转化的途径 6. 运用知识产权保护技术创新				20			
	创业实践		创业实践任务：设计开发一款新产品并写出设计流程				30			
	综合能力		1. 能否使用文明礼貌用语，有效沟通 2. 能否认真阅读资料，查询相关信息 3. 能否与组员主动交流、积极合作 4. 能否自我学习及自我管理				20			
			合计			100			
教师评语									

> **创新创业名句**
> 创业总是艰难的，敢于创业的人，便不应计较艰难，世界上没有一帆风顺的革命。——恽代英

构建商业模式

知识目标

1. 了解商业模式的定义与分类；
2. 了解商业价值的获取方式；
3. 掌握商业模式创新的方式。

能力目标

1. 让学生在创业过程中开放自我，超越自我，提高自信心；
2. 激发思维创造力，迸发出创业意识。

素质目标

1. 培养思路开阔、有创造力的人才，增强学生抗挫折的能力；
2. 使学生具有处变不惊的良好心理素质和愈挫愈强的顽强意志。

知识导图

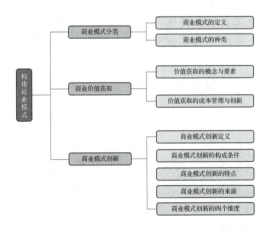

重点难点

1. 商业模式的概念与分类；
2. 商业模式价值要素；
3. 商业模式的构建；
4. 商业模式的获取。

教学资料

视频资料

课件资料

案例及分析

【案例】

公益创业从校园出发

地沟油是近几年冒出的社会问题，一度令人闻之色变。就在各界为怎样解决这个问题不停争论时，攻读环境工程学专业的刘美辰等同学获悉油可以做肥皂后，她所在的环保社团便马上行动起来，先把学校食堂当作试点，获得肥皂制作的基本原料。同时，与一家专门从事社区公益事业的NGO——北京爱思创新进行合作，后者在皂化反应等专业知识方面给予了他们不小的帮助。刘美辰等人设想，社团的活动或许能在北京高校之间引起重视，继而以浪卷之势，层层推进下去。而联想公益创业大赛的启动，让他们更加看到了这个项目的可操作性。"联想的介入能帮助我们解决不少困惑，提高管理组织能力。"加上媒体的宣传报道、公益训练营以及可能获得资金支持等潜在因素，刘美辰对前景颇为乐观，"绿手指"公益创业的想法由此成型。随着联想等大型企业的加入，公益创业活动在社会上产生越来越大的影响，很多大学生也对此极为关注。与普通的商业创业不同，公益创业在启动之初并不需要那么多资源，更关键的是合适的创意与行动力。大学生从设计一个公益项目开始，通过组织化运作，可以学习和掌握公益项目的操作技能，成为具备专业知识、技能和实践经验的公益专门人才。同时，公益创业行动能帮助大学生提前完成职业准备和职业选择，解决大学生社会化不足和就业难的难题。"绿手指"目前基本采用的是"内循环"和"外支援"互补的运营方式。"内循环"是从餐饮企业获得地沟油，制成的肥皂再返还回去，这样可以解决原料成本问题；"外支援"则是寻求可长期合作的肥皂厂商，通过他们的包装广告费用获取一定利润。刘美辰称，与肥皂厂商合作，还相当于得到了可靠的质量"背书"。制成的肥皂，除了返还餐饮企业的那部分，其他的则用于举办环保低碳宣传活动时进行派发。

【分析】

创业是一个创造新事物的过程，也是一个实现价值增值的过程。这意味着创业所创造出来的这种新事物，对创业者及其服务对象而言都是有价值的。地沟油是近几年社会凸显的热点话题，它关系到人们的饮食安全，与人们的切身利益息息相关。如何更好地解决这一问题，已成为困扰人们多年的障碍，这就为在此领域能够另辟蹊径的创业者提供了发展的机会和空间。以刘美辰为代表的"绿手指"，正是看中了此项目的可操作性，他们立足于目前广受关注的地沟油问题，很好地抓住人们迫切想解决地沟油问题的机会，利用专业知识，组建专业团队，策划了废油做肥皂的创意。与此同时，他们还与北京爱思创新进行合作以获得专业支持，通过参加联想公益创业大赛来对创业项目进行推广，采用将废油制成肥皂，并对特殊肥皂进行包装、推广，从而实现社会效益。他们以公益为目的、创业为理想，实现了资源再利用，宣传了环保节能，关注了食品安全问题。

一、商业模式分类

(一) 商业模式的定义

如今，学术界对商业模式有着更全面、更客观的定义。商业模式是指为了能实现客户价值最大化，将企业内在和外在所有要素进行整合，从而形成高效率且具有独特核心竞争力的运行系统，并且通过推出的产品或服务，达到持续盈利为目标的组织设计的整体解决方案。其中，"整合""系统""高效率"是先决条件和基础，"核心竞争力"是方法和手段，"客户价值最大化"是主观目的，"持续盈利"才是最终的检测结果。由初期从企业自身出发关注产品、营销、利润和流程，逐渐开始转向关注顾客关系、价值提供乃至市场细分、战略目标、价值主张等。只有满足消费者尚未得到满足的需求或解决了市场上有待解决的问题以后，才能创造真正的价值。

(二) 商业模式的种类

互联网的出现，激发了人们的创新热情，互联网领域也成了创业者的沃土。经过 20 多年来的摸索，互联网创业基本上形成了以下几种常见的商业模式。

1. 实物商品交易

通常意义上的商品/货物有以下 4 种交易模式：

(1) 外包生产、自己销售。

(2) 自己生产、自己销售。

(3) 只生产、不销售。

(4) 只销售，不生产。

2. 广告

广告已经成了互联网行业默认的首选变现方式，这本来是平面媒体的主要商业模式，现在互联网行业已经彻底抢走了广告领域的风头，其分为 4 种形式。

(1) 展示广告。展示广告一般形式是文字、通栏横幅、文本链接、弹窗等，通常是按展示的位置和时间收费，也就是我们所说的包月广告或包周、包天广告。这是广告最常见的模式。

(2) 广告联盟。广告联盟相当于互联网形式的广告代理商，广告主在广告联盟上发布广告，广告联盟再把广告推送到各个网站或 App 里去。百度联盟、谷歌广告联盟是最大的两个广告联盟。广告联盟一般是按广告的点击次数收费。

(3) 电商广告。京东、亚马逊、当当都有自己的电商广告，凡客当年也是靠这个突然蹿红的。这些广告一般是按销售额提成付费。很多导购网站，就是完全靠这种收入，特别是海淘导购网站，会接入各个海外购物网站的广告，佣金还挺不错。

(4) 软文广告。软文是指把广告内容和文章内容完美结合在一起，让用户在阅读文章时，既得到了他想要的内容，也了解了广告的内容。很多媒体网站或者微博、微信大号，都是靠软文赚钱的。

3. 交易平台

平台交易模式如图 2-3-1 所示。

图 2-3-1 交易平台模式

4. 直接向用户收费

直接向用户收费模式是根据客户需求，向终端进行直接收费，包括定期付费、按需付费、打印机模式等（如图 2-3-2 所示）。

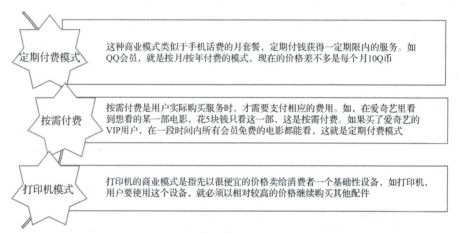

图 2-3-2 直接向用户收费模式

5. 免费增值

免费增值模式就是先让一部分用户免费使用产品，而另外一部分用户购买增值服务，通过付费增值服务赚回成本和利润（如图 2-3-3 所示）。不过通常一般采取免费增值模式的产品，可能只有 0.5%~1% 的免费用户会转化为付费用户。

所以，既然互联网有这么多商业模式可以选择，创业者完全不用太关注这个问题。努力做好产品，努力黏住更多的用户，用户数量达到一定程度了，选择一个合适的商业模式，就可以赚钱。

二、商业价值获取

（一）价值获取的概念

价值获取（Value Capture）是指企业通过正确的机制，使企业有吸引力的价值定位产生利润。它要解决的是"企业在何处赢利？如何创新性赢利"的问题。

限定次数免费使用

这种模式是在一定次数之内，用户可以免费使用，超出这个次数的就需要付费了

限定人数免费使用

这种模式是指用户数量在一定人数之内是免费的，若用户数量超过这个限定额，就要收费了。如企业邮箱服务，若你注册了某个域名，打算用这个域名做企业邮箱；企业邮箱服务商可要求5个以内邮箱地址免费，超过5个邮箱地址就要购买

限定免费用户可使用的功能

免费用户只能使用少数几种功能，如果想使用所有的功能，就得付费。如印象笔记，升级之后，每个月可以上传更大的附件，也可以给自己的笔记加上密码

应用内购买

应用的下载和按照使用是免费的，但是在使用的过程中，可以为特定的功能付费。最常见的就是游戏了，购买虚拟装备或者道具之类的

试用期免费

让用户在最初一定的期限内可以免费使用，超过试用期之后就要付费了。比如Office，免费版试用期到了，就要进行激活。激活就要买正版的激活码了

图2-3-3　免费增值模式

（二）价值获取三要素

1. 收入来源

收入来源要解决的根本问题是企业从何处获取收入。收入模式可以分解为以下要素：

（1）收入源。收入源是指企业据以获取收入的那部分价值内容，所要解决的是"凭什么收费"的问题。主要包括两点：一是免费环节是收费环节的重要条件，企业只有通过免费的服务吸引到足够多的顾客，才有可能进行收费；二是价值内容中的某些环节由于具有很强的外部性，企业从技术上无法对其进行收费。

（2）收入点。收入点是指企业据以获取收入的那部分目标顾客，它解决的是"对谁收费"的问题。现实生活中，既有向服务对象直接收费，也有采取间接的方式收费。

（3）收入方式。收入方式是指企业获取收入的手段，包括定价方式、付款方式、付款时间、促销策略等，它解决的是"怎么收费"的问题。企业通过设计顾客的付款条件和规则，确保了企业收入的最终实现。

2. 成本管理

成本管理是指企业管理成本和资产优化的方式，它所要解决的问题是企业在创造价值的活动中，如何进行成本结构和成本控制。成本管理由以下两个要素构成。

（1）成本结构。成本结构是指企业对自身成本要素分布的安排情况。对于企业来讲，经营活动产生许多不同的成本要素，包括生产工人工资、燃料费、原材料费用、广告费、营销人员工资、车间管理费、厂部管理费、研发费、技术服务费等。企业应当确定所提供的价值内容中，哪些因素做到行业标准之上，哪些因素做到行业标准之下，从而确定自身的成本结构情况。美国西南航空公司为了使飞行具备汽车旅行的经济和便捷，不在旅行用餐、商务舱候机室和座位的选择上做过多的投资，而是突出友好的服务、速度、频繁的点对点直航班次的特点，改变了航空业长久以来的高成本结构而脱颖而出。

（2）成本控制。成本控制是指企业对经营活动中产生的成本进行压缩。成本控制主要有3种方法：

①消除库存。库存减少的首要条件是准确的顾客需求信息，可利用的零部件、原材料的准确、实时信息；其次是减少产品复杂程度。此外，合并存货、提高供应链可靠性都是减少库存的重要措施。

②通过数字化实现有效经营，这包括开发数字化顾客界面、优化电子化订单流程等。

③无须资金而获得成长。融资是企业成长的永恒话题。为了解决企业对流动资金与固定资产的需求，充分利用合作伙伴的资源。

3. 价值创新

价值创新是指企业探寻新的价值创造逻辑，它所要解决的问题是：企业如何开创新的市场空间，实现获利性增长。在越来越多的产业中，竞争白热化，而需求却增长缓慢甚至停滞萎缩。通过跨越现有竞争边界看市场，以及将不同市场的买方价值元素筛选与重新排序，企业就有可能重建市场和产业边界，开启巨大的潜在需求，从而摆脱"红海"（已知的市场空间），开创"蓝海"（新的市场空间），如表2-3-1所示。

表2-3-1 "红海"与"蓝海"价值创造逻辑的比较

价值转移的"红海"	价值创新的"蓝海"
竞争于已有市场空间	开创无人争抢的市场空间
打败竞争对手	甩脱竞争
开发现有需求	创造和获取新需求
在价值与成本之间权衡取舍	打破价值与成本之间的权衡取舍
按差异化或低成本的战略选择协调公司活动的完整系统	为同时追求差异化和低成本协调公司活动的完整系统

为打破差异化和低成本之间的取舍，创造新的价值曲线，勒妮·莫博涅提出了四步动作框架（如图2-3-4所示）。

图2-3-4 四步动作框架

（1）剔除。指去除那些在长期竞争中认为理所当然，却不再有价值，甚至还减少价值的元素。

（2）减少。查看现有产品或服务是不是在功能上设计过头，超出了顾客的需求，陡然增加了企业的成本却没有产生好效果的元素，将其减少到行业标准以下。

（3）增加。根据顾客所重视的价值发生的根本性变化，将这些元素的含量增加到行业标准以上。

（4）创造。重构买方价值元素，向买方提供全新体验，同时降低企业自身的成本。

通过以上四个动作，促使企业改变竞争元素，从而使现有的竞争规则变得无关紧要，创造新的需求。

三、商业模式创新

(一) 商业模式创新定义

泰莫斯定义商业模式是指一个完整的产品、服务和信息流体系,包括每一个参与者及其在其中起到的作用,以及每一个参与者的潜在利益和相应的收益来源和方式。

商业模式创新是指创造企业价值提供基本逻辑的创新变化,它既可能包括多个商业模式构成要素的变化,也可能包括要素间关系或者动力机制的变化。通俗地说,商业模式创新就是指企业以新的有效方式赚钱。

(二) 商业模式创新的构成条件

由于商业模式构成要素的具体形态表现、相互间关系及作用机制的组合几乎是无限的,因此,商业模式创新企业也有无数种。但可以通过对典型商业模式创新企业的案例考察,得出商业模式创新的三个构成条件(如图2-3-5所示)。

图2-3-5 商业模式创新的三个构成条件

如格莱珉银行面向穷人提供的小额贷款产品服务,开辟全新的产业领域,是前所未有的。亚马逊卖的书和其他零售书店没什么不同,但它卖的方式全然不同。西南航空提供的也是航空服务,但它提供的方式,也不同于已有的全服务航空公司。

(三) 商业模式创新的特点

创新概念可追溯到熊彼特,他提出创新是指把一种新的生产要素和生产条件的"新结合"引入生产体系。具体有5种形态:

(1) 开发出新产品。
(2) 推出新的生产方法。
(3) 开辟新市场。
(4) 获得新原料来源。
(5) 采用新的产业组织形态。

(四) 商业模式创新的来源

商业模式创新来源于对这三个要素的改变,如表2-3-2所示。

表2-3-2 商业模式创新的来源

增加活动系统的内容	改变活动系统的结构	改变活动系统的治理
指企业选取或增加新的业务活动	指企业以新的方式对业务活动进行连接和排列	指针对任何业务活动,企业改变一个或多个参与方
如:IBM公司从早期(1990年)的硬件供应商逐渐转变为专业服务供应商,增加了业务咨询、IT服务、解决方案等系列活动	如:著名的在线旅游公司将客户与供应商连接的传统预订模式创新地调整为逆向拍卖模式	如:特许经营模式就改变了活动系统的治理

(五) 商业模式创新的四个维度

奥斯特瓦尔德指出,在商业模式这一价值体系中,企业可以通过改变价值主张、目标客户、分销渠道、顾客关系、关键活动、关键资源、伙伴承诺、收入来源和成本结构等因素来激发商业模式创新。一般商业模式创新可以从战略定位创新、资源能力创新、商业生态环境创新以及这三种创新方式结合产生的混合商业模式创新这四个维度进行(如图2-3-6所示)。

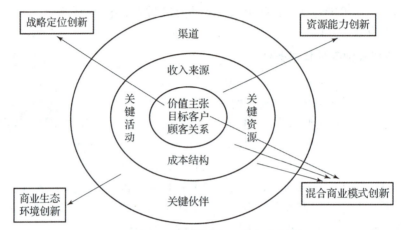

图2-3-6 商业模式创新的四个维度

1. 战略定位创新

战略定位创新主要是围绕企业的价值主张、目标客户及顾客关系方面的创新,具体指企业选择什么样的顾客、为顾客提供什么样的产品或服务、希望与顾客建立什么样的关系,其产品或服务能向顾客提供什么样的价值等方面的创新。在激烈的市场竞争中,没有哪一种产品或服务能够满足所有的消费者,战略定位创新可以帮助我们发现有效的市场机会,提高企业的竞争力。

2. 资源能力创新

资源能力创新是指企业对其所拥有的资源进行整合和运用能力的创新,主要是围绕企业的关键活动,建立和运转商业模式所需要的关键资源的开发和配置、成本及收入源方面的创新。如丰田以最终用户需求为起点的精益生产模式,改变了20世纪70年代以制造商为起点的商业模式,通过有效的成本管理模式创新,大大提高了企业的经营管理效率。

3. 商业生态环境创新

商业生态环境创新是指企业将其周围的环境看作一个整体,打造出一个可持续发展的共赢的商业环境。企业战略定位及内部资源能力都是企业建立商业生态环境的基础。没有良好的战略定位及内部资源能力,企业将失去挑选优秀外部合作者的机会以及与他们议价的筹码。一个可持续发展的共赢的商业环境也将为企业未来发展及运营提供保证。

4. 混合商业模式创新

混合商业模式创新是一种战略定位创新、资源能力创新和商业生态环境创新相互结合的方式。企业的商业模式创新一般都是混合式的,因为企业商业模式的构成要素战略定位、内部资源、外部资源环境之间是相互依赖、相互作用的,每一部分的创新都会引起另一部分相应的变化。苹果公司的巨大成功,不单单在于其独特的产品设计,还源于其精准的战略创新,他们看中了终端内容服务这一市场的巨大潜力,将其战略从纯粹的出售电子产品转变为以终端为基础的综合性内容服务提供商。

> **想一想**
> 随着互联网技术的发展,我们每个人都处在传播节点之上,信息形态也在不断发生变化。最先经历信息爆炸的学科,如天文学和基因学,首先创造出"大数据"这一概念,云时代的到来则令大数据越来越受关注。作为一种新兴且价值巨大的资产,大数据正极大地影响着政府、经济、教育、医疗以及社会的其他各个领域,甚至是企业发展的一个机会,为很多企业带来发展契机。但是,更多的企业却是有宝贝却不知道怎么用,因而导致手里收集的大数据不少,最终却挖掘不出多少有价值的信息。对此,要想更好地挖掘大数据潜能,就要学会大数据分析方法。请思考有哪些方法能帮助企业从大数据中获取商业价值?

思考与练习

1. 【单选题】商业模式的价值实现路径是(   )。
   A. 业务系统   B. 客户需求   C. 战略目标   D. 盈利模式
2. 【单选题】(   )既是成功商业模式的结果,也是成功商业模式的特征。
   A. 独特性   B. 顾客价值最大化 C. 持续盈利   D. 全面性
3. 【单选题】(   )是价值创造的基础,也是机会识别的延伸。
   A. 客户   B. 关键资源   C. 合作关系网络   D. 价值发现
4. 【单选题】(   )是企业接触客户、传递价值的重要媒介。
   A. 客户关系   B. 渠道通路   C. 重要合作   D. 客户细分
5. 【单选题】以下哪一种不是商业模式的创新?(   )
   A. 改变收入模式   B. 改变产业模式   C. 改变建筑模式   D. 改变技术模式
6. 【多选题】以下关于商业模式创新的动力说法正确的是(   )。
   A. 企业家是企业实现商业模式创新最主要的内在动力之一
   B. 企业的社会资本是保障企业成功进行商业模式创新的外在因素
   C. 市场需求是商业模式循环创新的拉动力
   D. 技术进步推动商业模式创新
   E. 经济环境的变化与产业竞争的日益加剧是企业进行商业模式创新的外在压力
7. 【多选题】以下哪些选项是商业模式创新的形态?(   )
   A. 开辟新市场   B. 开发新产品   C. 获得新原料   D. 推出新生产方法
8. 【多选题】创新商业模式的类别有(   )。
   A. 实物商品模式   B. 网络媒体模式
   C. 交易平台模式   D. 直接向用户收费模式
9. 【判断题】商业模式的逻辑是价值发现、价值匹配和价值获取的过程。(   )
10. 【判断题】商业模式不等同于盈利模式,完整的商业模式,需要讲清楚价值发现、价值匹配和价值获取三个问题,而盈利仅仅是价值获取的问题。(   )

评价与分析

学习过程评价表（学生自评、互评，教师评价）

班级		姓名		日期	月　　日	配分	自评	互评	教师
评价	平时表现评价		1. 出勤情况 2. 遵守纪律情况 3. 学习任务完成情况，有无提问记录 4. 是否主动参与学习活动			30			
	创业知识		1. 了解商业模式价值概念 2. 分析商业模式价值获取过程中与大数据流之间的潜在联系 3. 解释商业模式的本质和价值 4. 熟悉商业模式应包含的框架要素			20			
	创业实践		创业实践任务：起草一个商业模式的框架			30			
	综合能力		1. 能否使用文明礼貌用语，有效沟通 2. 能否认真阅读资料，查询相关信息 3. 能否与组员主动交流、积极合作 4. 能否自我学习及自我管理			20			
			合计			100			
教师评语									

> **创新创业名句**
> 同是不满于现状，但打破常规的手段却不同：一是革新，一是复古。
> ——鲁迅

单元四

把控机会与风险

知识目标

1. 对创意、创业机会的概念有清晰的理解；
2. 了解创意和创业机会的来源；
3. 创业机会的特征有哪些；
4. 对于创业风险能有效地识别并良好地预防。

能力目标

1. 认识创业机会的来源、创新意识和创新思维的内涵；
2. 掌握创新的思维方法及模式的内容，学会运用创新思维及方法解决现实问题；
3. 掌握创业机会的评价手段与方法；
4. 培养创业机会识别能力和创业风险评估能力，提升学生创新创业意识、风险意识和防范意识。

素质目标

1. 促进学生创业全面发展，使学生迸发更多的可能性和创造力；
2. 学习创意产生的主要技术，使学生具备自我实现、追求成功的强烈的创业意识。

知识导图

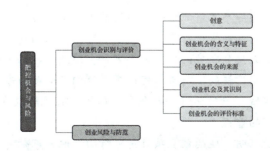

重点难点

1. 创意的产生、创业机会的识别、创业风险的类别；
2. 挖掘创意的方法、创业机会的评估和创业风险的应对策略。

教学资料

视频资料

课件资料

案例及分析

【案例】

张华的创业计划

为了引入风险投资,经过多方联系,张华与一些风险投资机构和个人投资者进行了会谈。在这些会谈中,虽然张华反复强调他的技术多么先进、应用前景多么好,并拍着胸脯保证投资他的公司回报绝对低不了,却总是难以令对方相信。而投资人问到的许多数据,如市场需求量具体有多少?一年可以有多大的销售量?投资后年回报率有多高?他也没有办法提供。此外,张华的公司在招聘技术骨干时,也遇到了同样的难题,因为应聘者无法了解公司,所以对公司的前景也同样缺乏信心。

这时,曾经在张华注册公司时帮助过他的一位做管理咨询的朋友的一句话点醒了他,"你的那些技术有几个投资者搞得懂?你连一份像样的创业计划书都没有,怎么让别人相信你?投资者凭什么相信你?"于是,张华在向相关专家请教咨询后,又查阅了大量的资料,然后静下心来,从公司的经营宗旨、战略目标出发,对公司的技术、产品、市场销售、资金需求、财务指标、投资收益、投资者的退出等方面进行了分析和论证。当然,在这个过程中,他还得时不时搞一些市场调查。一个月后,他带着创业计划书初稿,向几位专家请教,在相关专家的指点下,他又对创业计划进行了修改和完善。凭着这份修改后的创业计划书,张华不久就与一家风险投资公司达成了投资协议,有了风险投资的支持,员工招聘问题也迎刃而解。

现在,张华的公司经营得红红火火,年销售利润已达到 500 万元。回想往事,张华感慨地说:"创业计划书的编制与我搞的环境污染治理材料要求差不多,绝不是随便写一篇文章的事。编制计划书的过程,就是我不断厘清自己思路的过程。只有企业家自己思路清楚了,才有可能让投资人、员工相信你。"

(资料来源:董青春,等. 创业基础:教师用书 [M]. 北京:经济管理出版社,2012)

【分析】

在本案例中,张华作为一个具有非常好的市场前景的实用技术的开发者,其创业优势是十分明显的。但是,在他前期融资过程中,由于缺少可靠的证明材料,甚至没有一份像样的创业计划书,投资者根本无法判断他的项目是否可行,因此,也不可能为其投资。

在现实生活中,像张华这样的工科男其实很多。他们有过硬的专业本领,有自己的专利技术,有火一样的创业热情。但对如何创办企业,如何吸引风险投资,却缺乏起码的了解,对创业计划书也缺乏应有的重视。

张华后期的创业成功证明,他的创业项目是可行的。他初期融资屡受挫折的原因,就是因为他缺少一份像样的创业计划书。对大多数创业者来说,一份具有可行性的创业计划书,是融资最起码的条件。而创业计划书的撰写过程,也是创业者了解市场和对创业项目进行更深入的思考的过程。

一、创业机会识别与评价

(一) 创意

1. 创意的概念

创意就是具有新颖性和创造性的想法,是一种让受众产生共鸣的独特思路。

2. 创意的来源

创意一般有四种来源(如图 2-4-1 所示),它可以通过专业创意思维训练方法获得。

一是头脑风暴法。这是最为人们所熟悉的创意思维方法,强调集体思考,着重互相激发思考。其基本做法是:让大家只专心提出构想而不加以评价;不局限思考的空间,鼓励想出越多主意越好。

二是属性列举法。把现有的产品属性一一排列出来,然后尝试改进每一种属性,就可能形成新的创意。一般涉及的属性有用途、结构、颜色、形状、气味、声音、材料等。

三是强制关联法。先列举若干不同的产品,然后设想把某一产品与另一产品或几种产品功能强行结合起来,产生一种新的产品创意。创意把播放器整合进 U 盘,就成了 MP3;创意把视频播放器整合进去,就有了 MP4、MP5。

创意来源之一:责任之心
一杯水可以冲干净的坐便器

创意来源之二:求美之心
束腰连衣裙状的饮料瓶

创意来源之三:烦恼之心
能洗大地瓜的洗衣机

创意来源之四:专业方法
大哥大,只能打电话

图 2-4-1 创意的四种来源

(二) 创业机会的含义与特征

1. 创业机会的含义

机会是指具有时间性的有利情况,是营造出的对新产品、新服务或新业务需求有利的环境,它有如图 2-4-2 所示的特征。创业机会也称商业机会或市场机会,是指有吸引力的、较为持久的有利于创业的商业机会,最终表现在能够为消费者和客户创造价值或增加价值的产品或服务之中。

2. 创业机会的特征

抓取创业机会是创业者必要的技能,对于创业者来说,不论基于什么原因创业,都应该仔细分析创业机会的特征,如图 2-4-3 所示。

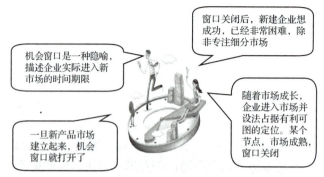

图 2-4-2 机会窗口的含义

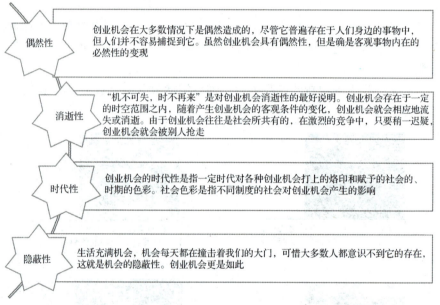

图 2-4-3 创业机会的特征

（三）创业机会的来源

创意不等于创业机会，创意可能会转化创业机会，但不是所有创意都能转化成创业机会（如图 2-4-4 所示）。

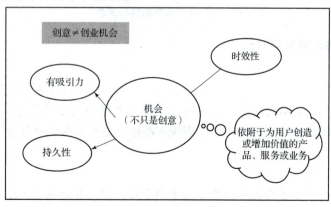

图 2-4-4 创意与机会的关系

1. 问题和痛点

创业的根本目的是满足顾客需求，而顾客需求在没有满足前就是问题，与创意有着本质的区别，如图 2-4-5 所示。寻找创业机会的一个重要途径是善于发现和体会自己和他人在需求方面的问题或生活中的痛点。

图 2-4-5　机会与创意的区别

2. 社会变化

创业的市场机会大都产生于不断变化的市场环境，环境变化了，市场需求、市场结构必然发生变化，需要有较敏锐的识别方法（如图 2-4-6 所示）。这里的变化是指产业结构的变化，科技进步，通信革新，经济信息化、服务化，价值观与生活形态变化，人口结构变化等。

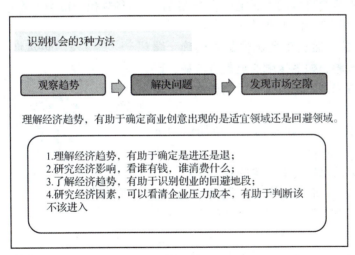

图 2-4-6　识别机会的方法

3. 政策与体制变革

随着经济的快速发展、需求的不断改变，政府时刻跟随时代来调整政策，市场政策的变动使得市场结构发生变化，新政策的出台或现有政策的修改都会为创业者带来大量的创业机会。

4. 技术革新

技术革新是有价值的创业机会的最重要来源。技术革新改变了社会面貌，它以高科技手段提高了人们办事的效率，改变了人们日常行为的方式，制造了许多空白的市场空间，使创业成为可能。

（四）创业机会及其识别

创业机会识别是指创业者识别新的创业机会的过程，是创业的初始阶段。捕捉机会的方法如图2-4-7所示。

图2-4-7 捕捉机会的方法

（五）创业机会的评价标准

一个好的创业机会可以用市场定位、市场结构、市场规模、市场渗透力、市场占有率等指标进行衡量（如图2-4-8所示）。

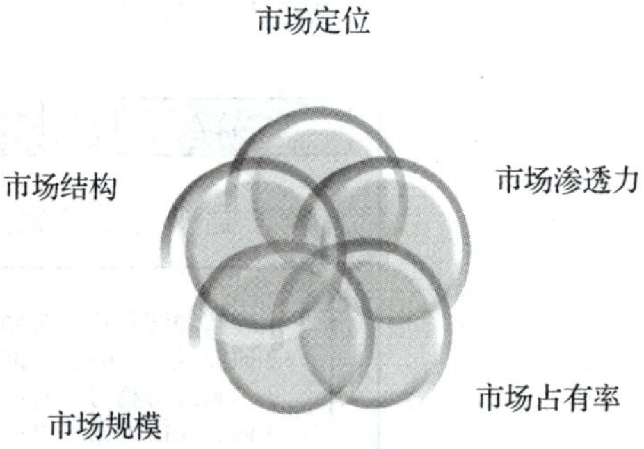

（1）市场定位。通过市场定位是否明确、顾客需求分析是否清晰、顾客接触通道是否流畅、产品是否持续衍生等来判断创业机会可能创造的市场价值。

（2）市场结构。针对创业机会的市场结构进行5项分析，包括进入障碍、供货商、顾客、经销商的谈判力量，以及市场内部竞争的激烈程度。

（3）市场规模。市场规模大小与成长速度，也是影响新企业成败的重要因素。一般而言，市场规模大者，进入障碍相对较低，市场竞争激烈程度也会略为下降。

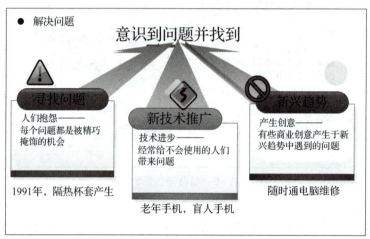

图2-4-8 创业机会的评价标准

（4）市场渗透力。对于一个具有巨大市场潜力的创业机会，市场渗透力（市场机会实现的过程）评估将会是一项非常重要的影响因素。

（5）市场占有率。从创业机会预期可取得的市场占有率目标，可以显示这家新企业未来的市场竞争力。

二、创业风险与防范

在全民创业、大众创业的浪潮中，无论是企业还是个人都要有风险意识，因为任何投资和创业都有一定风险。创业过程中，在增强风险意识的基础上，要开展相应的措施，降低和避免风险，可按照图 2-4-9 所示的流程进行。

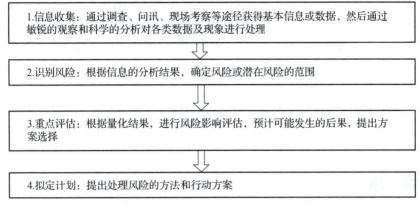

图 2-4-9　创业风险的防范流程

> **想一想**
>
> 　　从商须谨慎。在市场经济条件下，创业总是有风险的，不敢承担风险，就难以求得发展。创业者应该如何规避创业风险，如何有效规避创业中的风险呢？创业本身是一件有风险的事，不论是寻找融资还是不融资，创业者都需要具有风险意识。在创业过程中，应如何评估、预防，让创业过程中的损失降到最低呢？在信息更新换代迅速的今天，创业者在对创业项目进行充分论述后，对创业风险进行一个正确的评估，对未来可能出现的问题提前做好应急方案，避免问题出现时却不知如何解决。请你试着构建应对创业风险识别框架。

思考与练习

1. 【单选题】以下关于创业风险的说法正确的是（　　）。
   A. 创业风险来源于其他经营风险的根源
   B. 创业风险具有相当的明显性
   C. 创业风险可以回避
   D. 创业风险是所有经营风险之中最早到来的风险
2. 【单选题】下列属于创业机会特征的是（　　）。
   A. 普遍性　　　　　　　　　　B. 偶然性
   C. 消逝性　　　　　　　　　　D. 营利性
3. 【单选题】创业机会发现对于创业者的认识结果往往表现为是一种（　　）。
   A. 商业概念　　B. 创意　　　C. 商业机会　　　D. 商业模式
4. 【单选题】头脑风暴也可以用来思考一个特定的产业。这种头脑风暴技巧的变种被称为（　　）。
   A. 结构性头脑风暴法
   B. 特殊头脑风暴法
   C. 普通头脑风暴

D. 一般头脑风暴

5. 【判断题】头脑风暴要求每位参与者有逻辑有条理地论述。（   ）

6. 【判断题】创业风险指的是创业过程中存在的各种风险，即由于创业环境的不确定性、创业机会与创业企业的复杂性，以及创业者、创业团队与创业投资者的能力和实力的有限性而导致创业活动结果的不确定性，就是创业风险。（   ）

7. 【简答题】为什么有的人看到创业机会，而另一些人则看不到？

8. 【简答题】哪些企业或产业依赖政府支持性规定而存在？

9. 【简答题】政治变革造成哪些新的业务和产品机会？

10. 【简答题】如何评价创业机会？

评价与分析

学习过程评价表（学生自评、互评，教师评价）

班级		姓名		日期	月 日	配分	自评	互评	教师
评价	平时表现评价	1. 出勤情况 2. 遵守纪律情况 3. 学习任务完成情况，有无提问记录 4. 是否主动参与情况学习活动				30			
	创业知识	1. 了解创业机会的识别 2. 了解创业风险应对策略 3. 了解创意创业的方法 4. 熟悉创业机会和创业风险应包含的框架要素				20			
	创业实践	创业实践任务：起草一个创业机会与创业风险的框架				30			
	综合能力	1. 能否使用文明礼貌用语，有效沟通 2. 能否认真阅读资料，查询相关信息 3. 能否与组员主动交流、积极合作 4. 能否自我学习及自我管理				20			
		合计				100			
教师评语									

> **创新创业名句**
> 销售为王，现金是后。　　　　　　　　　　　　——佚名

单元五

知悉企业运营

知识目标

1. 了解企业成立及注册流程；
2. 熟悉企业财务管理的主要内容；
3. 理解企业营销管理的主要内容；
4. 掌握企业顾客管理的主要内容。

能力目标

1. 具备必要的创业能力，熟悉新企业的注册流程与管理，提高创办和管理企业的综合素质和能力；
2. 懂得创业过程中的财务管理和资金分配方式，提高财务风险防范能力。

素质目标

1. 通过学习，提高创新能力，激发创业意识，培养新时代企业家精神；
2. 提高学生社会责任感和综合素质，促进学生创业、就业和全面发展。

知识导图

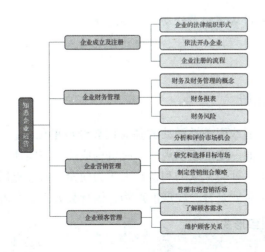

重点难点

1. 企业的法律组织形式和注册流程；
2. 企业的财务报表的编制。

教学资料

视频资料

课件资料

案例及分析

【案例】

企业运营需要诚信守法

"签合同、上保险、保工资",这一直是政府部门倡导的保护职工劳动权益的基本核心,自《中华人民共和国劳动合同法》实施以来,很多用人单位都规范了自己的用工行为,意识到了签订劳动合同的重要性。但是,还是有不少用人单位总是在用工成本上"算小账",签了合同却不给职工上保险,只顾眼前省了小钱,却为以后职工找后账要求赔偿埋下隐患。原在深圳一家网络科技公司工作的小陈来到劳动争议调解中心申诉,要求他之前所在的公司支付没有给自己缴纳社会保险的补偿。调解中心工作人员了解到,小陈在这家网络科技公司工作了近半年的时间,公司和他只签订了劳动合同,却一直没有给他缴纳社会保险,考虑到再干下去也得不到相应保障,于是小陈决定还是另找一家有保障的单位,所以向公司提出了解除劳动合同,同时要求公司补缴以前没有缴纳的社会保险。由于小陈提出的保险补偿要求被公司拒绝,于是小陈来到劳动争议调解中心提出申请,要求该公司按照相应标准给予补偿。经劳动争议调解中心的协调和律师的讲解,该企业负责人最后认识到公司没有按照法律规定及时为职工缴纳相应的社会保险是不合法的,表示愿意按照法律规定进行补缴或者给付职工补偿,愿意通过调解解决争议。

【分析】

本案例告诉我们,公司从事经营活动,必须遵守法律、行政法规,诚实守信,自觉接受政府和社会公众的监督,承担社会责任,按照法律规定为职工缴纳相应的社会保险,做到合法用工。

一、企业成立及注册

企业是从事生产、流通或服务性活动的独立核算经济单位。它是依法设立的经济组织,是在商品经济范畴中,按照一定的组织规律,有机构成的经济实体,一般以营利为目的,以实现投资人、客户、员工、社会大众的利益最大化为使命,通过提供产品或服务满足社会需求,以换取收入和盈利。企业是社会发展的产物,因社会分工的发展而成长壮大。

(一)企业的法律组织形式

1. 合伙企业

(1)合伙企业概念。合伙企业是指由各合伙人订立合伙协议,共同出资、共同经营、共享收益、共担风险,并对企业债务承担无限连带责任的营利性组织。合伙企业分为普通合伙企业和有限合伙企业。其中，普通合伙企业又包含特殊的普通合伙企业。

普通合伙企业由 2 人以上的普通合伙人（没有上限规定）组成。普通合伙企业中，合伙人对合伙企业债务承担无限连带责任。特殊的普通合伙企业中，一个合伙人或数个合伙人在执业活动中因故意或者重大过失造成合伙企业债务的，应当承担无限责任或者无限连带责任，其他合伙人则仅以其在合伙企业中的财产份额为限承担责任。

有限合伙企业由 2 人以上 50 人以下的普通合伙人和有限合伙人组成，其中普通合伙人和有限合伙人都至少有 1 人。当有限合伙企业只剩下普通合伙人时，应当转为普通合伙企业，如果只剩下有限合伙人时，应当解散。普通合伙人对合伙企业债务承担无限连带责任，有限合伙人以其认缴的出资额为限对合伙企业债务承担责任。

(2) 开办合伙企业的优势。可以从众多的合伙人处筹集资本，一定程度突破企业资金受单个人拥有量的限制，并使得企业从外部获得贷款的信用增强，扩大了资金的来源。

2. 个体户

(1) 个体工商户的概念。个体工商户是指生产资料属于私人所有，主要以个人劳动为基础，劳动所得归个体劳动者自己支配的一种经济形式。个体工商户有个人经营、家庭经营与个人合伙经营三种组织形式。与我国现阶段存在的其他经济实体相比，个体工商户对其生产资料拥有所有权。个体工商户是私人投资其经营的生产资料，并享有占有、使用、收益和处分的权利。这表明个体工商户属于小私有制的经济性质，因而它是区别于国家所有制、集体所有制等社会主义性质的企业。

(2) 个体工商户的法律特征。在依法核准登记的范围内，个体工商户享有从事个体工商业经营的民事权利能力和民事行为能力。个体工商户的正当经营活动受法律保护，对其经营的资产和合法收益，个体工商户享有所有权。个体工商户是个体工商业经济在法律上的表现，其具有以下特征：

①个体工商户是从事工商业经营的自然人或家庭。自然人或以个人为单位，或以家庭为单位从事工商业经营，均为个体工商户。根据法律有关政策，可以申请个体工商户经营的主要是城镇待业青年、社会闲散人员和农村村民。国家机关干部不能申请从事个体工商业经营。

②自然人从事个体工商业经营必须依法核准登记。个体工商户的登记机关是县以上市场监督管理机关。个体工商户经核准登记，取得营业执照后，才可以开始经营。个体工商户转业、合并、变更登记事项或歇业，也应办理登记手续。

③个体工商户只能经营法律、政策允许个体经营的行业。

3. 独资企业

(1) 独资企业的概念。独资企业，即为个人出资经营、归个人所有和控制、由个人承担经营风险和享有全部经营收益的企业。以独资经营方式经营的独资企业有无限的经济责任，破产时借方可以扣留业主的个人财产。个人独资企业是最古老、最简单的一种企业组织形式。独资企业在世界上的很多地区不需要在政府注册。在这种制度下，很简单的经营安排如小贩和保姆在法律上就属于独资企业；甚至暂时经济活动，比如个人之间的买卖交易在法律上就依照独资企业处理。通常为了方便执法活动，政府会要求某些种类的独资企业注册，比如餐馆注册是为了方便卫生检查。另一个注册原因是牌号，业主有权力使用个人的姓名为企业牌号，比如"张三的饭店"，但是法律通常要求业主登记其他名称的牌号，以防有商标争议。

（2）独资企业的特点：

①企业的建立与解散程序简单。

②经营管理灵活自由。企业主可以完全根据个人的意志确定经营策略，进行管理决策。

③业主对企业的债务负无限责任。当企业的资产不足以清偿其债务时，业主以其个人财产偿付企业债务，有利于保护债权人利益。独资企业不适宜风险大的行业。

④企业的规模有限。独资企业有限的经营所得、企业主有限的个人财产、企业主一人有限的工作精力和管理水平等都制约着企业经营规模的扩大。

⑤企业的存在缺乏可靠性。独资企业的存续完全取决于企业主个人的得失安危，企业的寿命有限。在现代经济社会中，独资企业发挥着重要作用。

二、依法开办企业

（一）公司注册资本需要注意的问题

1. 公司注册资本的概念

注册资本也叫法定资本，是公司制企业章程规定的全体股东或发起人认缴的出资额或认购的股本总额，并在公司登记机关依法登记。

2. 公司注册资本的重要性

无论公司所在的行业、部门或经营范围有何不同，其都是要从事经营活动的，并且都是在该活动中享有权利并承担义务，这就要求公司必须拥有一定的资本，而注册资本就是公司存在的物质基础和前提。公司有了注册资本才能生存，才能从事生产经营活动。注册资本是指公司章程确定的，在公司登记机关登记的，公司全体股东认缴的出资或股本总额。注册资本是公司必须在公司登记机关进行登记的法定事项之一。公司的法定事项一共有 8 项内容，而注册资本就是公司登记事项的重要内容之一。公司的注册资本根据不同类型公司有不同的要求，需要达到法律规定的最低限额，经有关验资机构进行审验并出具合法证明后，工商登记机关才能进行注册登记。没有注册资本或注册资本额达不到法定限额，则公司不能成立。

（二）注册资本制度

注册资本由实缴登记制改为认缴登记制，即实行由公司股东（发起人）自主约定认缴出资额、出资方式、出资期限等，并对缴纳出资情况真实性、合法性负责的制度。从注册资本实缴登记制到注册资本认缴登记制，有以下改变：

（1）放宽注册资本登记条件。除法律、法规另有规定外，取消有限责任公司最低注册资本 3 万元、一人有限责任公司最低注册资本 10 万元、股份有限公司最低注册资本 500 万元的限制；不再限制公司设立时股东（发起人）的首次出资比例和缴足出资的期限。公司实收资本不再作为工商登记事项。

（2）将企业年检制度改为年度报告制度，任何单位和个人均可查询年度报告，使企业相关信息透明化。建立公平规范的抽查制度，克服检查的随意性，提高政府管理的公平性和效能。

（3）按照方便注册和规范有序的原则，放宽市场主体住所（经营场所）登记条件，由地方政府具体规定。

（4）大力推进企业诚信制度建设。注重运用信息公示和共享等手段，将企业登记备案、年度报告、资质资格等通过市场主体信用信息系统予以公示。推行电子营业执照和全程电子化登记管理，电子营业执照与纸质营业执照具有同等法律效力。完善信用约束机制，将有违规行为的市场主体列入经营异常的"黑名单"，向社会公布，使其"一处违规、处处受限"，提高企业"失信成本"。

（三）企业注册的流程

当确定好创业项目的组织形式之后，就可以依法进行企业申办了。办理工商登记注册程序因地而异，但总的来说，大致注册流程如图2-5-1所示。

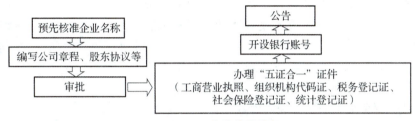

图2-5-1　企业注册流程

1. 预先核准企业名称

（1）国家市场监督管理总局企业名称核准从业务的性质和来源上可划为两大类：一是新设立企业的名称预先核准（以下简称设立名称核准），二是已经登记企业的名称变更预先核准（以下简称变更名称核准）。

（2）办理需经国家市场监督管理总局核准的设立名称核准，申请人可以通过国家市场监督管理总局企业登记网上注册申请业务系统（以下简称总局网上企业登记系统）提交申请，经国家市场监督管理总局核准后，其"预先核准通知书"由企业登记机关打印、发放，申请人可以不必到国家市场监督管理总局领取。

（3）各地已经登记注册企业申请变更名称核准，由各地登记机关现场受理录入总局网上企业登记系统，经本省企业登记机关审查后，报国家市场监督管理总局审核，并将审核结果告知申请人，在当地办理企业名称变更登记业务。

2. 编写公司章程、股东协议等

依法制定公司章程，公司章程对公司、股东、高级管理人员具有约束力，股东应当在公司章程上签名、盖章。

3. 审批

根据行业属性及相关部门的规定，目前分为前置审批和后置审批，具体事项可在登记前向当地的市场监督管理局问询。

4. 办理"五证合一"证件

国务院办公厅于2016年6月30日发布了《关于加快推进"五证合一、一照一码"登记制度改革的通知》并规定：在全面实施工商营业执照、组织机构代码证、税务登记证"三证合一"登记制度改革的基础上，再整合社会保险登记证和统计登记证，实现"五证合一、一照一码"。这也积极推动了大众创业，万众创新。这种"让数据网上行、让企业少跑路"的工作模式也在很大程度上方便了企业注册工作。

5. 开设银行账户

企业的日常资金收支、员工工资等都可以通过开设的企业银行账户进行结算。具有对公业务的银行金融网点都可以实现,但具体以企业注册时的相关规定为准。

6. 公告

公告指的是负责企业登记的主管部门以其名义向社会公开告知企业的成立事宜,具体做法以各地相关规定为准。公司注册完成后,将获得图2-5-2所示的资料。

二、企业财务管理

(一)财务及财务管理的概念

财务泛指财务活动和财务关系。财务的内涵是本金的投入收益活动,以及在本金投入收益活动中所发生的特有经济关系。

企业财务管理是企业根据经济法规制度,利用价值形式组织企业再生产过程的财务活动,并处理在这种价值运动中形成的财务关系的一项经济管理工作。简言之,企业财务管理是对企业财务活动和财务关系的管理,是企业管理的一个重要组成部分。

图2-5-2 公司注册完成后获得的资料

(二)财务报表

在创业计划书的内容里,财务是非常重要的一部分,因为在写计划书的过程中,创业者要让投资者知道企业是有价值的,能帮投资者赚钱。所以创业者需要对未来进行一定的预测。当然这种预测是基于大量调研基础上的,需要做市场调研,将收集的调研数据进行分析,结合自身的财务情况做出预算。至少要列出3年以上的财务表,通常需要呈现三张表,这三张表分别为现金流量表、利润表和资产负债表。

1. 财务三张表

(1)资金预算——现金流量表(如表2-5-1所示)。

(2)收入预算——利润表(如表2-5-2所示)。

(3)项目的资产负债表(如表2-5-3所示)。

对于初创企业,最好保证公司的账上有不少于6个月的现金储备。因为只要账上还有钱,有现金在继续流,就不会失败。另外,随着企业的逐步发展,可能要进行融资,通常也不是一天两天可以完成的,按照6个月来准备,就有希望坚持到投资者的钱进来的那一天。

表2-5-1 现金流量表(样表)

项目	月份	1月	2月	3月	4月	5月	6月	合计
月初现金								
现金流入	现金销售							
	赊账销售							
	贷款收入							
	股东投入现金							
	其他现金收入							

续表

项目 \ 月份		1月	2月	3月	4月	5月	6月	合计
现金流入小计								
现金流出	现金采购							
	赊账采购							
	销售推广费							
	销售提成							
	租金							
	员工工资							
	保险费							
	水电费							
	电话费							
	网络宽带费							
	办公用品、耗材费用							
	交通差旅费							
	固定资产费用							
	借贷还款支出							
	增值税							
	附加税费							
	企业所得税							
现金流出小计								
净现金流量								
月底现金余额								

表2-5-2 利润表（样表）

一、营业收入	本期金额	上期金额
减：营业成本		
营业税金及附加		
期间费用		
资产减值损失		
加：公允价值变动收益		
投资收益		

续表

二、营业利润			
加：营业外收入			
减：营业外支出			
三、利润总额			
减：所得税			
四、净利润			
五、每股收益			
（一）基本每股收益			
（二）稀释每股收益			

表2-5-3 资产负债表（样表）

资产	期末余额	期初余额	负债及所有者权益（或股东权益）	期末余额	期初余额
流动资产			流动负债		
货币资产			短期借款		
交易性融资资产			交易性金融负债		
应收票据			应付票据		
应收账款			应付账款		
预付账款			预收账款		
应收利息			应付职工薪酬		
应收股利			应交税费		
其他应收款			应付利息		
存货			应付股利		
一年内到期的非流动资产			其他应付款		
其他流动资产			一年内到期的非流动负债		
流动资产合计			其他流动负债		
非流动资产			流动负债合计		
可供出售金融资产			非流动负债		
持有至到期投资			长期借款		
长期应收款			应付债券		
长期股权投资			长期应付款		

续表

资产	期末余额	年初余额	负债及所有者权益（或股东权益）	期末余额	年初余额
投资性房地产			专项应付款		
固定资产			预计负债		
在建工程			递延所得税负债		
工程物资			其他非流动负债		
固定资产清理			非流动负债合计		
生产性物资			负债合计		
油气资产			所有者权益（或股东权益）		
无形资产			实收资本（或股本）		
开发支出			资本公积		
商誉			减：库存股		
长期待摊费用			盈余公积		
递延所得税资产			未分配利润		
其他非流动资产			所有者权益合计		
非流动资产合计					
资产总计			负债和所有者权益（或股东权益）总计		

2. 报表之间的关系

资产负债表、利润表和现金流量表分别描述了企业的财务状况、经营成果以及现金流量状况，资产负债表、利润表和现金流量表之间存在着密切的钩稽关系。

$$资产 = 负债 + 所有者权益\quad 收入 - 费用 = 利润$$
$$现金流入 - 现金流出 = 现金净流量$$

3. 资产负债表与利润表间的钩稽关系

根据资产负债表中短期投资、长期投资，复核匡算利润表中"投资收益"的合理性。关注如是否存在资产负债表中没有投资项目而利润表中却列有投资收益，投资收益大大超过投资项目的本金等异常情况。

根据资产负债表中固定资产、累计折旧金额，复核匡算利润表中"管理费用—折旧费"的合理性。利润及利润分配表中"未分配利润"项目与资产负债表"未分配利润"项目数据关系是否恰当。注意利润及利润分配表中，"初分配利润"项目"本年累计"的数额应等于"未分配利润"项目"上年数"栏的数额，应等于资产负债表"未分配利润"项目的期初数。

4. 现金流量表与资产负债表、利润表相关项目的钩稽关系

复核资产负债表"货币资产"项目期末与期初差额，与现金流量表"现金及现金等价物净增加"钩稽关系是否合理。一般企业的"现金及现金等价物"所包括的内容大多与"货币资产"口径一致，其值等于销售商品、提供劳务收到的现金［（主营业务收入＋其他业务收入）×（1＋税率）＋预收账款增加额－应收账款增加额－应收票据增加额］减去购买商品、接受劳务支付的现金［（主营业务成本＋其他业务成本＋存货增加额）×（1＋税率%）＋预付账款增加额－应付账款增加额－应付票据增加额］之差。

5. 资产负债表和损益表

资产负债表是表示企业在一定日期的财务状况的主要会计报表，是一张静态报表。

（1）关注企业的资产、负债及股东权益的增减。

（2）企业总资产在一定程度上反映了企业经营规模。

（3）股东权益的增长幅度大于资产总额的增长幅度时，说明企业的资金实力有了相对提高。

（4）企业应收账款过多，占总资产的比重过高，说明该企业资金被占用的情况较为严重。

6. 利润表

利润表（或损益表）是用以反映公司在一定期间利润盈亏的财务报表，是一张动态报表。

（1）可以用来分析利润增减变化的原因。

（2）可以用来评价企业的经营效率和经营成果。

（3）可以衡量一个企业在经营管理上的成功程度。

（4）可作为经营成果的分配依据。

（5）有助于考核企业经营管理人员的工作业绩。

（6）可用来分析企业的获利能力。

7. 注意

（1）企业的现金流：

①在创业初注意资金不要被固定资产占用太多。

②现金流决定企业的资金周转能力。

③现金流是银行贷款时关注的重要指标。

（2）做好税务筹划：

①税务筹划又称"合理避税""税收筹划"。

②关注政府各项政策的变动，政策也是生产力。

（三）财务风险

1. 风险的概念

风险是指某一投资预期收益的波动性或变异性，即在一定条件下和一定时期内可能发生的各种结果的变动程度。各种可能结果的变动程度越大，风险也就越大。风险具有客观性。风险是事件本身的不确定性，无论人们愿意与否，它都客观存在。但是否去冒风险或冒多大风险，决策者是可以自己选择的，具有主观因素。同一事件风险的大小，对于不同的决策者来说可能也不一样：掌握了充分信息的决策者，面临的风险要小些；决策者掌握的信息不够

时，则风险会大些。风险具有时间性，风险的大小会随时间的延续而变化，因为随着时间的推移，情况在不断地变化，事件结果的不确定性也在缩小，当事件完成时，结果肯定了，风险也就没有了。

2. 风险的分类

在财务活动过程中，投资者所面临的风险是多种多样的。按风险是否可以分散，将风险分为市场风险和企业特有风险。

市场风险是指由那些影响整个市场事件引起的风险，又称系统风险或不可分散风险，它包括宏观政治经济形势变动、政府税制改革、财政体制改革、战争、自然灾害等。

企业特有风险是指由那些只影响特定行业、公司、项目等投资对象的风险，又称非系统风险或可分散风险，如企业失去市场、产品开发失败、法律纠纷等。企业特有风险按风险形成的原因，又可划分为经营风险和财务风险。经营风险是指企业因生产经营方面的原因给企业盈利带来不确定性，又称营业风险。财务风险是指公司财务结构不合理、融资不当使公司可能丧失偿债能力而导致投资者预期收益下降的风险，又称筹资风险，主要是由企业的筹资决策带来的风险。

3. 风险的衡量

风险可以看成是实际结果偏离期望结果的可能性，这种可能性与报酬可能发生的结果及每种结果发生的概率有关。

在财务管理中，通常用标准差来衡量风险的大小，即实际收益率偏离期望收益率的程度。对于单项资产而言，标准差的值越大，则风险越大。当有多个方案作比较时，只有在期望收益率相同的情况下，标准差越大，风险越大。

4. 风险报酬

投资风险与投资报酬率的关系是：投资风险越大，投资者为了补偿可能出现的风险，对投资报酬率的要求也就越高；反之，投资报酬率低的项目，其风险也必须很低；在基本无风险情况下，所得到的报酬率是一种社会平均利润率，即货币的时间价值。投资者只有得到额外的投资风险报酬率，才愿意冒风险进行风险性投资。因此，风险越大，投资者要求的报酬越高，实质是指投资者要求获得更多的风险报酬，即投资者由于冒着风险进行投资而获得的超过资金时间价值的额外收益。

三、企业营销管理

企业营销管理的目的在于使企业的营销活动与复杂的营销环境相适应，这是企业经营成败的关键。所谓企业营销管理过程就是识别、分析选择和发掘营销机会，以实现企业的战略任务和目标的管理过程，亦即是企业与其最佳的市场机会相适应的过程。这个过程包括分析和评价市场机会、研究和选择目标市场、制定营销组合策略和管理市场营销活动四个主要步骤。

（一）分析和评价市场机会

所谓市场机会是指市场上存在的尚未被满足的需求。可以说哪里有未满足的需求，哪里就有企业市场机会。但是，企业营销人员不仅应善于发现和识别市场机会，而且更应善于分析和评估哪些市场机会仅仅是环境机会，哪些市场机会才是适合于本企业的营销机会。市场上一切尚未满足的需求都可以认为是企业的市场机会，但并非任何市场机会都可能成为特定企业的营销机会。

(二) 研究和选择目标市场

研究和选择目标市场通常包括以下主要内容：

1. 测量和预测市场需求

测量和预测市场需求意味着对企业所选的特定营销机会，不仅要仔细测量其现有的市场容量，而且要预测其未来的市场规模，为企业决定是否进入特定市场以及如何进入特定市场提供客观依据。

2. 进行市场细分

市场细分是把一个整体市场（通常因为规模太大并且市场需求差异明显）依据顾客需求的差异性特征将其划分成为若干个具有共同需求特征的子市场的过程。需要注意的是，虽然每一个整体市场都可能被划分成若干个子市场，但并不是每一个市场细分过程都具有实际意义。

3. 选择目标市场

选择目标市场是指企业选择一个或多个市场作为自己的服务对象的过程。通常大多数企业都不大可能为需求差异显著的所有子市场提供最佳的服务，因而应在对经过市场细分的各个子市场进行分析和评估的基础上，选择并确定企业的目标市场，集中力量为一个或者多个子市场服务。

4. 进行市场定位

市场定位是指企业在选定的目标市场上树立企业所特有的产品形象和企业形象，以区别于竞争对手，并制定相应的目标市场竞争战略的过程。

(三) 制定营销组合策略

营销组合策略是指企业根据选定的特定目标市场的需求和企业在特定目标市场上制定的竞争性定位战略，对企业可以控制的各种营销因素进行优化组合和综合运用，以实现企业的战略目标及其营销目标。

企业可以控制的营销因素涉及很多方面，20世纪著名的营销学大师、美国密西根大学教授杰罗姆·麦卡锡将企业可以控制的营销因素概括为4大类，人们已经习惯地将其称为4PS。他们都是企业可以控制的营销因素，即企业根据目标市场的需求，可以决定自己的产品结构、确定产品价格、选定分销渠道和促销组合等。

产品策略（Product Strategy），主要是指企业以向目标市场提供各种适合消费者需求的有形和无形产品的方式来实现其营销目标。其中包括对与产品有关的品种、规格、式样、质量、包装、特色、商标、品牌以及各种服务措施等可控因素的组合和运用。

定价策略（Price Strategy），主要是指企业以按照市场规律制定价格和变动价格等方式来实现其营销目标，其中包括对与定价有关的基本价格、折扣价格、津贴、付款期限、商业信用以及各种定价方法和定价技巧等可控因素的组合运用。

分销策略（Place Strategy），主要是指企业以合理地选择分销渠道和组织商品实体流通的方式来实现其营销目标，其中包括对与分销有关的渠道覆盖面、商品流转环节、中间商、网点设置以及储存运输等可控因素的组合和运用。

促销策略（Promotional Strategy），主要是指企业以利用各种信息传播手段刺激消费者购买欲望，促进产品销售的方式来实现其销售目标，其中包括对与促销有关的广告、人员推销、营业推广、公共关系等可控因素的组合和运用。

企业营销管理活动不仅受企业自身资源和目标的制约，而且受企业外部的各种微观和宏观环境因素的影响与制约。影响企业营销活动的各种企业外部因素是企业不可控制的变量，即企业不可控制的因素。所以，企业营销管理者的任务是要适当安排营销组合策略，并使之与外部的不可控制的环境因素相适应。

营销组合策略是一个动态的组合策略，但这并不是说任何营销组合策略都能随时进行调整。一般来说，企业在短期内可以比较容易地调整价格、扩大销售和增加促销费用等，而如果企业要开发新产品、改进分销渠道等就需要较长时间。营销组合策略也是一个多层次的复合组合策略，即每个P还是由若干个子因素构成的次级组合。因此，企业在制定营销组合策略时，不仅要使4PS之间的搭配适当，而且要注意安排好每个P内部的各因素之间的合理配合，从而使各层次所有营销组合因素都能被灵活运用和得到有效安排。

（四）管理市场营销活动

企业的各种营销活动，不仅需要按照产品（或者品牌）制订出具体的营销计划，更需要对营销计划实施与控制。营销计划的实施过程包括制定营销战略计划、营销预测计划、销售工作目标，撰写营销计划书任务、营销计划工作、营销策略方案等（如图2-5-3所示），建立合理有效的组织结构，设计相应的决策和报酬制度，开发并合理调配人力资源，建立适当的企业文化和管理风格等。在实施营销计划过程中，营销管理者可能会遇到某些意想不到的情况，因而需要建立一个营销计划实施的控制系统来保证营销目标的实现。通过营销计划实施的控制系统可以及时发现营销计划本身和营销计划实施中的问题，及时诊断产生问题的原因并反馈给有关管理者和决策者，以便及时改进。为了保障营销计划的顺利实施，营销管理部门的组织架构还应该与企业的规模和营销管理的任务相适应。

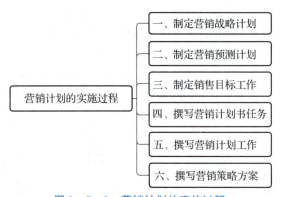

图2-5-3 营销计划的实施过程

四、企业顾客管理

企业在运营中无论提供的产品或服务多么好，但是缺少了顾客，就不会给企业带来利润和持续的发展。"顾客就是上帝"应被创业者高度重视。了解顾客、维护好顾客、以顾客为中心才能使企业长久发展。

（一）了解顾客需求

了解顾客的目的是帮助企业确定目标客户，再通过适当的营销方式把最好的产品或服务提供给顾客。了解顾客可以采用以下几种常见的方法：

（1）访谈。通过和业内人士、相近产品或服务的销售商的交流获取信息。

（2）问卷。设计调查问卷，在合适的地点发放给顾客填写，以获取调查对象的信息。

（3）信息检索。可以通过阅读报刊书籍、浏览网络的方式检索顾客的相关情况。国家有关部门、行业协会的很多调查数据往往在网络上可以获得，并具有参考意义。

（4）经验。对某个行业非常了解的创业者可结合自身经验做出判断。

（5）参加展会。现在各种形式的行业展会也比较多，参展的企业都是比较活跃的企业，在展会上接触到客户群的机会也更多。

(二) 维护顾客关系

当企业发展到一定阶段，积累了一定量的顾客后，对于创业者而言，应思考如何让现有的顾客满意。也许让每一个顾客对企业都感到满意是不现实的，但创业者可以想方设法提升顾客的满意度，以增加购买产品或服务的次数，进而带来持续的利润。那么有哪些做法可以帮助创业者提升顾客满意度，维护好顾客呢？

1. 建立有效的反馈渠道

只有从销售者转变为聆听者，设立有效的反映途径，比如意见箱、填写体验反馈表等方式，让顾客感觉到自己被足够"重视"，问题才能够被有效地解决。

2. 不断修炼内功

提高顾客满意度，维护好顾客，这不是个短暂性的动作，而是持续性长久性的，服务细节管理、整体环境舒适度、产品品质等，这些直接关系到顾客满意度的部分都需要创业者在实际创业过程中不断调整。

3. 创新服务方式

无论是产品还是服务，最后的受益者是顾客。初创企业应以顾客为中心，根据顾客的需求不断创新服务的方式，让顾客能简单、快乐地体验产品或服务，只有这样，顾客的忠诚度才能不断增加（如图2-5-4所示）。

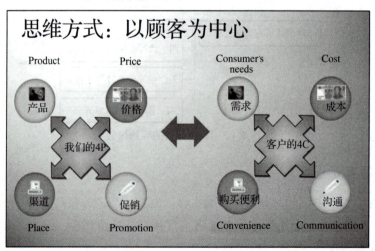

图2-5-4 创新服务方式

4. 分析流失的顾客

企业在实际经营过程中无法保证不流失一个顾客，当流失顾客时，创业者应努力去了解哪些地方做得不够完善，以防更多的顾客因为相同原因而流失。

> **想一想**
> 现金流量表、利润表和资产负债表的作用分别是什么？

思考与练习

1. 【单选题】个人独资企业对债务负有（　　）。
   A. 一般责任　　　B. 有限责任　　　C. 无限责任　　　D. 适从责任
2. 【多选题】个体工商户创办总体流程是（　　）。
   A. 个体工商户创办　　　　　　　B. 公安刻章
   C. 税务局办理税务登记　　　　　D. 创始人登记
3. 【多选题】个体工商户创办需提交的文件是（　　）。
   A. 身份证原件及复印件　　　　　B. 租房协议
   C. 房产证原件及复印件　　　　　D. 营业执照
4. 【多选题】合伙企业设立登记的两个阶段是（　　）。
   A. 营业执照审核　　　　　　　　B. 合伙企业名称预先核准
   C. 合伙企业设立登记　　　　　　D. 合伙人登记
5. 【单选题】法律、行政法规规定设立合伙企业必须报经审批的，申请人必须在批准之日起（　　）天内持审批文件向登记机关申请设立登记。
   A. 10　　　　　B. 90　　　　　C. 30　　　　　D. 60
6. 【单选题】哪个是合伙企业名称预先核准需提交的文件？（　　）
   A. 合同协议　　　　　　　　　　B. 合伙人身份证明
   C. 企业理念　　　　　　　　　　D. 营业执照
7. 【单选题】下列关于财务风险的说法中，不正确的是（　　）。
   A. 财务风险是客观存在的
   B. 企业管理者对财务风险只有采取有效措施来降低风险，而不可能完全消除风险
   C. 实行全面预算管理需要关注的风险属于市场风险
   D. 财务风险属于企业面临的内部风险
8. 【简答题】企业常见的法律组织形式有哪几种？
9. 【简答题】简述企业营销管理的过程。

评价与分析

学习过程评价表（学生自评、互评，教师评价）

班级		姓名		日期	月　　日	配分	自评	互评	教师
评价	平时表现评价	1. 出勤情况 2. 遵守纪律情况 3. 学习任务完成情况，有无提问记录 4. 是否主动参与学习活动				30			

续表

班级		姓名		日期	月　　　日	配分	自评	互评	教师
评价	创业知识	1. 了解企业的法律组织形式 2. 了解企业的注册流程 3. 了解财务报表的编制 4. 熟悉企业销售策略				20			
	创业实践	创业实践任务：编制"财务三张表"				30			
	综合能力	1. 能否使用文明礼貌用语，有效沟通 2. 能否认真阅读资料，查询相关信息 3. 能否与组员主动交流、积极合作 4. 能否自我学习及自我管理				20			
合计						100			
教师评语									

模块三
评估创业团队

创新创业名句

企业发展需要各种人才，需要很多管理干部，关键还是看能力。
———张士平

单元一

筹建创业团队

知识目标

1. 了解创业团队的概念及常见类型；
2. 掌握创业团队组建的基本原则、主要模式。

能力目标

具有处理团队建设和发展中相关问题的能力。

素质目标

1. 具有"我敢闯、我能行"的创新创业精神；
2. 具有科学的创新创业观，创造价值、服务国家和人民的社会责任感。

知识导图

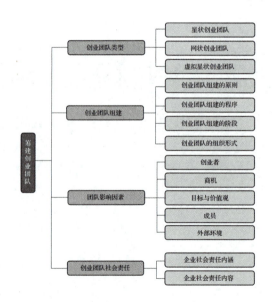

重点难点

1. 如何选择和组建合适的创业团队；
2. 创业过程中如何履行好相应的社会责任。

教学资料

视频资料

课件资料

案例及分析

【案例1】

某商旅平台的创业之路

仅有100万元的创业资金,却赢得风投3次追加投资,资金高达1800万美元;10年内将3家公司上市,并引发网络公司上市狂潮……1999年,互联网创业热潮从美国席卷至中国,拥有计算机背景的两位年轻人立志用互联网改造传统旅游行业,他们共同的好友也因看好这个赛道而加入。另一位传统旅游行业出身的伙伴则较为慎重,三人多次找他聊改变行业的梦想,最终四人志同道合,一同创业。四人分工明确,具有创业管理一线经验的CEO负责公司战略规划和管理,IT技术专家则负责技术,知名投资银行家负责融资,传统旅游业高管负责具体业务以及市场。共同的目标让四人配合默契,该平台很快成为中国在线旅游业的起点。接着,四位创始人经历了三次困难的融资,同时,收购了另外两家公司,占领了酒店预订的市场。接下来重任交给CEO,负责公司的精细管理,像制造业一样生产服务。之后投行专家负责上市,经过三个月的时间,平台顺利在美国纳斯达克上市。至今,平台创立已20余载,2003年于美国纳斯达克上市,先后投资并购了多家在线旅游平台,奠定了"一超多强"的格局,成为国内首屈一指的在线旅游平台。

创业多年,他们筚路蓝缕,不忘初心,付出了大量的心血和劳动,始终坚定地朝着目标前进,在困难面前从不退缩,终于成为国内首屈一指的在线旅游平台。

【分析】

创业始终不是"一个人的游戏",团队的组成、团队的建设和团队的互信十分重要。没有一个强有力的团队,创业不可能成功,企业也不可能成长起来。

【案例2】

两败俱伤的"内部人"投创纠纷

东莞友宝机器人有限公司(以下简称"友宝")和深圳领先天下科技有限公司(以下简称"领先")曾是处于国内平衡车业内领先地位的头部企业,如今一家正处于生死存亡的关头,另一家早已奄奄一息。究其原因是一支技术团队和前投资人的一场旷日持久的恩怨纠葛。领先的创始团队6人曾是华中科技大学的创业"冠军队伍",领先的创始人之一兼CEO钟为,曾以"颠覆个人交通场景"的标语,登上福布斯杂志中文版封面。此时,投资人徐林找到钟为,以投资500万元、控股60%的方式成立了友宝公司。然而,友宝和领先的纠纷正是始于股权分配与出资情况。前不久,钟为在个人公号发表了题为《一个创业者的求助:冻结财产、拘留成了竞争和敲诈的手段》的文章,点击量迅速突破10万。文中,他控诉其前投资人徐林"空手套白狼",称被敲诈巨款。同时,他表示公司被冻结资产和账户两年,另外两个创始人也在今年9月被刑拘至今。恩怨的另一方,徐林的友宝公司也在纠纷中受到了毁灭性打击,他向公安局报案,举报领先涉嫌侵害商业秘密。领先危机在前,客户、供应商纷纷停止合作,钟为开始求救。他表示,害怕危机还没过去,自己的平衡车公司就要挺不下去了。近年来,国内平衡车行业起起伏伏,在政策消极、用户群狭窄的市场环境下,这个小品类行业的窗口期显得尤为漫长。一场纠纷,两家公司两败俱伤。领先作为一支从校园开始创业的团队,他们已经为自己的青涩付出了代价,留下了反思与教训。

【分析】

创业路上必须要明确自己的目标,时刻不忘团队的合作精神,要有一定的竞争意识,但是,切勿放下了法治观念和积极自信、求真务实的优良品质。

一、创业团队类型

创业团队是指有着共同目标的两个或两个以上的个体组成的,一起从事创业活动,建立一个创办企业的团队,也是指在创业初期(包括企业成立前和成立早期),由一群才能互补、责任共担、愿为共同的创业目标而奋斗的人所组成的特殊群体。

一般来说,创业团队大体上可以分为三种:星状创业团队、网状创业团队和从网状创业团队中演化来的虚拟星状创业团队。

(一)星状创业团队

星状创业团队一般有一个核心主导人物,充当了领军的角色(如图3-1-1所示)。这种团队在形成之前,一般是主导人物有了创业的想法,然后根据自己的设想进行创业团队的组织。因此,在团队形成之前,主导人物已经就团队组成进行过仔细思考,根据自己的想法选择相应人物加入团队。这些加入创业团队的成员也许是主导人物以前熟悉的人,也有可能是不熟悉的人,但其他的团队成员在企业中更多时候是支持者。

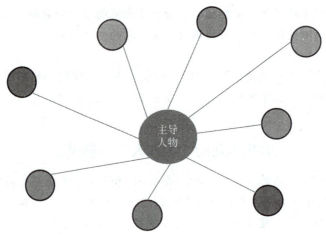

图3-1-1 星状创业团队

这种创业团队有几个明显的特点:

(1)组织结构紧密,向心力强,主导人物在组织中的行为对其他个体影响巨大。

(2)决策程序相对简单,组织效率较高。

(3)容易形成权力过分集中的局面,从而使决策失误的风险加大。

(4)当其他团队成员和主导人物发生冲突时,因为核心主导人物的特殊权威,使其他团队成员在冲突发生时往往处于被动地位，在冲突较严重时，一般都会选择离开团队，因而对组织的影响较大。

这种组织的典型例子如太阳微系统公司（Sun Microsystem），创业当初就是由维诺德·科斯拉（Vinod Khosla）确立了多用途开放工作站的概念，接着他找了乔伊（Bill Joy）和贝托尔斯海姆（Bechtolsheim）两位分别在软件和硬件方面的专家，和具有实际制造经验和人际技巧的麦克尼里（Mc Neary），组成了创业团队。

（二）网状创业团队

网状创业团队的成员一般在创业之前都有密切的关系（如图3-1-2所示），比如同学、亲友、同事、朋友等。一般都是在交往过程中，共同认可某一创业想法，并就创业达成了共识以后，开始共同进行创业。在创业团队组成时，没有明确的核心人物，大家根据各自的特点进行自发的组织角色定位。因此，在企业初创时期，各位成员基本上扮演的是协作者或者伙伴角色。

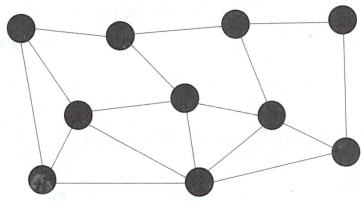

图3-1-2 网状创业团队

这种创业团队有几个明显的特点：

（1）团队没有明显的核心，整体结构较为松散。

（2）组织决策时，一般采取集体决策的方式，通过大量的沟通和讨论达成一致意见，因此组织的决策效率相对较低。

（3）由于团队成员在团队中的地位相似，因此容易在组织中形成多头领导的局面。

（4）当团队成员之间发生冲突时，一般都采取平等协商、积极解决的态度消除冲突，团队成员不会轻易离开。但是一旦团队成员间的冲突升级，使某些团队成员撤出团队，就容易导致整个团队涣散。

（三）虚拟星状创业团队

这种创业团队是由网状创业团队演化而来的，基本上是前两种的中间形态。在团队中，有一个核心成员，但是该核心成员地位的确立是团队成员协商的结果，因此核心人物某种意义上说是整个团队的代言人，而不是主导型人物，其在团队中的行为必须充分考虑其他团队成员的意见，不像星状创业团队中的核心主导人物那样有权威。

近年来，众多学者在研究团队的过程中，对团队的类别划分进行过不同的阐述（如表3-1-1所示）。

表 3-1-1　学者对团队的分类

学者	团队分类	团队描述	划分标准
古德曼	概念化团队	如研发团队	概念与行为的程度
	行为团队	生产与业务推广团队	
	中间化团队	品质管理、管理团队等	
Susanne Gscott 和 Walte Einstein 等人	静态团队	全职的团队成员，在团队存在的时间里，所有成员都保持不变，并全程参与团队存在时间里的一切事务	团队预期的存在时间与成员的稳定性、成员工作时间的分配
	动态团队	因为任务的出现而存在，随着任务的完成即解散的团队	
斯蒂芬·罗宾斯	问题解决型团队	每周几小时相聚，没有权力单方面行动	根据团队成员的来源、拥有自主权的大小以及存在目的的不同
	自我管理型团队	一种真正独立自主的团队，它不仅注意问题的解决，而且执行解决问题的方案，并对工作结果承担全部责任	
	多功能团队	目的是完成某一项复杂的项目	
彼得·德鲁克	棒球队型	外科手术队伍和福特汽车公司属于这种类型。在这种队伍中，所有队员都在队里发挥作用，但不是作为一支队伍发挥作用	按照对团队成员行为的要求
	足球队型	交响乐队和深夜急救心脏病人小组属于这种类型。这种队伍的队员虽然有固定位置，如足球队中的后卫或前锋，但前锋可以回来防守，后卫也可以助攻，但队员是作为一支队伍在发挥作用，而且每个队员和其他队员起相互配合的作用	
	网球双打队型	小型爵士乐队、大公司高级管理人员、科研开发小组及创业者团队都属于这种类型。相互掩护，随时调整自己以适应其他人的长处与弱点。这种队伍必须很小，7~9人是最大限度。这种团队调整得好，可能是三种团队类型中最能够发挥力量的队伍	

二、创业团队组建

创业路上有伴同行，相互帮助，相互扶持，携手共进，这条路就会走得轻松许多，创业团队的合理组建、高效的工作方式能够有效提高企业绩效，对企业的成功起着举足轻重的作用。

（一）创业团队组建的原则

1. 目标明确合理

拥有清晰明确的目标，这样才能使团队成员清楚地认识到共同的梦想以及奋斗目标。与此同时，为达到真正激励的目的，目标的合理性、切实可行性是前提。

2. 互补

团队合作的目的是弥补创业目标与个体自身能力间的差距。创业者团队成员在经验、技能、知识等方面实现互补，共同做出贡献时，才能使得不同团队成员之间的优势资源和能力得到充分发挥、合作无间，才有可能发挥出"1 + 1 > 2"的协同效应。

3. 精简高效

创业期的运作成本是新创企业发展的重大障碍，在保证企业能高效运作的前提下，创业团队成员构成应尽量精简，以达到最大比例地分享创业成果。

4. 动态开放

在组建创业团队时，应注意保持团队的动态性和开放性。创业过程是一个充满不确定因素的过程，创业团队中可能因为能力、观念等多种原因不断有人离开，所以也要做好随时吸纳真正完美匹配的人员加入团队中来的准备。

（二）创业团队组建的程序

创业团队的组建是一个相当复杂的过程，不同类型的创业项目所需的团队不一样，组建程序也不完全相同。一般创业团队的组建程序应该遵循以下 5 个步骤。在创业初期，尤其是在大学生创业的过程中，创业团队的组建存在各式各样的情况，可能是先有了团队之后才去创业，也可能是一个人先有了创业的想法然后再组建创业团队等。因此，在创业初期，团队的组建不一定完全遵照这一程序；但是，在创业团队逐渐完善和成熟的过程中，大都遵循了这样的程序。

1. 明确目标

创业团队内部必须要有共同奋斗的目标和发展方向，同时具有为共同目标而奋斗的可执行的制度。在创业过程中会充满无数的风险和难言的艰辛，同时也会经历很多意想不到的挫折和困难，这就要求创业团队成员必须有坚定的信念和共同的目标，才能在遇到这些困难时，齐心协力、齐头并进、共渡难关。这需要在创业团队组建之前，团队的领导者或团队中起协调作用的成员尽量将团队成员的目标统一，在耐心倾听、充分理解的基础上加以适当引导、充分激励、适时调节。因此，创业团队运作的成败，统一团队目标是关键的一环。

2. 制订计划

创业团队明确和坚定了创业目标之后，下一步就应该制订周密和完善的创业计划（如图 3 – 1 – 3 所示）。创业计划的核心是以团队为整体来考虑，对创业目标进行逐项而具体分解的。创业计划应当是明确了在不同的创业阶段需要完成什么样的具体任务，通过逐步实现这些具体目标，最终实现大的创业目标。这可以通过撰写创业计划书来得以实现，撰写创业计划书的目的第一是能清晰地认识企业本身的优劣势，第二是让投资机构认识企业。撰写计划书的过程更是企业进行自我评估的过程，对创业的各阶段性目标有更加清晰的认识，并可以完善做法，通过计划书的完善，也能获得投资者的青睐。

图 3－1－3　制订计划

3. 招募人员

创业团队成员的招募是团队组建重要的一步，主要有以下两个方面需要慎重考虑：一是考虑创业团队成员的互补性，即考虑其能否与其他成员在知识、能力、技术等方面形成互补。一个优秀的创业团队，领导者应该在招募成员时有扬长避短的意识，形成一个优势互补的团队，集技术研发、开拓市场、争取融资等方面组成的一流的团队是创业成功的法宝。创业团队成员不应全部是技术流成员，同样也不能全部是销售人员，也不能全部是管理成员，优秀的创业团队成员应该是各自长处突出，大家结合在一起，做到优势互补、相得益彰。一般而言，创业团队至少需要管理、技术和销售三个方面的人才。在这三个方面的人才形成良好的沟通协作关系后，创业团队才能稳定，企业才能高效运转。二是考虑适度的团队规模来保证团队的稳定和高效运转。团队成员太少则无法实现团队的功能和优势；而过多又容易产生分歧，形成交流障碍，很可能使团队不团结进而分裂成许多较小的利益团体，大大削弱团队的凝聚力和战斗力。

4. 职权划分

为了使团队成员顺利开展各自工作，严格执行创业计划，要求预先在团队内部进行职权划分。职权划分就是创业团队根据执行创业计划的需要，尽量细化每个团队成员所要担负的职责，明确各自任务分工，也相应明确各自应享有的权限。团队成员之间的职权划分必须明确，既要避免职权的交叉重叠，也要避免疏漏导致工作无人承担。

5. 调整融合

创业团队在创业一开始就能建立起来完美组合是非常困难的，很多时候是在企业运行一定时间以后，随着企业的发展而逐步完善起来的。随着团队的运作，团队组建时在匹配人员、制订规章制度、划分职权等方面的瑕疵会慢慢暴露出来，这时就需要对团队进行适当的调整融合。由于问题的暴露需要时间，因此，团队的调整融合也应是一个动态持续的过程。在进行团队调整融合的过程中，团队成员可能出现更换，这时候，团队成员间经常进行有效的沟通与协调就显得尤为重要了，成员的职权也应当适时调整。

(三) 创业团队组建的阶段

著名管理学家布鲁斯·塔克曼有关团队发展的五个阶段的观点被奉为规范（如图3-1-4所示）。这五个阶段分别为：组建期、激荡期、规范期、执行期和调整期。布鲁斯·塔克曼认为这五个阶段是所有团队建设所必需的、不可逾越的，团队在成长、迎接挑战、处理问题、发现方案、规划、处置结果等一系列经历过程中必然要经过上述五个阶段。

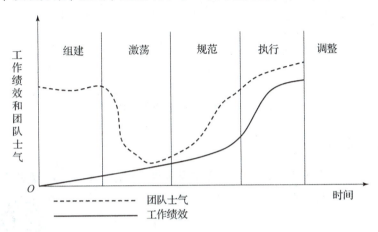

图3-1-4 创业团队组建的五个阶段

(四) 创业团队的组织形式

创业团队投资是一种创业性投资活动。创业团队投资由于投资时机、投资对象选择，以及资本额的大小、对投资收益的期望值等原因而具有较高的风险，因而对于这类投资活动采取何种组织形式，对于投资本身及其成效具有重要影响。一般而言，创业团队在创业投资时可采用的组织形式主要有公司制、合伙制两种，两种形式各有其特点。

1. 公司制企业

创业团队采用公司制形式，即设立有限责任公司或股份有限公司，运用公司的运作机制及形式进行创业投资（如图3-1-5所示）。采用公司制的优势主要体现在以下几个方面：一是能有效集中资金进行投资活动；二是公司以自有资本进行投资有利于控制风险；三是对于投资收益公司可以根据自身发展，作必要扣除和提留后再进行分配；四是随着公司的快速发展，可以申请对公司进行改制上市，使投资者的股份可以公开转让而得以套现资金用于循环投资。

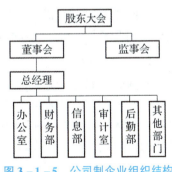

图3-1-5 公司制企业组织结构

2. 合伙制企业

合伙制企业是指依法在中国境内设立的由各合伙人订立合伙协议，共同出资、合伙经营、共享收益、共担风险，并对合伙企业债务承担无限连带责任的营利性组织。创业团队采取合伙制，有利于将创业投资中的激励机制与约束机制有机结合起来。

合伙人执行合伙企业事务，有全体合伙人共同执行合伙企业事务、委托一名或数名合伙人执行合伙企业事务两种形式（如图3-1-6所示）。全体合伙人共同执行合伙企业事务是指按照合伙协议的约定，各个合伙人都直接参与经营，处理合伙企业的事务，对外代表合伙企业。委托一名或数名合伙人执行合伙企业事务是指由合伙协议约定或全体合伙人决定一名或数名合伙人执行合伙企业事务。

图 3-1-6　合伙制企业形式

三、团队影响因素

创业团队的组建受多种因素的影响，这些因素相互作用、共同影响着组建过程并进一步影响着团队建成后的运行效率（如图 3-1-7 所示）。

（一）创业者

创业者的能力和思想意识从根本上决定了是否要组建创业团队、团队组建的时间表以及由哪些人组成团队。创业者只有在意识到组建团队可以弥补自身能力与创业目标之间存在的差距时，才有可能考虑是否需要组建创业团队，以及对什么时候需要引进什么样的人员才能和自己形成互补作出准确判断。

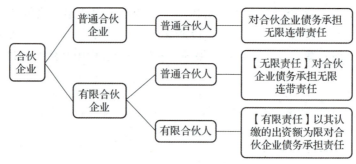

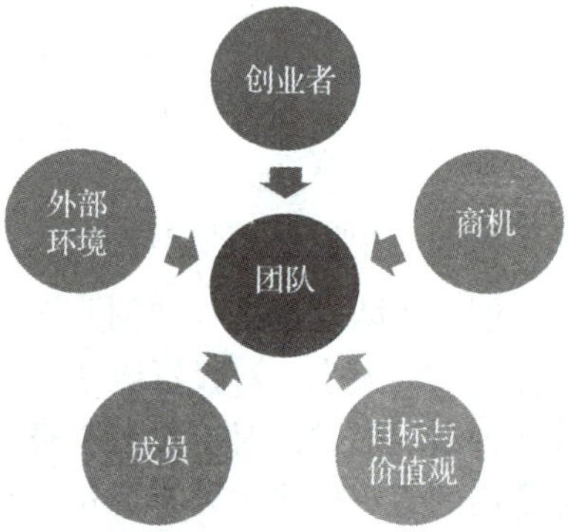

图 3-1-7　团队影响因素

（二）商机

不同类型的商机需要不同创业团队的类型。创业者应根据创业者与商机间的匹配程度，决定是否要组建团队以及何时、如何组建团队。

（三）目标与价值观

共同的价值观、统一的目标是组建创业团队的前提。团队成员若不认可团队目标，就不可能全心全意为此目标的实现而与其他团队成员相互合作、共同奋斗。而不同的价值观将直接导致团队成员在创业过程中脱离团队，进而削弱创业团队作用的发挥。没有一致的目标和共同的价值观，创业团队即使组建起来，也无法形成协同作用，缺乏战斗力。

（四）成员

团队成员的能力的总和决定了创业团队整体能力和发展潜力。创业团队成员的才能互补是组建创业团队的必要条件。而团队成员间的互信是形成团队的基础。互信的缺乏，将直接导致团队成员间协作障碍的出现。

（五）外部环境

创业团队的生存和发展直接受到了制度性环境、基础设施服务、经济环境、社会环境、市场环境、资源环境等多种外部要素的影响，这些外部环境要素从宏观上间接地影响着对创业团队组建类型的需求。

四、创业团队的社会责任

大部分人都认为,创业的根本目的就是创办一家企业并实现盈利。那么企业创办成功以后,如果维持了企业的良好运营,甚至不断扩大规模,盈利的目的达到了,企业的使命就算完成了吗?一家企业有没有应尽的社会责任呢?一个企业家的职业追求是什么?或许能静下来深思这些问题的企业创办者不多,但这些问题无论对一家企业来说,还是对一个企业家来说,都具有重要意义。因为,弄清楚企业的社会责任和企业家的人生价值,就像大海里航海的轮船寻找航向,能够帮助企业和企业家寻找发展前进的正确方向。

企业不断创造价值,为社会提供产品或服务,这是其最为基本的社会功能。同时,企业本身又作为社会的组成部分,发挥着维护社会秩序的作用,承担一定的社会责任。创业企业自身需要不断解决初创、成长、成熟以及可持续发展等问题,通过为社会提供价值换取利润回报,维持其与社会的交换与平衡。企业与社会之间是一种共荣关系。没有利润的驱动,企业无法生存。但是,企业如果只把追求利益作为唯一的发展目标,终究要成为社会的对立面,不能与社会共生共荣。因此,企业还应该承担起相应的社会责任。

(一) 企业社会责任内涵

企业社会责任是指企业在其商业运作里对其利益相关者应负的责任(如图3-1-8所示)。企业社会责任的概念是基于商业运作必须符合可持续发展的想法,企业除了考虑自身的财政和经营状况,也要加入其对社会和自然环境所造成的影响的考量。这里的利益相关者是指所有可以影响或会被企业的决策和行动所影响的个体或群体,包括员工、顾客、供应商、社区团体、母公司或附属公司、合作伙伴、投资者和股东等。

(二) 企业社会责任内容

早在1999年瑞士达沃斯世界经济论坛上,联合国秘书长安南就提出"全球协议"并于2000年7月在联合国总部正式启动。该协议号召公司遵守在人权、劳工标准和环境方面的9项基本原则,其内容是:

(1) 企业应支持并尊重国际公认的各项人权。
(2) 绝不参与任何漠视和践踏人权的行为。
(3) 企业应支持结社自由,承认劳资双方就工资等问题谈判的权利。
(4) 消除各种形式的强制性劳动。
(5) 有效禁止童工。
(6) 杜绝任何在用工和行业方面的歧视行为。
(7) 企业应对环境挑战未雨绸缪。
(8) 主动增加对环保所承担的责任。
(9) 鼓励无害环境科技的发展与推广。

那么企业应承担哪些社会责任呢?戴维斯认为,企业的社会责任包括十个方面:第一,要维持证券价

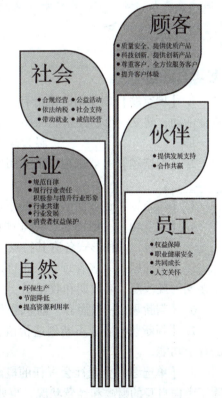

图3-1-8 企业社会责任

格的上升；保证股息的分配数量和分配时间。第二，对职工要维持适当的收入水平；工作的稳定性；良好的工作环境；业务提升的机会。第三，对政府要支持政府的号召和政策；遵守法律和规定。第四，对供应者应保证付款的时间。第五，对债权人要遵守合同条款；保持较高的信赖程度。第六，对消费者或代理商应保证商品的价值，以及产品价格与质量、性能和服务的关系；保证产品或服务的便利性。第七，对所处的社区而言，要对环境保护有所贡献；对社会发展有所贡献，包括税收、捐献、直接参加社会建设；对解决社会问题也要有所贡献。第八，对贸易和行业协会，要积极参加活动；对各种活动提供支持。第九，对竞争者而言，应进行公平的竞争；保持企业产出的增长速度；通过在产品、技术和服务上创新进行竞争。第十，对特殊利益集团，要提供平等的就业机会；提供对城市建设的支持；对残疾人、儿童和妇女组织应有所贡献。

> **想一想**
>
> 《西游记》中由唐僧率领的取经团队被公认为是一支"黄金组合"的创业团队。四个人的性格各不相同，却又同时有着不可替代的优势。比如说，唐僧慈悲为怀，使命感很好，有组织设计能力，注重行为规范和工作标准，所以他担任团队的主管，是团队的核心；孙悟空武功高强，是取经路上的先行者，能迅速理解、完成任务，是团队业务骨干和铁腕人物；猪八戒看似实力不强，又好吃懒做，但是他善于活跃工作气氛，使取经之旅不至于太沉闷；沙僧勤恳、踏实，平时默默无闻，关键时刻他能稳如泰山、稳定局面。但是，创业路上，并没有那么巧的机缘和条件，能够同时幸运地集聚到这样四个不同性格的人。所以，如果只能从这四个人中挑选出两个人来作为创业成员的话，你会挑选哪两位？为什么？

思考与练习

1. 【填空题】创业团队是指有着共同目标的两个或两个以上的个体形成的，一起从事创业活动，建立一个创办企业的团队，也是指在创业初期（包括企业成立前和成立早期），由一群_____、_____，愿为共同的_____而奋斗的人所组成的特殊群体。

2. 【填空题】一般来说，创业团队大体上可以分为三种：_____、_____和_____。

3. 【填空题】创业团队组建的原则包括：_____、_____、_____和_____。

4. 【填空题】一般而言，创业团队在创业投资时可采用的组织形式主要有_____、_____两种，两种形式各有其特点。

5. 【判断题】著名管理学家布鲁斯·塔克曼有关团队发展的五个阶段分别为：组建期、激荡期、规范期、涣散期和收尾期。（　　）

6. 【判断题】一般而言，创业团队至少需要管理、技术和销售三个方面的人才。（　　）

7. 【判断题】企业不断创造价值，为顾客和供应商提供产品或服务，这是其最为基本的社会功能。（　　）

8. 【单选题】企业社会责任的概念是基于（　　）必须符合可持续发展的想法，企业除了考虑自身的财政和经营状况，也要加入其对社会和自然环境所造成的影响的考量。

A. 资本运作　　　　B. 财务运作　　　　C. 商业运作　　　　D. 项目运作

9.【单选题】合伙人执行合伙企业事务，有（　　）共同执行合伙企业事务、委托一名或数名合伙人执行合伙企业事务两种形式。

A. 最大合伙人　　B. 全体合伙人　　C. 一般合伙人　　D. 数名合伙人

10.【简答题】组建创业团队的影响因素及其影响。

评价与分析

学习过程评价表（学生自评、互评，教师评价）

班级		姓名		日期	月　　日	配分	自评	互评	教师
评价	平时表现评价	1. 出勤情况 2. 遵守纪律情况 3. 学习任务完成情况，有无提问记录 4. 是否主动参与学习活动				30			
	创业知识	1. 了解创业团队的概念和类型 2. 熟悉创业团队的组建原则和阶段 3. 了解影响创业团队发展的因素 4. 了解创业团队的责任				20			
	创业实践	创业实践任务：起草一个创业团队建设的框架				30			
	综合能力	1. 能否使用文明礼貌用语，有效沟通 2. 能否认真阅读资料，查询相关信息 3. 能否与组员主动交流、积极合作 4. 能否自我学习及自我管理				20			
合计						100			
教师评语									

> **创新创业名句**
> 在创业时期中必须靠自己打出一条生路来，艰苦困难即此一条生路上必经之途径，一旦相遇，除迎头搏击无他法，若畏缩退避，即等于自绝其前进。
>
> ——邹韬奋

分析团队能力

知识目标

1. 了解创业者应具备的素质、能力、动机；
2. 了解创业者的创业动机及影响创业动机的因素。

能力目标

1. 掌握创业者自我能力评估的方法；
2. 能初步优化创业团队结构。

素质目标

1. 培养开拓进取的创新精神、勇于担当的企业家情怀；
2. 培养团队合作的集体意识、大局意识。

知识导图

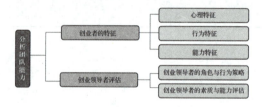

重点难点

1. 创业者应具备哪些素质；
2. 创业者如何开展自我能力评估。

教学资料

视频资料

课件资料

案例及分析

【案例1】

一个只想做工程师的民营企业家

W 出生在安徽芜湖的普通农村家庭，大学考上了中南大学。工作了几年以后，1995 年 W 南下来到了深圳，创立了一家新能源公司 B。一开始做电池，后来做手机零部件，再后来收购了某汽车品牌，开始入局造车。2012 年，W 就出现在了福布斯中国富豪榜上。2019 年，W 曾被提名参选中国工程院院士。一直以来，W 都认为自己是一个不折不扣的工程师，他本人也不太习惯自己被称为企业家或者商业领袖。早年间，公司刚刚创立，W 因为工作要去美国出差，出国需要办签证，而签证官让 W 必须出示返程机票，否则拒签。这让 W 很生气，"搞得好像我们去了你们美国就不愿意回来了一样"，W 认为这是一种对人格的侮辱。从那以后，W 暗暗发誓，一定要争一口气，为中国人争一个面子。

1997 年，造电池的 B 公司刚成立三年就成为中国最大的电池供应商；2003 年，B 公司成为全球第二大电池生产商。有人叫他中国汽车大王，倒不如叫他电池大王。作为一个工程师，支撑 W 走到今天的动力，其实也很简单，那就是为中国人争一口气。2020 年，口罩成为全国上下最紧缺的物资之一，W 二话不说决定自己造。3 万名员工，3 天画图纸，7 天制造出第一条自主研发生产的口罩生产线。不到 2 个月，B 公司的口罩日产量达到了 1 亿只。在全球口罩价格暴涨的时候，W 说，B 公司造口罩不是为了赚钱，只要是国家有难，他们什么都可以造。

【分析】

诚然，创新创业的过程就是创业者人格魅力的展现过程，创业者的眼界、格局、胸怀直接影响甚至决定企业发展的成败。创业者一定要把个人的理想、追求融入伟大实践，富有家国情怀，怀有崇高使命感和强烈责任感，这是企业的长春之道。

【案例2】

把 95% 的利润分给员工

1995 年，Y 在河南许昌开了一家烟酒店。经过几十年的发展，曾经的烟酒店已经变成一家拥有数千名员工，地涉许昌、新乡两地，业务包含百货、超市、医药、通信、珠宝、地产和影院，年营业额达 80 亿元的综合性商贸公司——P 公司。P 公司在零售业到底有多牛？在市场份额上，P 公司曾经逼退台企 D，吓走世界巨头 W，在许昌、新乡两地占据超过 90% 的商超零售市场份额。在经营效率上，P 公司的人均销售额和每平方米销售额，曾经多次在中国民营企业中位列首位。在顾客口碑上，P 公司在新乡重新开店时，引来万人排队，导致周边一公里水泄不通。

P 公司如此贴心的服务背后，有着一支真正能为客着想、与客同乐的员工队伍。Y 在接受采访时提到，经营企业首先要把团队做好，从思想和技术层面解决企业经营的问题。P 公司的员工是真的把 P 公司当成自己家，因为只有在自己家，你才会那么尽心尽力。首先是工资激励，P 公司的利润分配已经变成 Y 只拿 5%，其他 95% 全部分给员工和高管，两方各占一半。其次是快乐工作，在 P 公司，员工在工作日正常的工作时长，一般不超过 7 小时；每周二为闭店日，不接待顾客；每个人拥有 40 天的超长年假；除了每月给员工办生日会，还提供结婚贺金、生育贺金、各种节假日福利。最后是帮助员工减包袱，对业绩不佳的门店，公司通过调动人员配置、鼓励每周二继续开店、降低商品损耗等方法慢慢改进运营流程，提高用户体验，每月给予 20 万元的补贴，为期两年，帮助他们渡过难关。有人问 Y 做生意的秘诀是什么，他反复提到的两个字，就是尊重。"你要对员工释放最大的善意和尊重，他们才能把温暖带给客户。当你真心对员工好的时候，员工也会真心回报你。"

【分析】

由此我们可以看到，企业家更要有强烈的社会责任感。企业是社会的，既然是社会的产物，就要负起社会的责任，企业家的责任就在于要把企业做好、做长、做久、做专，要为员工负责。

一、创业者的特征

创业活动是由创业者主导和组织的商业冒险活动，要成功创业，不仅需要创业者富有开拓创新事业的激情和冒险精神、面对挫折和失败的勇气和坚韧，以及各种优良的品质素养，还需要具备解决和处理创业活动中各种挑战和问题的知识和能力。总结分析那些成功企业家、创业者个性特点，都有其共同的特征，如表 3-2-1 所示。

表 3-2-1 创业者的特征

创业者特征		主要内容
心理特征	成就需要	创业者希望其创业成功，某种程度上不是为了获得社会的承认或声望，而是为了达到个体自我实现需要的满足。创业者希望承担决策的个人责任，喜欢具有一定风险的决策，对决策结果感兴趣，不喜欢单调、重复性的工作
	自信	创业者对自我实现创业成功的坚定信仰，是对自我的信念和敢于全力担当的内心动力
	开放的心态	开放的心态可以使创业者发现更多的创业机会，能够认识到自己的局限性和改进的必要性，意志坚定但不僵化、不拒绝改变
	创业精神	创业精神是创业团队集体的精神状态和对事业所持的态度。创业者要发扬创业精神，没有创业精神的创业不能成为创业，更不会成功
行为特征	独立性	创业者思想上具有独立性，承认专家权威的存在，但不盲目听从他们的建议，而是要用自己的头脑去思考他们所提出的建议是否可用。这种思想的独立是创业者的基本素质之一
	创造性	在市场竞争中，创业者要善于独辟蹊径，无论是在产品生产、包装盒设计，还是在销售方式、售后服务等方面都要有创造性，凸显竞争力

续表

创业者特征		主要内容
行为特征	进攻性	创业者勇于尝试、主动出击，充分发挥自己的主观能动性，从而发现并抓住创业机会，从而踏上成功之路
	坚韧不拔	创业者在面临挫折和失败时，能够靠坚忍不拔的精神去克服困难，凭借顽强的毅力去承受失败的打击
能力特征	领导能力	引导团队成员去实现目标的过程，将激励企业成员跟随领导者去要去的地方，不是简单地服从
	专业技能	企业管理中的专业技能指对某一具体业务规范的驾驭和把握的技巧与能力，专业技能可以看作企业经营与管理中和管理技能、领导技能并列对应的一个概念
	自我管理	自我管理是指个体对自己本身的管理，对自己的目标、思想、心理和行为等表现进行的管理，自己把自己组织起来，自己约束自己，自己激励自己，自己管理自己
	创新能力	创新能力是运用知识和理论，在科学、艺术、技术和各种实践活动领域中不断提供具有经济价值、社会价值、生态价值的新思想、新理论、新方法和新发明的能力
	谈判能力	谈判能力是指谈判人员所具备的更好地完成谈判工作的特殊能力，包括思维能力、观察能力、反应能力和表达能力
	管理能力	管理能力从根本上说就是提高组织效率的能力。创业者若要准确地把握组织的效率，需具备下列三种管理能力：全面而准确地制定效率标准的能力、对工作水平与标准之间的差距的敏锐洞察能力、纠正偏差的能力
	预见判断能力	预见判断能力就是指创业者根据事物的发展特点、方向、趋势所进行的预测、推理的一种思维能力，是通过敏锐分析评估面临的情况和情景迅速作出准确结论的能力
	应变协调能力	应变协调能力是指创业者在企业的内部管理和对外经营中遇到突发事件时，能够通过积极的沟通和协调，使事件得到有效解决或按照创业者期望的方向发展的能力

二、创业领导者评估

管理学界有句名言："一只狼领导的一群羊能打败一只羊领导的一群狼。"这句话说明了领导者的重要性，同时，也隐含着团队的力量。创业团队领导者是创业团队的灵魂，是团队力量的协调者和整合者。

（一）创业领导者的角色与行为策略

1. 创业领导者的角色扮演

企业管理之神杰克·韦尔奇告诉我们："优秀的领导者应当像教练一样，培育自己的员工，带领自己的团队，给他们提供机会去实现自己的梦想。"

领导者扮演了指导者、促进者、交易者、生产者及风险承担者的角色（如图 3-2-1 所示）。首先要在对创业动机、目标和前景进行认真的评估后，才能得出是否需要组建团队的结论。如果确定要组建一个团队，领导者就要进一步考虑需要组建什么样的团队以获得创业成功所必备的条件和资源。

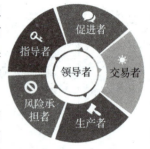

图 3-2-1　领导者的角色

领导者需要有胸怀和魅力，能将团队利益放在第一位，能与正直有贡献的人分享财富，并给予团队成员适当的权责，使他们成为能完成任务的英雄。妥善处理各种权利和利益关系，了解团队成员的需求，识别并尊重团队成员之间的差异，制定合理的团队管理规则，并使所有指标尽可能地量化。

2. 创业领导者的行为策略（如图 3-2-2 所示）

（1）确立明确的团队发展目标。目标在团队组建过程中具有特殊的价值，是一种有效的激励因素——共同的未来目标是领导者带领创业团队克服困难，取得胜利的动力。也只有目标一致，领导者和团队成员才能齐心协力取得最终的成功。

（2）合理挑选、使用人才。领导者的认知水平、创业技能、创业能力和思想意识从根本上决定了选择由哪些成员组成团队。领导者挑选团队成员时要考虑的是团队成员是否可以弥补自身知识、技能、能力与创业目标之间存在的差距，根据团队的需要，选择拥有什么专长、具有什么社会关系网、何种实际工作能力的团队成员。团队成员各司其职，各展所长，让团队欣欣向荣。

（3）建立责、权、利统一的团队管理机制。一个成功的企业必须制定井然有序的组织策略和管理机制。一方面，领导者要妥善处理创业团队内部的权力关系：在企业运行过程中，团队要确定谁适合于从事何种关键任务和谁对关键任务承担什么责任，以使权力和责任明晰化；另一方面，领导者还要妥善处理好创业团队内部的利益关系：企业的报酬体系，不仅包括如股权、工资及奖金等金钱报酬，还包括个人成长机会和相关技能培训等方面。

图 3-2-2　创业领导者的行为策略

（二）创业领导者的素质与能力评估

（1）领导力。领导者的领导力对创业团队的管理具有核心作用，领导者要恰当地运用权力因素与非权力因素，树立权威使组织成员凝聚在自己周围。

（2）学习和自我管理能力。领导者既要加强学习、提高素质，又要树立良好形象，加强管理；要严于律己，以身作则，以领导魅力带动、影响、促进团队成员改进工作，为实现团队共同目标而努力奋斗。

（3）心态平和不急功近利。遇到阻碍不灰心，取得成绩不沾沾自喜，一步一步接近自己的目标，始终保持良好的心态。这是领导者魅力的核心部分，因为一个领导者遇到的困难要比任何一个下属遇到的都要多、都要严重。

（4）有明确的愿景，善于用人，对下属恩威并用。好的领导者能够树立企业愿景目标，对团队的目标坚定不移，信心坚定。对每一个团队成员都有恩情，但对他们从来都是赏罚分明。

（5）人脉关系是领导者至关重要的资源，充分利用这个资源有利于团队目标的实现。

【任务1】创业素质测评

具体要求：

（1）实事求是地填写表3-2-2；

（2）填写每一项时，先阅读要求，然后再评价你在这方面是优势、劣势还是不确定，在对应的空白处打对号；

（3）让另外一位家庭成员或者与你关系比较密切的朋友对你进行评价；

（4）最后计算出优势、劣势以及不确定的对号总数。

表3-2-2 创业素质测评表

评估内容		自我评估			他人评估		
		优势	劣势	不确定	优势	劣势	不确定
企业家精神	创新：创造性地解决问题						
	冒险：敢于承担风险						
	合作：善于与他人进行合作						
	敬业：把现有工作当成事业成功的内在需求						
	学习：持续学习，终身学习						
	责任：敢于承担责任						
	执着：百折不挠、坚持不懈的毅力和意志						
	诚信：说得到做得到						
知识素质	专业技术知识：生产产品、提供服务的实践知识						
	经营管理知识：有效经营企业所需的知识						
	行业相关知识：较为丰富的知识面						
能力素质	领导能力：善于领导团队，能够有效地激励他人						
	决策能力：果断地作出决策						
	营销能力：具备良好的市场营销技能						
	交际能力：善于沟通，妥善处理内外部关系						
	人力管理能力：善于发现、使用、培养人员						
	战略管理能力：眼光长远，能从总体上把握形势						
	组织管理能力：高效地、科学地组织人员						
	信息管理能力：善于收集、整理与分析信息						
	文化管理能力：善于营造积极向上的组织氛围						

续表

评估内容		自我评估			他人评估		
		优势	劣势	不确定	优势	劣势	不确定
身心素质	身体素质：具有健康的体魄和充沛的精力						
	自信心：充满自信，坚持信仰如一						
	独立性：善于独立思考、独立工作						
	敢为性：敢于实践，敢冒风险						
	克制性：善于克制，防止冲动						
	适应性：灵活地适应各种变化						
总计							
优势（合计）		劣势（合计）			不确定（合计）		

注意：通过企业家精神测评与创业素质测评，得出优势、劣势、不确定的具体分数，然后进行比较。如果优势多，说明你创业潜质较高；如果劣势多，说明你目前还存在短板；如果不确定较多，说明自我认知或他人对你的认识不足，需要进一步使用其他测评方法。

【任务2】创业者画像

（1）在黑板上画出一个大大的人像外廓，代表一个优秀的创业者；

（2）每人结合自己心中认为最成功的创业者，在便利贴上写下你认为促使其取得现有成就的3～5种能力或素质；

（3）小组内互相交流观点，每组整理出认可度最高的三个描述，写在新的便利贴上，并贴在黑板的人像中；

（4）现在来看看，全班认可的创业者是一个怎样的人？

创业者应具备的能力/素质：_____。

> **想一想**
>
> 我适合创业吗？
>
> 完成一次MBTI职业性格测试，并思考以下问题：
>
> 1. 大学生应有的创业素质是_____。
> 2. 我喜欢创业的行业是_____。
> 3. 我的创业主要能力是_____。
> 4. 我的创业动机是_____。

思考与练习

1. 【单选题】以下哪一项不属于创业者的特征？（　　）
   A. 开放的心态　　B. 创新能力　　C. 坚韧不拔　　D. 功利性
2. 【单选题】创业团队的领导者扮演了指导者、（　　）、交易者、生产者及风险承担者的角色。
   A. 交流者　　B. 促进者　　C. 协调者　　D. 传播者
3. 【单选题】（　　）是领导者至关重要的资源，充分利用这个资源有利于团队目标的实现。
   A. 人脉关系　　　　　　B. 金钱交易
   C. 小道消息　　　　　　D. 核心技术
4. 【单选题】在企业运行过程中，团队要确定谁适合于从事何种关键任务和谁对关键任务承担什么责任，以使（　　）和责任明晰化。
   A. 心态　　　　　　B. 权利
   C. 任务　　　　　　D. 权力
5. 【单选题】谈判能力是指谈判人员所具备的更好地完成谈判工作的特殊能力，包括思维能力、观察能力、反应能力和（　　）。
   A. 应急能力　　　　　　B. 表达能力
   C. 专业能力　　　　　　D. 包装能力
6. 【判断题】自我管理是指个体对自己本身的管理，对自己的目标、思想、心理和行为等表现进行的管理，自己把自己组织起来，自己约束自己，自己激励自己，自己管理自己。（　　）
7. 【判断题】企业的报酬体系，仅仅是指如股权、工资及奖金等金钱报酬。（　　）
8. 【判断题】领导者魅力的核心部分是具备过人的领导力。（　　）
9. 【简答题】为什么说建设好创业团队至关重要？
10. 【简答题】创业过程中，该如何制定严格的管理制度和有效的激励机制？
11. 【简答题】如何打造一支优质高效的创业团队？

评价与分析

学习过程评价表（学生自评、互评，教师评价）

班级		姓名		日期	月　　日	配分	自评	互评	教师
评价	平时表现评价	1. 出勤情况 2. 遵守纪律情况 3. 学习任务完成情况，有无提问记录 4. 是否主动参与学习活动				30			
	创业知识	1. 了解创业者应具备的素质、能力 2. 了解创业者的创业动机 3. 了解影响创业动机的因素 4. 掌握创业者自我能力评估的方法				20			

续表

班级		姓名		日期	月　　日	配分	自评	互评	教师
评价	创业实践	创业实践任务：组建一个创业团队，并进一步优化团队结构				30			
	综合能力	1. 能否使用文明礼貌用语，有效沟通 2. 能否认真阅读资料，查询相关信息 3. 能否与组员主动交流、积极合作 4. 能否自我学习及自我管理				20			
		合计				100			
教师评语									

> **创新创业名句**
> 市场如战场，竞争像打仗，将军很重要，这就需要我们企业家起到带头作用。企业领导要有敢为人先的创新意识和锲而不舍的毅力，要坚持，不放弃。
> ——王传福

单元三

控制团队风险

知识目标

1. 了解股权结构分配的概念及股权结构常见类型；
2. 了解团队退出机制的原则和几种模式；
3. 掌握团队激励机制的构建方式；
4. 掌握团队冲突的类型、产生原因和解决冲突的办法。

能力目标

1. 能够设置合理的创业团队股权架构；
2. 能够构建有效的团队激励机制和制定可行的激励措施；
3. 能够制定创业团队冲突预案和快速响应的及时解决方案。

素质目标

1. "独行快，众行远"，强化学生的团队意识；
2. 强化学生的集体主义观念，强化学生为国为民为家的创业责任感。

知识导图

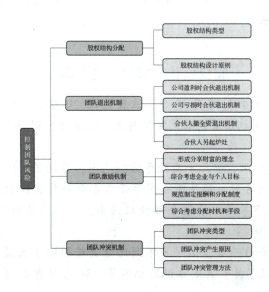

重点难点

1. 如何结合团队实际进行合理的股权结构分配；
2. 团队激励的有效机制如何实际运用到管理运营中去。

教学资料

视频资料

课件资料

案例及分析

【案例1】

研发人员的激励之道

历经50余载风雨变迁，海信集团为何能持续吸引人才，激发创新活力，从制造型企业转型为科技创新型企业？回顾其发展历程可知，完善的人才激励机制是海信实现持续创新的原动力。

市场转型之初，海信高薪招聘高学历人才，将奖励与绩效挂钩，在企业内形成尊重技术与创新的氛围；在国际化战略阶段，海信率先推行股权激励机制，加强对核心研发骨干的中长期激励；在创新驱动发展阶段，海信采取双通道人才发展机制，提供给研发员工多样化的职业发展路径，从而提高其创新积极性。

【分析】

实施股权激励让企业的管理者和关键技术人员成为企业股东，促进企业构建利益共同体，能有效提高管理人员、技术人员的积极性、主动性和创造性。股权激励对企业绩效的考核既关注本年度财务表现，更关注企业未来的价值创造能力，便于约束管理者短视行为。以股权激励作为企业激励机制的内核，配合其他激励措施，有利于企业稳定员工、留住人才、吸引人才，促进企业发展壮大。

【案例2】

股权设计失败导致经营混乱

华清缘公司成立于2014年12月12日，注册资本620万元，由31名清华总裁发展促进会（"清促会"）会员以股权众筹的形式发起创立，后增加至34名股东，每名股东的持股比例均为2.94%。

自2015年开业经营以来，餐厅一直处于亏损状态，其间虽多次调整经营模式，但仍未能扭亏为盈。2018年7月8日，华清缘公司召开股东会并作出提出破产请求的决议，后以不能清偿到期债权且资产不足以清偿全部债权为由，向北京市海淀区人民法院请求破产清算。

对现实可接触到的公司而言，似乎找不到比这更糟糕的企业股本结构了。34个股东，一人一个主意，到底谁说了算？其实谁说的都不算。34人负责本质就是没有人负责。如此均摊的股本结构,意味着没有一个能说了算的股东,也意味着没有一个真正全身心为公司负责的股东,权力的均分与现实的付出不对等,所以也就必然会破产。

【分析】

股权结构涉及公司法务、税务、财务、经营管理等一系列操作,是一个关乎企业全局和全过程的核心系统,它的重要性相当于电脑的中央处理器。从企业控制权设计到经营风险隔离,预防税务风险与合法合理避税,融资、上市、资产保值增值甚至创业财富传承,再到战略规划与实施、商业模式的优化,每一项至关重要的运作环节(或事务)都由股权结构的核心设置来决定。要想创业顺利,掌握股权设置是不可或缺的。

一、股权结构分配

随着社会经济日益发展和法治逐渐完善,创业者对创业团队内部利益分配的态度也在慢慢转变。因此,旧时的观念现如今已经被"股份+期权"的合约观念所取代了。无论是家族企业还是朋友合作创办的企业,能够发展壮大的并不在多数。因此,无论创业团队成员的关系是何种形式,在进行组合的时候,利益分配都需要提前做好详细的约定。

股权分配是创业团队建立中重要的一环,不仅要明确团队价值观,还要建立明确的规则,最终让各股东达成共识。股权的本质至少体现在两个方面:一是股东参与公司经营管理的权利;二是股东从公司获取经济利益的权利。一般而言,某股东所占的股权比例大小,直接影响其对公司的话语权和控制权。控制权不仅仅影响公司的经营和发展,还影响到公司的资本结构、融资和投资、利益分配等。

股权结构是一个企业发展的根基,股权结构不合理,意味着企业基础不牢固,如果合伙人之间发生纠纷,往往会出现不可逆的"人散企亡",导致创业项目失败。即使侥幸创业项目发展起来了,后面的投资者也会要求调整不合理的股权结构,届时的调整成本将异常高昂,所以创业团队从创业初始便要重视股权结构。

从股权衍生出来的各种权力如图3-3-1所示。

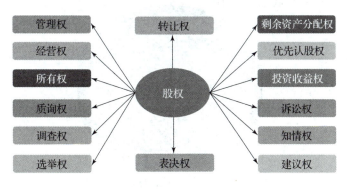

图3-3-1 企业股权中隐含的各种权利

(一)股权结构类型

在创业企业中,由于股东的种类以及持股比例不同,从而导致不同的股权结构,概括起来,主要有以下3种类型:

1. 高度集中型股权结构

在这种股权结构下,绝大多数股票掌握在少数股东手中,尤其是第一大股东往往持股数目非常大,占有绝对控股地位,掌握着公司的控股权。相对这些大股东,其他股东只占有公司少量的股票,在企业的经营决策、利润分配等方面都受制于大股东。在创业企业中,这种股权结构占多数(如图3-3-2所示)。

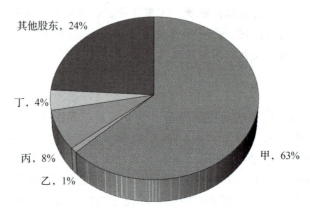

图3-3-2　高度集中型股权结构示意图

2. 适度分散型股权结构

这种股权结构下,既有一定的股权集中,又有若干大股东的存在,主要是机构法人互相持股,控股者也多为法人股东。这种股权结构能够促使股东适度、有效地行使最终控制权,既不忽视权力,又不滥用权力——从而有效地解决委托—代理关系下效率损失的问题。这是一种较为合理的股权结构(如图3-3-3所示)。

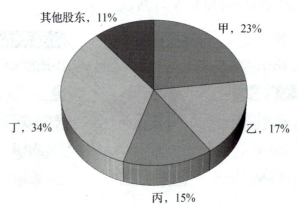

图3-3-3　适度分散型股权结构示意图

3. 高度分散型股权结构

在这种股权结构下,有相当数量的股东持有相当数量的股票,不存在大股东,股权高度分散,股东之间容易出现互相推诿、搭便车的现象,也就容易造成公司的控制权实际上掌握在经营者手中,即所谓的内部人控制的现象(如图3-3-4所示)。

单元三　控制团队风险

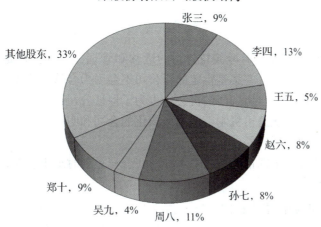

图 3-3-4　高度分散型股权结构示意图

（二）股权结构设计原则

1. 人力资本所有者与投资人共同分享利润

对于高科技企业而言，技术和产品的完整结合是完成产品研发和企业发展的必要条件，因此，企业获得的利润是人力资本所有者和投资人共同的贡献，人力资本所有者和投资人共同分享利润是合理的。两者之间的分配比率最终由其反复博弈后决定。

2. 采用期权制度

因为创业企业在研发新产品、销售产品的过程中不仅要产生现金利润，同时还要产生无形资产，因此人力资本所有者和投资人按比例分享企业的无形资产是合理的。但是与现金利润不同的是，无形资产往往是和企业的发展联系在一起的，以企业为载体，难以分割。只有企业的股东才有权利享受企业的无形资产。因此，要想让人力资本所有者能像投资人一样享受企业的无形资产，就要想办法让人力资本所有者变成企业的股东。其中，比较有效的方法就是期权制度，也就是说，人力资本所有者首先得到的就是分红权和在一定时间内按照原始价格收购一定比例股权的承诺，技术人员分到红利以后，从投资人手中收购部分股权，成为投资股东，再按原定比例与投资人一起分享企业的所有利润。

不同类型股权计划的简要比较如图 3-3-5 所示。

类型	增值收益权	持有风险	股票表决权	现期资金投入	贴息优惠权
现股	√	√	√	√	×
期股	√	√	×	×	√
期权	√	×	×	×	√

图 3-3-5　不同类型股权计划的简要比较

3. 遵循股权动态变化的原则

对于创业企业而言，他们是在不断发展的，这就需要不断地为企业输入新鲜血液，不管是人力资本还是非人力资本。对于新加入的投资人和人力资本所有者，他们也要参与到企业的股权分配中去,这就要求企业的股权比例呈现动态变化。

二、团队退出机制

如果合伙人和投资人选择不再参与公司的运营和管理,那么公司是否还要继续运营下去?是否还能继续发展下去?答案是肯定的,公司不会因为合伙人或投资人的撤出而停止发展。为了给合伙人及投资人自由选择的机会,也为了保证公司的正常运营,创始人在融资前有必要制定一套完善的合伙退出机制,即用条款化的合同和明确的规则来保证合伙人和投资人的权益,以及公司的顺利发展。

一般来说,合伙人退出的情况有以下4种:在公司盈利时退出、在公司亏损时退出、撤全资退出和另起炉灶。

(一) 公司盈利时合伙退出机制

在公司发展形势大好的时候,公司处于上升期,这时公司的正常运营需要投入较多的资金,与此同时,公司的盈利也会较多。如果这时有合伙人提出退出,并要求带走股份以及按股份分享公司的利润,毫无疑问,这将会给公司的资金带来巨大的压力,影响公司的发展。

为了应对这种情况,合伙人最好在合伙创立公司之初就制定合伙退出机制,其具体内容应包括4个要点,如图3-3-6所示。

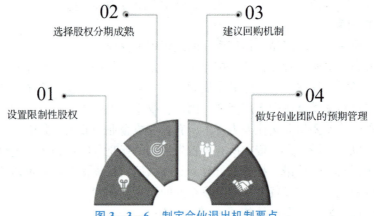

图3-3-6 制定合伙退出机制要点

(二) 在公司亏损时合伙退出机制

在公司发展形势不好的时候,有合伙人提出要退出,该怎么办?显然,这时正是公司发展面临困难的时候,非常需要合伙人的支持,创业合伙人若在这时退出,无疑会给公司的发展带来很严重的后果。所以,此时就需要一套完善可行的合伙退出机制来保证公司的发展。

在公司成立之前,就要先将以后可能会遇到的不良情况、不利发展因素等统统提出来,根据这些内容制定相应的应对措施,这才是成熟的合作模式的体现,才是真正能保证公司长远发展的做法。比如,合伙人在什么情况下可以退出?退出的时候应该怎样分配利润?这些都需要事先谈好,并列入合伙协议中,以免以后发生不必要的纠纷。

在公司运营过程中,没有人敢保证公司的运营情况会一直处于良好状态,所以,在制定合伙退出机制时,要考虑3个主要内容,如图3-3-7所示。

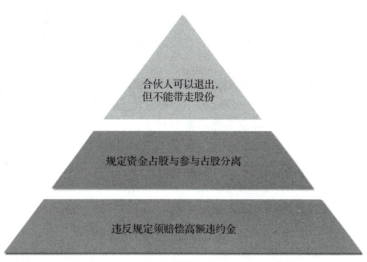

图 3-3-7 制定合伙退出机制的关键点

(三) 合伙人撤全资退出机制

撤全资退出也是一种常见的退出形式。资金是维持公司运营的一个重要前提条件,如果没有足够的资金,公司很有可能会面临运营困难以及破产倒闭的局面。在公司资金匮乏或者运营有问题的情况下提出撤全资退出的合伙人,都是不负责任的人。面对这类合伙人,公司可以同意他们退出,但是撤全资是不可能的。因为出资是自愿的,而且公司是大家一起出资创立的,不能因为一个人的撤资而影响到大家共同的事业。所以,在制定合伙退出机制的时候,一定要规定撤出资金的比例。从原则上来说,撤出的资金不能超过总资金的50%。

当然,如果对此事先没有规定,就不能很好地应对撤全资的问题。相反,如果有完善的合伙退出机制,显然就能较好地解决上述问题。所以,在制定合伙退出机制的时候,应该对撤全资退出的情况给予严厉的惩罚。例如,一旦有合伙人提出要撤全资退出,需要支付公司当前利润3倍的金额作为违约金。

另外,对于要求撤全资退出的合伙人,不准许他们带走公司的股份。如果提出撤全资退出的要求,公司则会以低于市价的价格收购合伙人的股份。也就是说,只要合伙人提出撤全资退出,就意味着他们会蒙受一大笔损失。因此,在这种情况下,也就能有效地避免合伙人轻易提出撤全资退出的要求。即使有人提出,也不会给公司的发展带来明显的不利影响。

综上来看,既可以通过赔偿较高比例的违约金的方式,也可以通过低价回购股份的方式来应对合伙人撤全资退出的问题。因为这两种措施都与合伙人的切身利益直接相关,一旦有合伙人提出撤全资退出的要求,他将会遭受巨大的经济损失。所以,这两种方式能够有效地抑制合伙人撤全资退出。

(四) 合伙人另起炉灶

合伙人退出的理由有千百种,其中,有一种理由是其他合伙人难以接受的,那就是合伙人因为另起炉灶而要求退出。如果创业者不幸遇到了这种情况,也不要沮丧,应该想方设法解决这一问题,维护自己的合法权益。

如果合伙人已经另起炉灶,在劝导已经起不到任何作用的情况下,那么就应该按照事先签订的合伙协议或合同来处理这件事。这也提醒广大合伙开公司的创业者，在合伙前一定要事先拟定合伙协议，并且尽量将合伙过程中可能出现的各种情况都考虑进去，并制定相应的解决措施。

如果事先没有制定相应的应对措施，事后各方之间也没能达成共识，那么可以选择通过法律途径解决此事。虽然这种方式比较麻烦，但是它能起到维护自己利益的作用。毕竟合伙人另起炉灶之后，就意味着他即将成为你的竞争对手，所以，此时不可心慈手软，应该尽可能地维护自己的合法权益。

总之，合伙协议是保障所有合伙人合法权益的法律文书。因此，涉及合伙的项目，一定要签订合伙协议。

表3-3-1为某连锁机构的合伙人退出机制。

表3-3-1　某连锁机构的合伙人退出机制

退出情形	退出情形界定	合伙人投资款	合伙分红	授权
主动退出	个人申请中途退出，合伙人身份转为员工，公司同意	退回；分两次退回	个人核算分红×50%×2	终止
	请假：考勤迟到/旷工/任何假期超30天	正常返岗：80%；非正常返岗：70%	个人核算分红×80%/70%	
	调岗/委派拓展等	调岗：退回本金；委派：保留一年	个人核算分红×50%	
被动退出	辞职	退回80%	个人核算分红×80%	终止
	被公司开除	退回50%	无	终止
	违反合伙协议被强制退出	不退回	按协议处理	终止
	降职：连续8个月业绩不达标/出现重大失误	原有分红降低1%	个人核算分红×50%	终止
	退休：达到法定年龄退休	按实际月均业绩核算，结算退回本金	个人核算分红×100%	终止
当然退出	合伙人因不可抗力的原因无法继续履行合伙协议：重大疾病、病故或服刑等	按实际月均业绩核算，结算退回本金	个人核算分红×100%	终止
协议退出	双方协商达成一致退出	协商	协商	终止

三、团队激励机制

(一) 形成分享财富的理念

创业团队的分配理念和价值观可以归结为一条简单的原则：与帮助企业创造价值和财富的人一起分享财富。寻找好的创业机会、建立优秀创业团队、采取分散性持股方式实行财富共享，远比拥有公司多少股权份额重要。另外，成功的创业者往往不只是创建一个企业，因此，当前的企业可能并非其最后一家企业，最重要的事情是取得这次创业的成功，做到这点之后，将来还有很多商机。

(二) 综合考虑企业与个人目标

如果一个企业不需要外部资本，就可以不考虑外部股东对报酬的态度或影响，不过还是需要考虑其他一些有关事宜。例如，如果一家企业的目标是在未来 5 到 10 年获得大量资本收益，那么就需要针对"如何完成这一目标以及如何保持大家的长期敬业精神来达到这一目标"这两个方面来制定报酬制度。

(三) 规范制定报酬制度和分配制度

创业带头人要建立起一个氛围，让每一个团队成员都觉得自己的付出应该对得起所得的报酬（如图 3-3-8 所示）。每一个关键团队成员都必须致力于寻找有关合理制定报酬制度的最佳方案，使它能够尽可能公平地反映每位团队成员的责任、风险和相对贡献。在如何分配的问题上，目前还没有任何有效的共识可以套用，也没有简单而行之有效的答案。

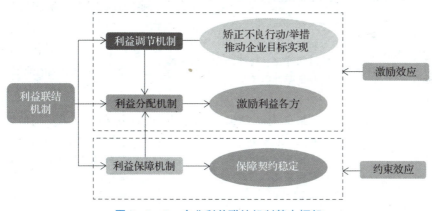

图 3-3-8　企业利益联结机制基本框架

(四) 综合考虑分配时机和手段

报酬分配制度往往在企业发展的第一阶段就被制定出来并加以实施，不过这还应该按个人在企业整个周期内的业绩来定。创业团队可以综合采用月薪、股票期权、红利和额外福利，作为反映业绩变化的一种措施。但是运用上述手段的能力，在一定程度上取决于企业发展的程度。以现金报酬为例，我们把现金作为报酬分给员工还是留着用于企业发展，这其间存在一个平衡问题。因此，在企业成立的初期阶段，薪金往往需要维持在较低的水平甚至不发薪金，其他红利和福利等则先不作考虑。薪金、红利和福利都要占有现金，而在企业营利之前，现金往往优先用于支持企业的经营和发展。就算企业在获得盈利之后，现金的支付仍然会制约企业的成长。只有在企业顺利实现盈亏平衡后，薪金的提高才会促进企业的竞争力。至于红利和额外福利，可能还是保持在最低水平比较好，直至企业持续多年盈利，才可以考虑进一步加以提高。

四、团队冲突机制

管理者在团队建设与管理过程中，不可避免地会遇到员工的各类互相抵制、冲突的问题。无论是隐形的抵制、对抗，还是显性的冲突，都有可能不利工作目标达成，损害团队与企业的利益。同时，各类冲突也会导致团队文化的扭曲，甚至导致人才的流失。解决各类冲突，是管理者必需的技能。

（一）团队冲突类型

团队冲突根据不同的划分方法可以分为不同的类型（如表3-3-2所示）。一般来说，组织内部的团队之间需要有适当的建设性冲突，破坏性冲突则应该被减低到最低程度。

表3-3-2 团队冲突类型

分类依据	种类	定义	形成原因或特点
根据冲突的社会性程度分类	个体心理冲突	是指个体心理中两种不相容的或互相排斥的动机形成的冲突	个体动机截然不同
	人际冲突	是指团队内个体与个体的冲突	信息原因、认识原因、价值原因、利益原因、个性与品德原因
	团队与团队间的冲突	是指在组织内，团队与团队间的认知冲突、目标冲突、行为冲突及情感冲突等	组织原因、竞争原因、工作性质特点的原因和团队素质的原因
根据冲突的性质分类	建设性冲突	是指在目标一致的基础上，由于看法、方法不一致而产生的冲突，它的发生和结果，对组织具有积极意义	冲突双方对实现共同的目标都十分关心；彼此乐意了解对方的观点、意见；大家以争论问题为中心；互相交换情况不断增加
	破坏性冲突	是指在目标不一致，各自为了自己或小团队的利益，采取错误的态度与方法发生的冲突	双方对赢得自己观点的胜利十分关心，不愿听取对方的观点、意见；由问题的争论转为人身攻击；互相交换情况不断减少，以致完全停止

（二）团队冲突产生原因

导致团队之间冲突的原因很多（如图3-3-9所示），只有对症下药，才能改善和优化团队之间的关系，提高组织的整体竞争力。

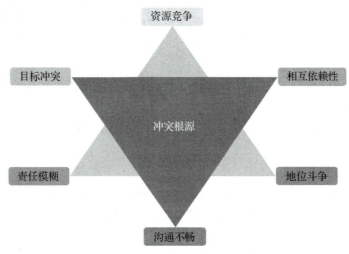

图 3-3-9 团队冲突产生原因

1. 资源竞争

组织总是按照各个团队的工作性质、岗位职责、在组织中的地位以及组织目标等因素分配资金、人力、设备、时间等资源,不会绝对公平。各类团队在成员数量、权力大致相同的情况下,会为了组织内有限的预管空间、人力资源、辅助服务等资源而展开竞争,产生冲突。例如,企业里生产部门与销售部门的冲突,大学里院与院、系与系之间为争取经费、设备、奖励名额等发生冲突。另外,团队之间可能会共用一些组织资源,但是在具体使用过程中会出现谁先谁后、谁多谁少的矛盾。

2. 目标冲突

每一个团队都有自己的目标,而这些目标都是为了实现组织的目标,因此,每个团队都需要其他团队的协作。比如,市场营销部门要实现营销目标,就必须得到生产部门、财务部门、人事部门、研发部门的配合与支持。但现实情况是,各个团队的目标经常发生冲突。例如,营销部门的目标是吸引客户,培养客户忠诚,这就要求生产部门生产出质优价廉的商品;然而生产部门的目标是降低成本,减少开支,以尽可能少的资源生产尽可能多的商品,这就不能保证商品质量;因此,营销部门与生产部门就可能发生目标冲突。

3. 相互依赖性

相互依赖性指团队之间在前后相继、上下相连的环节上,一方的工作不当会造成另一方工作的不便、延滞,或者一方的工作质量影响到另一方的工作质量和绩效。组织内的团队之间都是相互依赖的,不存在完全独立的团队。相互依赖的团队,在目标、优先性、人力资源方面越是多样化,越容易产生冲突。例如,生产部门希望采购部门尽可能增加存货,以便在生产需要时能及时获得原材料;而采购部门希望尽可能减少存货,以降低仓储费用;生产部门与采购部门的这种相互依赖性反而可能导致冲突。

4. 责任模糊

组织内有时会由于职责不明造成职责出现缺位,出现谁也不负责的管理真空,造成团队之间的互相推诿甚至敌视,发生有好处都抢、没好处都躲的情况。

5. 地位斗争

组织内团队之间对地位的不公平感也是产生冲突的原因。当一个团队努力提高自己在组织中的地位，而另一个团队视其为对自己地位的威胁时，冲突就会产生。在权力与地位不同的团队之间也会发生冲突，例如管理层与工人、教师与学生都可能因为立场的不同而发生冲突。

6. 沟通不畅

团队之间的目标、观念、时间和资源利用等方面的差异是客观存在的，如果沟通不够，或沟通不成功，就会加剧团队之间的隔阂和误解，加深团队之间的对立和矛盾。美国在1998年发射火星气候探测器失败，正是由于负责项目的两组科学家分别使用了公制单位和英制单位。

（三）团队冲突管理方法

要有效管理团队之间的冲突，需要遵循以下几条原则：第一，要分清楚冲突的性质。建设性冲突要适当鼓励，破坏性冲突则应该减低到最低程度。第二，要针对不同类型的冲突采取不同的措施。个人与个人之间、个人与团队之间、个人与组织之间、团队与团队之间、团队与组织之间都可能产生冲突，要分别采用不同的管理对策。第三，充满冲突的团队等于一座火山，没有任何冲突的团队等于一潭死水，因此既要预防团队之间的冲突，也要激发团队之间的冲突。

常见的团队冲突管理方法有以下几种，如图3-3-10所示。

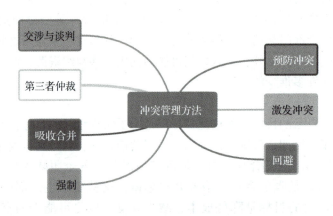

图3-3-10 团队冲突管理方法

1. 交涉与谈判

交涉与谈判是解决问题的较好方法，这是因为通过交涉，双方都能了解、体谅对方的难处，交涉也是宣泄各自情感的良好渠道。具体来讲，要将冲突双方召集到一起，让他们把分歧讲出来，辨明是非，找出分歧的原因，提出办法，最终选择一个双方都能接受的解决方案。

2. 第三者仲裁

当团队之间通过交涉与谈判仍无法解决问题时，可以邀请局外的第三者或者较高阶层的主管调停处理，也可以建立联络小组促进冲突双方的交流。

3. 吸收合并

当冲突双方规模、实力、地位相差悬殊时，实力较强的团队可以接受实力较弱团队的要求并使其失去继续存在为理由，进而与实力较强的团队完全融合为一体。

4. 强制

借助或利用组织的力量，或利用领导地位的权力，或利用来自联合阵线的力量，强制解决冲突。这种解决冲突的方法往往只需要花费很少的时间就可以解决长期积累的矛盾。

5. 回避

当团队之间的冲突对组织目标的实现影响不大而又难以解决时，组织管理者不妨采取回避的方法。通过冲突造成的不良后果，冲突双方能够意识到冲突只会造成两败俱伤，因此自觉由冲突转向合作。现实生活中，警察就经常采取这种方法处理扯皮事件。

6. 激发冲突

具体方法有：在设计绩效考评和激励制度时，强调团队的利益和团队之间的利益比较；运用沟通的方式，通过模棱两可或具有威胁性的信息来提高冲突水平；引进一些在背景、价值观、态度和管理风格方面均与当前团队成员不同的外人；调整组织结构，提高团队之间的相互依赖性；故意引入与组织中大多数人的观点不一致的批评家。

7. 预防冲突

具体方法有：加强组织内的信息公开和共享；加强团队之间正式和非正式的沟通；正确选拔团队成员；增强组织资源；建立合理的评价体系，防止本位主义，强调整体观念；进行工作轮换，加强换位思考；明确团队的责任和权力；加强教育，建立崇尚合作的组织文化；设立共同的竞争对象；拟定一个能满足各团队目标的超级目标；避免形成团队之间、成员之间争胜负的情况。

心理学家布朗在1979年提出了团队冲突管理策略。他认为，冲突过高时，要设法减低，冲突过少了，要设法增加，并就团队态度、团队行为和组织结构三方面，提出了处理、管理冲突的策略（如表3-3-3所示）。

表3-3-3 团队冲突管理

着眼点	要解决的问题	冲突过多时采取的策略	冲突少时采取的策略
团队态度	明确团队之间彼此的异同点；增进团队之间关系的了解；改进感情和感觉	强调团队之间的相互依赖；明确冲突升级的动态和造成的损失；培养共同的感觉，消除成见	强调团队间的利害冲突；明确勾结、排他的危害；增强团队界限意识
团队行为	改变团队内部的行为；培训团队代表的工作能力；监视团队之间的行为	增进团队内部分歧的表面化；提高与他人合作共事的才能；第三方面调解	增进团队内部的团结和意见一致；提高坚定性和谈判才能；第三方面参加协调
组织结构	借助上级或更大团体的干预；建立调节机制；建立新的接触机制；重新明确团队的职责范围和目标	按照通常的等级处理；建立规章、明确关系、限制冲突；设置统一领导各团队的人员；重新设计组织结构，突出工作任务	上级施加压力，要求改进工作；削减冲突的规章；设置专事听取意见的人员；明确群体的职责和目标，加深彼此的差别

> **想一想：七人分粥**
>
> 七个人组成一个团队，每个人都是平凡且平等的，但是不免自私自利。他们想通过制定制度来解决每天的吃饭问题——分享一锅粥。请问，如何分才是最有效的方法呢？
>
> 前提：粥的数量较少，不够吃饱，且没有称量工具。

思考与练习

1. 【单选题】"没有完美的个人，只有完美的团队"，是说成熟团队追求的是（　　）。
   A. 个人角色突出　　　　　　　　B. 独树一帜
   C. 目标一致　　　　　　　　　　D. 完美领导

2. 【单选题】创业者的工作群体中，不存在积极的协同作用，群体的总体绩效（　　）各成员绩效之和。
   A. 大于　　　　　　　　　　　　B. 等于
   C. 小于　　　　　　　　　　　　D. 等于或小于

3. 【单选题】（　　）是指团队内全体成员形成共识的思想、意识和信念。
   A. 团队精神　　　　　　　　　　B. 团队热情
   C. 团队制度　　　　　　　　　　D. 团队建设

4. 【单选题】（　　）是指企业在经营管理过程中，有计划、有目的、有步骤地对其成员进行的培养、训练活动，通过这种活动提高成员的协作精神、合作意识，使其为企业的发展目标而努力工作。
   A. 团队作用　　　　　　　　　　B. 团队精神
   C. 团队利益　　　　　　　　　　D. 团队建设

5. 【单选题】团队建设是指企业在经营管理过程中，有计划、有目的、有步骤地对成员进行的（　　）。
   A. 培养、训练活动　　　　　　　B. 合理分工活动
   C. 训练能力活动　　　　　　　　D. 提高意识的活动

6. 【单选题】当团队处于收割期时，强而有力的团队形成了，组织爆发出前所未有的能量，创造出非凡的成果。这时领导应采取（　　）领导方式。
   A. 命令式　　　　　　　　　　　B. 说服式
   C. 参与式　　　　　　　　　　　D. 授权式

7. 【单选题】（　　）不是有效的专业技术人员团队创新目标的特点。
   A. 一致性　　　　　　　　　　　B. 不可衡量性
   C. 责任性　　　　　　　　　　　D. 创造性和合作性

8. 【单选题】团队合作的核心是（　　）。
   A. 统一权力　　　　　　　　　　B. 共同奉献
   C. 一致分利　　　　　　　　　　D. 彼此信任

9. 【简答题】优秀企业与落后企业的主要差异在哪些方面？

10. 【简答题】股权设置的关键要点有哪些？

评价与分析

学习过程评价表（学生自评、互评，教师评价）

班级		姓名		日期	月	日	配分	自评	互评	教师
评价	平时表现评价	1. 出勤情况 2. 遵守纪律情况 3. 学习任务完成情况，有无提问记录 4. 是否主动参与学习活动					30			
	创业知识	1. 了解股权结构分配的概念及股权结构常见类型 2. 了解团队退出机制的原则和几种模式 3. 掌握团队激励机制的构建方式 4. 掌握团队冲突的类型、产生原因和解决冲突的办法					20			
	创业实践	1. 针对一家模拟公司，设置其创业团队股权结构 2. 设置模拟公司的团队激励机制并制定相应的激励措施					30			
	综合能力	1. 能否使用文明礼貌用语，有效沟通 2. 能否认真阅读资料，查询相关信息 3. 能否与组员主动交流、积极合作 4. 能否自我学习及自我管理					20			
		合计					100			
教师评语										

模块四
整合优势资源

创新创业名句

美好的生活就是创造，无论是做音乐，编写程序，还是组合投资。 ——保罗·艾伦（美国）

单元一

获取财务资源

知识目标

1. 了解资金需求分析的含义；
2. 了解资金来源分析的定义与作用；
3. 了解融资渠道策略的定义与分类；
4. 熟悉盈利性分析应包含的要素。

能力目标

1. 懂分析创业团队的资金需求；
2. 能识别创业所需的资金来源；
3. 懂融资渠道策略对创业的作用；
4. 会借助盈利性分析来助力创业。

素质目标

1. 具有对创业财务资源管理的法律法规意识；
2. 拥有对企业盈利性分析的认真严谨态度；
3. 具备中小新创企业融资的创新拼搏精神；
4. 具备中国社会主义核心价值观的诚信品质。

知识导图

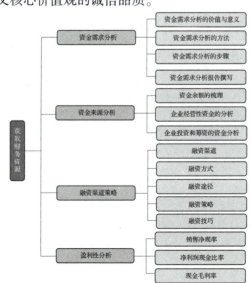

重点难点

1. 资金需求分析；
2. 盈利分析方法。

教学资料

视频资料

课件资料

案例及分析

【案例】

资源整合助力中国高铁走向世界

2015 年是中国高铁走出国门取得辉煌成就的一年。为落实国家铁路走出去计划，由中国铁路总公司牵头的中国企业联合体通过整合资源"抱团出海"，实现了印尼雅加达至万隆高铁、俄罗斯莫斯科至喀山高铁、马来西亚吉隆坡至新加坡高铁等境外项目合作的突破性进展。中国高铁技术的安全性已逐步取得世界认可，世界市场正在向中国高铁招手，中国高铁也急需更广阔的发展天地。在"一带一路"的大背景下，由中国铁路总公司牵头的中国企业联合体以"抱团出海"的模式实施资源整合，踏上了出海之路。中国铁路企业在海外承建的铁路项目由单一的工程承包、装备出口等，转变成全方位的中国高铁技术标准、设计咨询、工程建设、装备制造、人员培训和运营维护等合作。中国高铁"抱团出海"模式效果已经开始显现。

例如在中俄喀山高铁项目中，中国企业在中铁总公司的协调下，组建勘探设计、基建工程、轨道车辆等企业联合体，联合体中的企业"轮番上阵"竞标，其中中铁二院从 2012 年开始跟踪中俄高铁项目，后期陆续向俄方提供了莫斯科—喀山高铁项目概况、财务分析、提高项目效益的优化措施等建议，并成立了中铁二院俄罗斯分公司，为中俄铁路合作打下基础。而在中国铁路争夺印尼雅万高铁建设项目过程中，中国企业联合体紧密配合，从充分了解印尼国情、创新合作模式着手，用真诚开展跨文化合作，妥善处理公共关系，赢得印方的信任和理解，最终赢得了中印尼合作大单。

随着国家"一带一路"建设和"抱团出海"计划深入推进，中国高铁及企业正加快走出去的步伐。面对新的市场机遇与发展前景，"抱团出海"模式将有效整合各方资源，提高中国高铁在国际上的竞争实力。

【分析】

中国高铁走向世界，除了拥有自主创新的技术，还得益于"抱团出海"式的资源整合模式创新。由此可见，资源整合和有效使用各种可以借用的资源，能够助力企业赢得市场。在创业大潮的推动下，对于新创企业而言，开拓市场并不是一件容易的事情，尤其是对于新创小微企业更是艰难。开拓市场不能光靠蛮力，还要靠智慧，整合资源就是从零开始的重要智慧。中国高铁"抱团出海"模式的案例表明，整合资源能够有效地助力企业市场的开拓。

一、资金需求分析

(一) 资金需求分析的价值与意义

资金需求分析是指企业根据生产经营的需求,对未来所需资金的估计和推测。新创企业筹集资金,首先要对资金需要量进行预测,即对企业未来组织生产经营活动的资金需要量进行估计、分析和判断,它是企业制订融资计划的基础。

企业持续的生产经营活动,不断地产生对资金的需求,同时,企业进行对外投资和调整资本结构,也需要筹措资金。企业所需要的这些资金,一部分来自企业内部,另一部分通过外部融资取得。由于对外融资时,企业不但需要寻找资金提供者,而且还需要作出还本付息的承诺或提供企业盈利前景,使资金提供者确信其投资是安全的并可获利,这个过程往往需要花费较长的时间。因此,企业需要预先知道自身的财务需求,确定资金的需要量,提前安排融资计划,以免影响资金周转。

(二) 资金需求分析的方法

资金需求分析可以通过定性预测法和定量预测法这两种方法来分析(如图 4-1-1 所示)。定性预测方法是基于调查和研究所掌握的数据,依靠分析员来判断。定量预测方法是基于资本需求与相关因素之间的关系,用数学方法来计算。

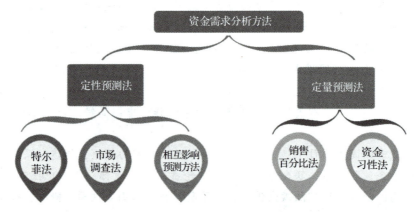

图 4-1-1 资金需求分析的方法

常用的定量预测计算方法如下:

$$营运资金量 = 上年度销售收入 \times (1 - 上年度销售利润率) \times (1 + 预计销售收入年增长率) / 营运资金周转次数$$

(三) 资金需求分析的步骤

资金需求分析一般按以下四个步骤进行,如图 4-1-2 所示。

1. 销售预测

销售预测是企业财务预测的起点。销售预测本身不是财务管理的职能,但它是财务预测的基础,销售预测完成后才能开始财务预测。因此,企业资金需要量的预测也应当以销售预测为基础。

2. 估计需要的资产

资产通常是销售量的函数,根据历史数据可以分析出该函数关系。根据预计销售量和资

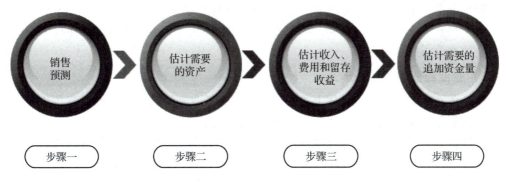

图 4-1-2 资金需求分析的步骤

产销售函数,可以预测所需资产的总量。某些流动负债也是销售的函数,相应地也可以预测负债的自发增长率,这种增长可以减少企业外部融资的数额。

3. 估计收入、费用和留存收益

收入和费用与销售额之间也存在一定的函数关系,因此,可以根据销售额估计收入和费用,并确定净利润。净利润和股利支付率,共同决定了留存收益所能提供的资金数额。

4. 估计需要的追加资金量

根据预计资产总量,减去已有的资金来源、负债的自发增长和内部提供的留存收益,得出应追加的资金需要量,以此为基础进一步确定所需的外部融资数额。

(四) 资金需求分析报告的撰写

资金需求分析报告是对企业经营状况、资金运作的综合概括和高度反映。学会对资金预测需要量的估计和需求分析,对于新创企业非常重要,也是创新创业所需要的一项基本技能。

资金需求分析报告的内容框架主要由以下五个部分组成:报告目录;重要提示;报告摘要;具体分析;问题重点综述及相应的改进措施。

二、资金来源分析

资金来源分析是指以企业的资金使用情况为分析对象,分析目的是提高资金的使用效果,最大限度利用企业有限的资源进行发展。

资金的来源大体上分为三类:企业经营产生、投资取得、筹资取得。这三种资金渠道实际上就是现金流量表中的三大部分。企业依靠经营所获取的资金,体现了企业自造血的能力,而投资和筹资,是企业从外部寻求资金援助的能力。

(一) 资金余额的梳理

在按照资金来源分析之前,首先要清楚企业目前的资金余量情况。资产负债表中货币资金的期末余额,实际上并不等于企业目前可自由使用的资金余额。

首先需要将企业所有的资金账户都罗列出来,包括支付宝和微信等第三方账户,查询当前这些账户中的余额。

接下来要将这些账户中属于专项资金账户的部分标注出来,专项资金意味着专款专用,资金的使用受到一定的限制,所以专项资金的余额可能并不能用于企业日常的花费,所以需要将这部分余额从资金总余额中剔除出来。

一般情况下，最低保有量是可以维持企业 3 个月基本运营的支出金额，基本是支付房租、工资、税费等支出的合计金额。如果没办法保证，说明企业资金方面存在高风险，需要通过资金效率分析来加以改善。

（二）企业经营性资金的分析

企业经营性资金的余额，大体上是销售商品及劳务收到的现金减去购买商品及劳务支付的现金，这部分余额体现的是企业是否有自造血的能力。

经营性资金相关的数据可以直接从现金流量表中取得，但分析的时候不能只关注现金流量表，需要结合利润表综合来判断。

当销售商品及劳务收到的现金小于同期的营业收入时，说明企业的收现率低，当期产生的收入并没有及时收到现金，出现了一个资金缺口，这个缺口可能会随着收入的增长进一步扩大。

假如目前销售商品及劳务收到的现金共计 600 万元，营业收入 1000 万元，收现率是 60%，意味着有 400 万元的收入没有及时回款。在未来月份即使收现率保持不变，营业收入增长为 2000 万元，未收现的部分为 800 万元，相比之前资金缺口进一步扩大。也就是销售得越多，资金缺口越大，会给企业带来巨大的资金压力，需要想办法加以改善。

对于一些特殊的行业，会存在销售商品及劳务收到的现金远远高于营业收入的情况，这种是不是意味着企业没有资金压力呢？答案是否定的。

例如一些培训机构，通常是从学员处预收一定期间的课程费，随着学员课程的进度来进行收入的确认，那么销售商品及劳务收到的现金肯定远高于营业收入。

但同时培训机构需要给老师发放薪资，也需要交付房租水电等维持机构正常运营，这些支出成本会让收取的现金在当期流出。这种时候需要结合利润表中的利润数据来判断，如果利润率很低甚至是负数，那么实际上企业是在当期提前预支了后续月份的现金来维持运营，当后续学员数量增长进入瓶颈甚至出现下降的时候，资金链就会出现问题。

目前有 10 个学员，每人收取 3 个月的培训费 3000 元，销售商品及劳务收到的现金共计 30000 元，每月机构为了维持正常运营需要支出 25000 元。从现金流量表来看，经营性现金净流量为 5000 元，看起来有自造血的能力，但利润表显示的利润为 -15000 元。如果下个月新增的学员人数达不到 10 人，那么经营性现金净流量就会变为负数，企业会出现资金断裂的风险。

所以在进行经营性资金分析的时候，不能只分析现金流量表的数据，需要结合利润表来进行判断，这样才能看清企业真实的经营情况。

（三）企业投资和筹资的资金分析

投资和筹资都是企业外部的资金来源。投资主要是引入了新的股东，带来了资金的注入；筹资则是从银行等第三方机构取得的长期或短期的借款，需要承担相应的利息支出。实际上这两种资金来源都具有偶发性，并非企业常态的资金来源，在资金来源分析中并不作为重点，只需要关注长期或短期借款的还款时间、还款条件、利息支出等，根据这些信息制订好资金计划，保证按时还款，以免给企业造成信誉上的损失。

三、融资渠道策略

众多新创企业在发展过程中，都会面临融资问题，尤其是在新创企业发展的瓶颈期和危机期。而融资方式的选择策略成了各个创业者的必修课。在众多的融资方式中如何取舍一直是创业者面临的难题。那么，新创企业不同的融资方式和选择策略都有哪些呢？这涉及融资的两大关键问题，即融资渠道和融资策略。

（一）融资渠道

从筹集资金的来源看，融资渠道可以分为企业的内部渠道和外部渠道。

1. 内部筹资渠道

企业内部筹资渠道是指从企业内部开辟资金来源。从企业内部开辟资金来源有三个方面：企业自有资金、企业应付税利和利息、企业未使用或未分配的专项基金。一般在企业并购中，企业都尽可能选择这一渠道，因为这种方式保密性好，企业不必向外支付借款成本，因而风险很小，但资金来源数额与企业利润有关。

2. 外部筹资渠道

外部筹资渠道是指企业从外部所开辟的资金来源，主要包括专业银行信贷资金、非银行金融机构资金、其他企业资金、民间资金和外资。从企业外部筹资具有速度快、弹性大、资金量大的优点，因此，在并购过程中一般是筹集资金的主要来源。但其缺点是保密性差，企业需要负担高额成本，因此产生较高的风险，在使用过程中应当注意。

（二）融资方式

融资方式，包括基金组织、银行承兑、直存款、银行信用证、委托贷款、直通款、对冲资金、贷款担保、发行公司债券等（如图4-1-3所示）。

图4-1-3　融资方式

1. 基金组织

基金组织手段就是假股暗贷。所谓假股暗贷顾名思义就是投资方以入股的方式对项目进行投资但实际并不参与项目的管理，到了一定的时间就从项目中撤股。这种方式多为国外基金所采用。缺点是操作周期较长，而且要改变公司的股东结构甚至要改变公司的性质。国外基金比较多，所以以这种方式投资的话国内公司的性质就要改为中外合资。

2. 银行承兑

投资方将一定的金额比如1亿元打到项目方的公司账户上，然后当即要求银行开出1亿元的银行承兑出来，投资方将银行承兑拿走。这种融资的方式对投资方大大的有利，因为这实际上把1亿元变作几次来用，可以拿那1亿元的银行承兑到其他地方的银行再贴现1亿元出来，起码能够贴现 80%。但问题是公司账户上有 1 亿元银行能否开出 1 亿元的承兑，很可能只开出 80% 到 90% 的银行承兑出来；就是开出 100% 的银行承兑出来，公司账户上的资金银行允许你用多少还是问题。这就要看公司的级别和跟银行的关系了。另外承兑的最大的一个缺点就是根据国家的规定，银行承兑最多只能开 12 个月的，大部分地方只能开 6 个月的，也就是每 6 个月或 1 年你就必须续签一次，用款时间长的话很麻烦。

3. 直存款

由投资方到项目方指定银行开一个账户，将指定金额存进自己的账户，然后跟银行签订一个协议，承诺该笔钱在规定的时间内不挪用（注：这里的承诺不是对银行进行质押，是不同意拿这笔钱进行质押），银行根据这个金额给项目方小于等于同等金额的贷款。同意质押的是另一种融资方式，叫作大额质押存款。

4. 银行信用证

国家有政策对于全球性的商业银行如花旗等开出的同意给企业融资的银行信用证视同于企业账户上已经有了同等金额的存款。过去很多企业用这个银行信用证进行圈钱，所以国家的政策进行了稍许的变动，国内的企业很难再用这种办法进行融资，只有国外独资和中外合资的企业才可以。所以国内企业想要用这种方法进行融资的话，首先必须改变企业性质。

5. 委托贷款

所谓委托贷款就是投资方在银行为项目方设立一个专款账户，然后把钱打到专款账户里面，委托银行放款给项目方。这个是比较好操作的一种融资形式。通常对项目的审查不是很严格，要求银行作出向项目方负责每年代收利息和追还本金的承诺书。当然，不还本的只需要承诺每年代收利息。

个人委托贷款业务吸引人之处在于银行这一专业金融机构的信誉——表面来看，人们是通过银行将资金贷给企业，实际上，是将资金投向了银行的信誉。这个信誉包含：银行能够帮助委托人选择到好的投贷对象，控制风险；无论是委托人，还是贷款人，能够在银行获得专业的金融服务；当贷款发生风险时，银行有能力帮助客户解决问题，降低风险。

6. 直通款

所谓直通款就是直接投资。这个对项目的审查很严格，往往要求固定资产的抵押或银行担保。利息也相对较高。多为短期。

7. 对冲资金

市面上有一种不还本不付息的委托贷款，就是典型的对冲资金。

8. 贷款担保

市面上有一种投资担保公司，只需要付高出银行利息就可以从投资担保公司拿到急需的资金。

9. 发行公司债券

公司债券是企业为筹措长期资金而向一般大众举借款项，承诺于指定到期日向债权人无条件支付票面金额，并于固定期间按期依据约定利率支付利息。

（三）融资途径

1. 债权融资

国内银行贷款：商业银行一般采用抵押、担保贷款；政策性银行采用项目及经营权或财政担保。

国外银行贷款：需要我国官方机构或银行提供担保。

发行债券融资：净资产股份公司大于 3000 万元，有限公司大于 6000 万元，符合国家产业政策。

民间借贷融资：风险大，成本高，尚不规范，办理简单，操作快捷。

信用担保融资：中小企业不容易取得担保机构的信用担保。

金融租赁融资：适用于不具备贷款条件的中小企业设备更新，也适用于其他融资租赁业务。

2. 股权融资

股权融资作为企业的主要融资方式，在资本市场中起着举足轻重的作用，它同样也是企业快速发展应采取的重要手段。较之债权融资，股权融资的优势主要表现在股权融资吸纳的是权益资本。因此，公司股本返还甚至股息支出压力小，增强了公司抗风险的能力。若能吸引拥有特定资源的战略投资者，还可通过利用战略投资者的管理优势、市场渠道优势、政府关系优势以及技术优势产生协同效应，迅速壮大自身实力。

股权出让融资：中小企业出让企业的部分股权，以筹集企业所需要的资金。

增资扩股融资：中小企业根据发展的需要，扩大股本融进所需资金，有溢价扩股、平价扩股。

风险投资融资：投资于极具发展潜力高成长性风险企业并为之提供经营管理服务的权益资本。

投资银行融资：向证券、并购重组顾问、基金管理、风险投资的公司（属投资银行机构）融资。

国内上市融资：为解决企业资金短缺、吸引新股东、防止被兼并、收购企业等而发行股票融资。

此外还有境外上市融资、买壳上市融资、产权交易融资、杠杆收购融资。

3. 内部融资和贸易融资

留存盈余融资：中小企业向投资者发放股利和企业保留部分盈余时，利用留存盈余融资。

资产管理融资：属于企业的内源融资。中小企业可以将其资产通过抵、质押等手段融资。

此外还有票据贴现融资、资产典当融资、商业信用融资、国际贸易融资、补偿贸易融资。

4. 项目融资和政府融资

项目融资：按市场规律，经精密构思策划对有潜力的项目进行包装运作融资建设。

政府融资：用项目特许权给投资人，项目建成投资人经营收费期满，将项目归还政府。

此外还有 BT 项目融资、TOT 项目融资、IFC 项目融资（IFC 是国际金融公司简称）、高新技术融资、专项资金融资、产业政策融资。

（四）融资策略

资金是企业经济活动的第一推动力、持续推动力。企业能否获得稳定的资金来源、及时足额筹集到生产要素组合所需要的资金，对经营和发展都是至关重要的。但很多企业发展中遇到的最大障碍是融资困境。大约 80% 的被调查企业特别是民营企业认为融资难是一般的或主要的制约因素。在创业阶段,90%以上的初始资金都是由主要的业主、创业团队成员及其家庭提供的,银行贷款和其他金融机构或非金融机构的贷款所起的作用很小。由此看来,掌握融资策略与实务的重要性和迫切性显而易见。

融资策略是指公司在筹资决策中采用的安排长、短期资金比例的策略。融资策略分为以下三种类型,如图4-1-4所示。

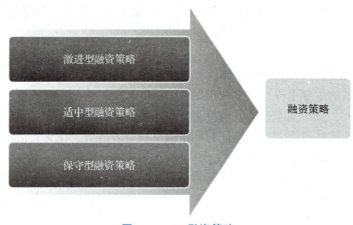

图4-1-4 融资策略

(1) 激进型融资策略:采用这种策略,公司的全部长期资产和一部分长期性流动资产由长期资金融通;另一部分长期性流动资产和全部临时性流动资产由短期资金融通。

(2) 适中型融资策略:指对流动性资产,用短期融资的方式来筹措资金;对长期性资产,包括长期性流动资产和固定资产,均用长期融资的方式来筹措资金,以使资产使用周期和负债的到期日相互配合。

(3) 保守型融资策略:采用这种策略,公司不但以长期资金来融通长期流动性资产和固定资产,而且还以长期资金满足由于季节性或循环性波动而产生的部分或全部临时性流动资产的资金需求。

(五) 融资技巧

融资技巧包括5个主要部分,如图4-1-5所示。

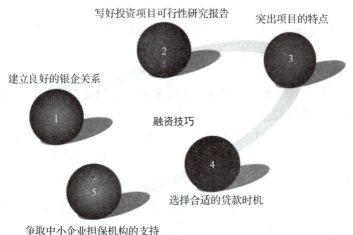

图4-1-5 融资技巧

1. 建立良好的银企关系

（1）企业要讲究信誉。企业在与银行的交往中，要使银行对贷款的安全性绝对放心。

（2）企业要有耐心。在争取贷款时要有耐心，充分理解和体谅银行的难处，避免一时冲动伤和气，以致得不偿失。

（3）要主动、热情地配合银行开展各项工作。如积极配合银行开展各种调查，认真填写和报送企业财务报表；贷款到期主动按时履行还款或展期手续，以取得银行对中小企业的信任等。

2. 写好投资项目可行性研究报告

投资项目可行性研究报告对于争取项目贷款的规模大小以及银行贷款的优先支持，具有十分重要的作用，因此，中小企业在撰写报告时，要注意解决好以下几个问题：

（1）报告的项目要符合国家的有关政策，重点论证在技术上的先进性、经济上的合理性以及实际上的可行性等问题。

（2）要把重大问题讲清楚，对有关问题做出有力的论证。如在论证产品销路时，必须对市场对该产品的需求、当前社会的生产能力及将来的趋势等做出分析和论证。

（3）把经济效益作为可行性的出发点和落脚点。

3. 突出项目的特点

不同的项目有各自内在的特性，根据这些特性，银行贷款也有相应的要求。

4. 选择合适的贷款时机

要注意既有利于保证中小企业所需要资金及时到位，又便于银行调剂安排信贷资金调度信贷规模。一般来说，中小企业如要申请较大金额的贷款，不宜安排在年末和每季季末。

5. 争取中小企业担保机构的支持

中小企业由于自身资金少，经营规模小，很难提供银行需要的抵押、质押物，同时也难以取得第三方的信用担保，因而要取得银行的贷款非常困难。这些固然是不利条件，但如果能和各方面搞好关系，融资工作提前做到位，得到中小企业担保机构这些专门机构的支持，向商业银行贷款就有容易得多。

四、盈利性分析

盈利性分析亦称"收益性分析"，是对企业获利能力所进行的分析。企业通过生产经营获取最大利润，这是企业本身的重要目的之一。两权分离后，投资者（包括潜在投资者）对企业的获利能力以及股利的分配均特别重视。

进行盈利性分析时，常用的指标有销售利润率、资金（资本）利用率、投资利润率、利润增长率、每股（普通股）净利润等，其中资金利润率具有更多的综合性和主导作用。企业安全性分析、盈利性分析和效率性分析三者的关系，以盈利性分析为中心，而以安全性分析和效率性分析为控制的辅助作用，可以说企业盈利性分析是企业整个经济性的测定，而安全性分析和效率性分析则是企业部分经济性的测定。

（一）销售净现率

销售净现率＝经营活动净现金流量/销售收入。该比率反映了企业本期经营活动产生的现金净流量与销售收入之间的比率关系，反映了当期主营业务资金的回笼情况。从理论上讲，该比例一般为1。但是在实际交易中，由于有赊账情况的产生，使得实际产生的经营现金流量要小于销售收入，因此销售净现率通常要小于1。该数值越接近1就说明企业资金回笼的速度越快，企业应收账款的数量少，反之则会造成企业大量资金挤压，加大筹集资金的成本和难度，更有可能造成大量的坏账损失。

当然企业的销售净现率也并非越接近1就越好。因为高净现率可能是由于企业的谨慎性的信用政策、保守的销售方式所致，这样也将影响企业销售量的提升，影响企业的盈利水平。

（二）净利润现金比率

净利润现金比率＝经营现金流量净额/净利润。这一比率反映企业本期经营活动产生的现金净流量与净利润之间的比率关系。

当前有一些企业账面利润数值很高，而现金却入不敷出；有的企业虽然出现亏损，而现金却很充足，周转自如。所以，仅以利润来评价企业的经营业绩和获利能力不够谨慎，如能结合现金流量表所提供的现金流量信息，特别是对经营活动现金净流量信息进行分析，则较为全面客观。

经营活动现金净流量与净利润比较，能在一定程度上反映企业所实现净利润的质量。在一般情况下，比率越大，企业的盈利质量越高。如果净利润高，经营活动产生现金流量很低，说明本期净利润中存在尚未实现现金的收入，企业净收益很差，即使盈利，也可能发生现金短缺，严重时会导致企业破产。需要注意的是，在分析这一指标时，只有在企业经营正常，既能创造利润，同时现金净流量又为正时才可比，分析这一比率也才有意义。

（三）现金毛利率

现金毛利率＝经营现金净流量/经营活动现金流入量。该指标是对销售净利率的有效补充。但是对于一些特殊行业，特别是一次性投资规模较大分期回笼现金的行业，如房地产、大型基础设施建设等行业，应该将该指标进行连续几期的计算，以确定现金毛利率的合理水平，正确评价公司业绩。

想一想

在"互联网＋"的发展趋势下，一个大学生创业者，想要开创一家公司，需要一定的资金支持。请你指出作为创业者，应该如何进行资金需求分析？其资金来源和融资渠道应该包含哪些内容要素？请你试着编制一份盈利性分析报告。

思考与练习

1. 【多选题】资金需求分析的方法有以下哪些？（　　）
   A. 定性预测法　　　　　　　　B. 定量预测法
   C. 分析预测法　　　　　　　　D. 数据预测法

2. 【多选题】定性预测法包括以下哪些方法？（　　）
   A. 特尔菲法　　　　　　　　　B. 资金习性法
   C. 市场调查法　　　　　　　　D. 相互影响预测方法

3. 【多选题】定量预测法有以下哪些方法？（　　）
   A. 销售百分比法　　　　　　　B. 资金习性法

C. 市场调查法 D. 特尔菲法

4. 【多选题】资金需求分析的步骤有以下哪些?（   ）

A. 销售预测 B. 估计需要的资产

C. 估计收入、费用和留存收益

D. 估计需要的追加资金量

5. 【多选题】资金需求分析报告的内容框架主要由以下哪些部分组成?（   ）

A. 报告目录 B. 重要提示

C. 报告摘要 D. 具体分析

E. 问题重点综述及相应的改进措施

6. 【填空题】资金的来源大体上可以分为_____、_____、_____三类。

7. 【填空题】外部筹资渠道是指企业从外部所开辟的资金来源，其主要包括：_____、_____、_____、_____和_____。

8. 【填空题】_____亦称"收益性分析"，是对企业获利能力所进行的分析。

评价与分析

学习过程评价表（学生自评、互评，教师评价）

班级		姓名		日期	月	日	配分	自评	互评	教师
评价	平时表现评价	1. 出勤情况 2. 遵守纪律情况 3. 学习任务完成情况，有无提问记录 4. 是否主动参与学习活动					30			
	创业知识	1. 了解资金需求分析的含义 2. 了解资金来源分析的定义与作用 3. 了解融资渠道策略的定义与分类 4. 熟悉盈利性分析应包含的要素					20			
	创业实践	创业实践任务：起草一份盈利性分析报告					30			
	综合能力	1. 能否使用财务专业技术用语表述资金需求问题 2. 能否查阅企业财务分析报表，查询相关信息 3. 能否与融资渠道客户主动交流、积极合作 4. 能否独立完成企业盈利性分析					20			
合计							100			
教师评语										

> **创新创业名句**
> 天时不如地利，地利不如人和。
> ——孟子

管理人才资源

知识目标

1. 了解团队专业资源的定义与作用；
2. 了解指导师资团队的定义与分类；
3. 熟悉专家资源应包含的要素。

能力目标

1. 会挖掘创业团队拥有的专业资源；
2. 懂得运用指导师资团队已有资源；
3. 能借助专家资源来助力创业。

素质目标

1. 具有对创业资源整合的创新管理意识；
2. 拥有与指导师资团队共同团结奋进的态度；
3. 具备与专家团队共事的合作共赢精神；
4. 具备中国社会主义核心价值观的敬业品质。

知识导图

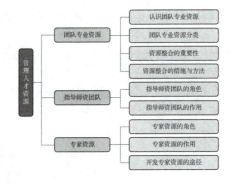

重点难点

1. 资源整合的方法与措施；
2. 指导师资团队的作用；
3. 专家资源团队的开发途径。

教学资料

视频资料

课件资料

案例及分析

【案例1】

复星集团的人力资源管理奥秘

复星集团是一家专业化的中国多产业控股公司，创建于1994年，是中国最大的民营控股企业集团之一，拥有医药、房地产开发、钢铁及零售业务投资四个具有竞争优势和增长潜力的主导产业板块。复星集团曾在10年中创造了近百亿净资产的神话，成为中国民营企业三甲。

复星集团的成功来源于它对企业资源的有效管理，尤其是人才资源管理，其管理的奥秘具有以下一些特点：

1. "1+1>1" 团队决策机制

在团队决策机制中，专业人士和一把手的权重比较大，重视采纳专业人士的意见，从而形成"1+1>1"的效果。

2. "360度评价法"

复星集团的"360度评价法"让每个人正确认识自己的优缺点。为了让所属企业领导班子发挥团队的组合作用，引导每个人正确认识自己的缺点，并让每个人正确认识他人的优点，复星集团采取了一套卓有成效的办法——"360度评价法"，在专业管理水平、拓展能力、领导艺术和战略思考能力四个方面，由上级对进行署名评价，由同僚进行不署名评价，由直接下属进行不署名评价。评价不与工资挂钩，仅仅用来评价其能力的强弱。

3. 采用对出资人代表的管理机制

复星集团对出资人代表的管理机制也是与复星三层级管理体制紧密相连的。复星集团在产业板块层面和产业公司层面都会派出资人代表。出资人代表（专职监事）并不直接参加和干预日常的经营管理。专职监事的主要职责是配合、支持、监督具有高度专业性的管理团队。复星集团出资人管理的机构是公司的董事会，由公司董事会组织战略部、财务部和审计部门进行出资人代表管理。

4. 人力资本管理机制

复星集团从来不对高级人才实行定编、定岗、定责式的管理，这种"三定"管理方式只在复星集团的底层员工管理中才用。高级人才的激励方案不与纵向比（同一岗位的历史比）、不与横向比（集团同一级别、规模的其他人比），主要应与这个人才的市场行情比，与他进入企业后可能带来的价值比。高级人才引进上的"一人一议"政策，极大地加强了复星集团与国有企业甚至外资企业的人才竞争力。

5. 人才培养计划机制

随着知识经济时代的来临，为了尽快构建复星集团的人才资源高地，培养员工忠诚敬业的职业意识，培养员工共同发展的团队意识，培养员工完善自我的成长意识，在共同探讨、反复商议的基础上，复星集团制定并实施了以职业发展、职业培训、职业福利为重要内容的全方位的"人才培养计划"，该计划包括职业发展计划、职业培训计划和职业福利计划。

正是这样一种创新创业精神和人力资源管理氛围，吸引了来自北大、清华、复旦、交大、浙大、中科大等全国知名高等学府学有所成的专业人才，吸引了来自国有大中型企业、政府管理部门和事业单位有实践经验、综合素质比较高的青年干部，还吸引了同龄人中从海外学成归来的博士和硕士，他们已经成为复星经营和管理的骨干力量，一批年轻的高级经理和总经理型的人才正在脱颖而出。

【分析】

复星集团的人力资源管理理念和管理特点是其成功的重要因素，也是值得我们学习的地方。作为新创企业，一个非常重要的因素是要学会有效地将人才资源管理并应用好。众人拾柴火焰高，优秀的人才资源管理机制将能够提高和增强企业生存、创新和发展能力。

【案例2】

人力资源专家团队让制度更懂企业

中海油服是亚洲最具规模的综合型油田服务供应商，服务贯穿海上石油和天然气勘探、开发及生产的各个阶段。然而2014年的油价断崖式下跌重塑了全球能源市场版图，给石油行业特别是油田服务企业带来重创。经过17年的发展，中海油服在对标国际一流油田服务公司、持续向国际化发展的过程中，虽有清晰的战略目标与方略指引，然而"盘子"大了，发展过程中逐渐出现了机构臃肿、决策效率低、流程烦琐等问题。

由于一直固守HR传统体系职能、被动适应公司战略，中海油服的人力资源管理模式已无法适应中海油服转型需要，主导公司整体改革的HR部门，其管理目标却与公司战略目标匹配度、关联度不强。中海油服最终决定向创新发展合作模式转变，并着手用人力资源三支柱模型重新为HR管理赋能。中海油服人资管理转型的第一步，是推进人力资源共享模式的构建与落地。中海油服从集团总部开始试点，为不断加强人力资源指标与公司战略目标的匹配，在人力资源专家顾问团队的指导下，对人力资源数据指标进行了顶层设计，并通过ROI测算，预测未来转型目标，再进行转型规划和共享建设，稳步推进了HR三支柱转型。中海油服人力资源转型包含六个阶段：调研与诊断、人力资源数据指标顶层设计、人力资源运营扫描、人力资源转型规划、共享中心试点详细设计、共享中心试点落地辅导。在人力资源专家顾问团队的帮助下，通过ROI测算，中海油服以最佳实践的节约比例测算后，公司通过构建共享服务中心持续降低成本，通过共享模式和信息技术的共同提升，每年最大可节约时间投入49.60%，每年最小可节约时间投入25.67%。在人员配置方面，通过共享前后效能测算，综合提升效率34%以上。人力资源共享服务职能的成功建立，不仅为中海油服实现人力资源职能体系的根本性改变，还可以通过结构化调整，使人力资源显著提高运作效率，且更加聚焦业务。

【分析】

通过专家资源团队对人力资源改革，从微观看是为实现既定发展目标打通各个关键环节；而事实上从全局来看，则是企业自身经营管理的一次厚积薄发，是积极应对行业大势的一次战略转型。因此无论是团队的专业资源，还是专家资源团队，对一个企业发展都有着无可估量的作用。

一、团队专业资源

创业是一种合作、借力、整合资源的结果。创业资源是指新创企业在创造价值的过程中需要的特定的资产，包括有形与无形的资产，它是新创企业创立和运营的必要条件，主要表现形式为人才、资本、机会、技术和管理等。团队专业资源是创业资源中重要的部分。团队专业资源大致可分为人、财、物及专业理论等几个方面。

（一）认识团队专业资源

团队专业资源包含内部资源和外部资源。内部资源是指团队自己所"拥有"的，能够自由配置和使用的各种资源，如土地、厂房、机器设备、材料、资金、技术等，也可以包括团队领导及成员。外部资源是指团队自己并不具有"归属权"，但通过某些利益共同点可能在一定程度上加以配置和利用的各种资源。常见的外部资源有技术支持者、咨询机构、潜在公众、相关政府政策等。

（二）团队专业资源分类

从"认知度"的角度来看，团队专业资源可分为现实资源、潜力资源和潜在资源（如图4-2-1所示）。现实资源是指已经完全被成员们认识到其作用的团队资源，如机器设备、原材料、厂房、资金等。潜力资源是指已经被团队所关注，但成员可能还没有完全认识其作用的团队资源，如新加入的人员就是一种典型的潜力资源。潜在资源是团队成员可以利用但还没有被发现的团队资源。从某种意义上说，这种资源所占的比例可能是最大的，但其作用的不确定性往往也是很大的。

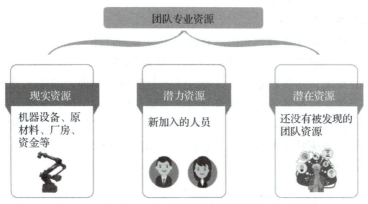

图4-2-1　团队专业资源分类

（三）资源整合的重要性

资源整合是指企业对不同来源、不同层次、不同结构、不同内容的资源进行识别与选择、汲取与配置、激活与有机融合，使其具有较强的柔韧性、条理性、系统性和价值性，并创造出新的资源的一个复杂的动态过程。资源整合是企业战略调整的手段，也是企业经营管理的日常工作。整合就是要优化资源配置，获得整体的最优。

资源整合是优化配置的决策。就是根据企业的发展战略和市场需求对有关的资源进行重新配置，以突显企业的核心竞争力，并寻求资源配置与客户需求的最佳结合点。目的是要通过组织制度安排和管理运作协调来增强企业的竞争优势，提高客户服务水平。

当下创新创业的新时代就是资源整合的时代，无论哪个行业，最后能留存下来的公司，一定都是专业性很强，且有合作共赢思维的企业。这个时代，要么创建联盟，要么加入联盟。

新创企业相比大公司而言，最大的困难就在于，什么都是"缺乏的"，缺人、缺钱、缺机会。对于新创企业而言，创造资源很难也很慢，整合资源却相对容易且很快，因此资源整合是新创企业快速生存发展的一条捷径。而大多数大公司也是通过资源整合一步步成长壮大起来的。事实上，团队资源整合就是借力，整合就是"互利共赢"，善用彼此资源，创造共同利益，共同成长壮大。因此，团队专业资源整合对于新创企业而言，其重要性不言而喻。

（四）资源整合的措施与方法

创业就是调集社会资源，创造出更优产品或服务的商业行为。创业是创业者通过自身的智慧和能力，对社会上可以调用的各种资源进行重新优化和整合的过程，从而创造更大的经济价值或社会效益，为客户提供更好的产品或服务，帮助客户以更好的方式分配其一生的时间和财富。简单来说，创业就是在社会力量的帮助下，更高效地为社会提供产品或服务的行为。事实上，企业一切经营活动的本质都是追求社会人力资源和物质资源配置的更高效调整。资源整合涉及企业的生存和发展，如何整合资源并使企业资源得到合理配置与使用，这是新创企业所面临的难点和需要解决的问题。

对此，创业者在创业时不但要了解并熟悉自身团队各种专业资源的情况和状态，而且还要学会对各种资源进行有效、合理的整合，以提升团队创新创业的效率和能力。在资源整合中，可以采取以下的方法和措施：

1. 了解并掌握现有的资源

资源整合的前提是发现资源。列出所有的资源清单，包括资金、团队、渠道、客户、智慧、专业、人脉等，之后对这些资源进行分析，看看哪些是一次性资源，哪些是多次性资源，哪些是过时的资源，哪些是永久性资源，哪些是贬值的资源，哪些是升值的资源，哪些是大众的资源，哪些是独家的资源。接着分析谁需要你的这些资源，同样列出清单。只有这样，你才能清楚自己拥有什么样的资源，从而了解并掌握现有的资源。对此，新创企业不要跟大公司比，而是应该花时间了解自己才是关键。如何了解自己，可以从以下几个方面着手（如图4-2-2所示）。

图4-2-2 掌握现有资源

（1）了解自己的核心竞争力。创业者一般可以分为两类：一类是有资源没技术；另一类是有技术没资源。当然还有既有技术又有资源的，我们称为综合型人才。但是这样的人毕竟不多，且这样的综合型创业者，也要思考自己在哪方面能发挥更大的潜力，不要浪费自己的精力两头抓，选择一方面，另一方面就交给合作伙伴负责，才是最优解。

（2）了解公司人员及身边人员的情况及优缺点。了解完自己，就要了解公司其他伙伴了。新创企业面临的最难问题既不是钱也不是技术，其实是人的问题。找人是新创企业恒久不变的旋律。怎么找人？去哪里找人？应该找什么样的人？这都是新创企业需要思考的。

首先可以从身边下功夫，尝试去联系身边跟自己等级差不多的资源去对接联系，形成联合体，这是最好的结果。人都是不断变化的，企业也是一样。所以不要抱着大公司就一定是厉害的，小公司就一定不行的心态。认真对待自己身边每一个合作的伙伴和公司，有些看起来不太起眼的小团队，有时背后的资源才是现阶段最需要的。所以不是认识多厉害的人才是资源，而是能做成什么事、达成什么效果才是资源。

其次多参加活动多认识新朋友。小米成立时，不断找优秀人才加入自己的团队。当我们没有那么多的资源去认识那么厉害的人加入团队，或者自己也没有那么厉害的能力吸引那些厉害的人加入团队，则可以用 80 分人才。80 分人才就是某些方面有潜力，但是在没有深度挖掘的情况下，其他方面目前没有很突出的人才。这样的人才就需要创业者有眼力去辨别。找到这样的人才，适当引导，可以帮助你解决很多事情，甚至还会有意想不到的收获。与 80 分人才一起成长，互相成就，这是最好的办法。人才没有高低之分，只有合不合适的区别。合适的人放在合适的岗位以及合适的环境里，就能发挥出强大的价值。有些人看起来很简单，或看起来不起眼，但有可能真的是个有思维深度的厉害人物。

（3）了解自己身边的人脉情况。很多创业者对自己身边的资源都是一知半解的状态。每个人都有自己的事业圈和人脉圈，深究下去，其实都能找到现阶段能帮你解决问题的人和物。现实中，很多人都想着从外面去寻求新的解决方案，而忘了去深究现有资源的深度。相比之下，后者所花的时间成本和精力成本肯定相比前者要少很多，但这却是大家都容易忽略的方面。

（4）了解自己的时间分配。很多人在工作中，没有为自己做计划的想法，都是想到哪步做哪步，走到哪里做哪里，这样会导致你的时间精力都被用来做低效率的事情。不是说一定没效果，但是没有聚焦带来的收益大。而且不聚焦的工作，会让你身心十分疲惫。每天忙忙碌碌，但是没有明显的收益，很多人因此就会怀疑自己的选择是否正确，从而更加容易焦虑和放弃。最好的安排是每天对自己的工作进行分析，每天工作的时间，分多少在什么项目上，要达成什么效果；过了时间就放下这项工作，也可以立马进行复盘总结。又例如，需要花多长时间在什么活动上，想完成什么样的任务，时间完成了，就可以来个完美总结，为下一次的活动留一个好的念想。

2. 掌握资源整合的特性

创业者进行资源整合？需要了解并掌握资源整合的特性：前瞻性、包容性、创新性。

（1）前瞻性。什么样的资源最容易整合。不是最紧急的资源最容易整合，而是重要不紧急的资源最容易整合。举个例子，在 CBD 工作的白领到了吃午饭的时间都需要买午餐，这些白领就像是资源的需求方，而楼下的餐厅就像是资源，是资源的供给方。如果到了饭点，大家都肚子饿的时候，餐厅的餐食好买吗？显然有经验的伙伴们都知道，人很多，且要花费的时间也很多。这就像你需要某种资源时再去需求合作，是很困难的。但是如果你提前一点时间去买午餐，你花费的精力和时间就会更少。因此，负责资源整合的人员有没有前瞻性就显得尤为重要了。为什么别人能整合好这么多资源？是因为他们看重长期受益，不被眼前利益迷惑。学会选择那些目前利益不大，但是后期会有大收益的资源。

（2）包容性。要有包容心，对于同行非同行都是应该抱着包容、学习的心态，这是很多人做不到的事情。参加一个活动，或者认识一个新朋友的时候，你知道对方是你的同行，你们是竞争关系，你的态度是什么呢？是排斥，是回避，还是互相交流学习呢？举个很简单的例子，咨询行业的很多活动是很排斥同行参加的，因为大家都知道咨询行业的从业者是一群学习能力很强的人，都怕自己的内容被竞争对手学习后复制，抢占了自己的市场份额。但其实与同行交流，是学习进步最快的方式，这是因为同行最了解你的产品是优是劣。当所有人来学习你的时候，你应该要考虑的是，怎么比其他人快半步，而不是天天想着怎么关上门防止其他人偷看。当你的产品被同行都看不中的时候，你就更要加足马力改善产品体系。很多人容易犯的问题是，这个人的资源，是现阶段他们不需要的，他们就不关心、不在乎，甚至是不礼貌。如果你有包容心，你用善良的行为接纳一些人，说不定在这些人员中，就有人能提供未来你需要的帮助。

（3）创新性。创新厉害的人可以概括为联想能力强的人。联想能力强的人，可以看到1立马联想到后面的数字2，3，4甚至是7，8，9。因此，创业团队里有这样的人，是非常适合于资源整合的，因为他们能将现有的资源进行重新排列组合，产生新的化学反应。

3. 对人力资源合理化配置

创业让人力资源"人尽其才"。人是社会最重要的资源，一切物质财富和精神财富都是人创造的。创业是为了更好地解决人才的就业，最大限度地发挥其劳动生产的能量效用。改革开放40多年来，中国之所以取得如此巨大的成就，就是因为解放了劳动生产率，使原本固定在土地上的农业人口能够投身到建设更有效率的城市化社会中来，使只能从事农业生产的劳动者开发智力从事工业生产和社会生产服务，实现了"人尽其才"。比如，耕者有其田，劳动者有其位，即在工作中"人尽其才"，每个人都可以通过同步劳动实现自力更生，即通过劳动交换生活所必需的物质、经济资源和社会地位。

4. 对社交时间的有效管理

商业交易的核心是为不同的客户提供高效的时间管理方案，让人们对高品质物质生活的渴望得以快速实现。比如古代商人用中亚、中东、欧洲的商品换取中国的丝绸、瓷器，让不同地区的人分享自己的"特产"，提高生活质量，从而形成文明的"丝绸之路"。现代商业也在为人类更好地管理自己的生存时间而不懈努力。通信技术使人际信息交互和业务合作变得快捷，影视娱乐、新闻资讯和网络交流使人们能够更有兴趣地管理工作和生活之外的业余时间。在商业活动中，谁能更好地为客户管理时间，让他们的时间更有价值，谁就有市场。

5. 对资金的高效再分配

人类世界分工合作的基础是实现优质财富（可自由支配的资源，分为物质资源和智慧资源，简称财富）的再分配，将财富配给能够更高效管理它们的人。财富再分配一直是推动人类社会进步最重要的基础动力。原始社会财富分配的基础是个体力量，力量大的个体能够分得更多财富；封建社会分配财富的基础力量是权力，国家统治者对财富拥有绝对的支配权，一切社会赏罚都依附权力；现代社会创业成为实现社会财富再分配的基本推动力量。创业项目的成败决定着大批财富的转移方向，帮助顾客以更优方式管理财富的创业项目能够实现财富的保值和升值，获得投资者更多资源青睐。实际上，资源整合的关键是互补，只有资源互补，才可能从整合到融合，最终达到契合。

二、指导师资团队

指导师资团队对于大学生创新创业者而言是一个重要的创业资源。指导师资团队是大学生创新创业者创业意识的引导者、创业梦想的激励者、创业行动的参谋者,同时也是大学生创新创业团队的陪伴者、服务者、共同学习者、共同成长者。指导师资团队是大学生创新创业过程中的重要角色,在大学生创新创业过程中起着重要的作用。

(一) 指导师资团队的角色

指导师资团队在大学生创新创业中的角色主要是陪伴者、服务者、共同学习者和共同成长者,还可以作为参谋者或提醒者,也是梦想激励者和机会制造者、潜在优势的发现者和挖掘者,甚至是大学生创新创业的引导者和组织者(如图4-2-3所示)。

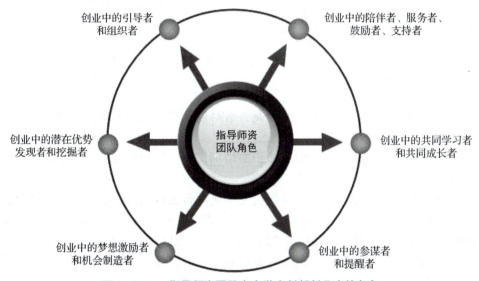

图4-2-3 指导师资团队在大学生创新创业中的角色

(二) 指导师资团队的作用

在明确了指导师资团队在大学生创新创业中的角色定位之后,指导师资团队在大学生创新创业中的作用和意义就十分清晰了。指导师资团队的陪伴、服务、学习、成长、参谋和提醒、激励和挖掘、引导和组织者角色,决定其作用主要是整合资源为大学生创新创业服务,搭建平台为大学生创新创业者及相关人员提供服务,为大学生创业者做好各种帮扶工作(如图4-2-4所示)。

1. 辅助整合资源

辅助资源整合是指导师资团队应该做、也是可以做好的工作,是相比学生而言更具备的优势。这些资源包括学校的部门资源、专业教师资源、学校闲置课题资源(含闲置专利资源)、校友资源、用人单位资源、政府相关职能部门资源、社会行业组织资源等。这些资源,对创业的大学生来说,是帮助他们创业成功最重要的起步资源,这比给他们讲创业政策更有用。

2. 搭建平台

指导师资团队能够为有创业梦想的大学生搭建一个创新创业交流孵化平台。搭建的平台

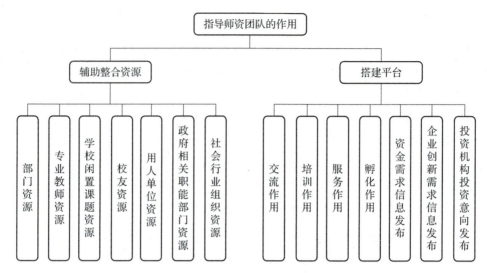

图 4-2-4 指导师资团队的作用

可以起到以下一些作用：

（1）交流作用：可以定期举办创业沙龙，给对创业感兴趣的大学生提供一个思想交流和碰撞的场所。

（2）培训作用：定期进行相关创业知识的培训，可以请校外导师、企业家、创业成功的校友、投资人进行相关知识的培训。

（3）服务作用：在这里，教师可以组织大学生进行头脑风暴，引导大学生就与自己所读专业有关的行业中存在的问题提出创意，并进而提出创新点；引导大学生针对这一创意形成创业项目；引导大学生就某一项目组建跨专业、跨学校的创新创业团队。

（4）孵化作用：通过平台发布创新创业项目和成果，推动企业对大学生的优秀创新项目和成果信息的了解，创造双方交流的机会，让更多的企业和投资机构关注大学生的创新成果。

（5）资金需求信息发布：为大学生创业者提供资金需求发布信息，让有意愿投资的人了解大学生的创业资金需求。

（6）企业创新需求信息发布：为企业提供创新需求发布，让大学生可以有针对性地参与企业创新，减少项目选择的盲目性。

（7）投资机构投资意向发布：为投资机构提供投资需求信息发布。不同的投资机构有不同的投资领域，在这里可以让大学生有针对性地联系投资机构，减少寻找投资机构时的盲目性，增加他们的融资成功率，这对大学生创业者了解投资机构的投资方向极有帮助。

三、专家资源

专家指在学术、技艺等方面有专门技能或专业知识全面的人，特别精通某一学科或某项技艺的有较高造诣的专业人士，掌握一定资源，有着行为准则的人。专家资源由专家及其拥有的各类资源组成，专家资源对于创业者来说起着重要的作用。

（一）专家资源的角色

专家资源是一种潜在的人力资本，创业者应该通过适当途径和方式释放这种潜能，为自身企业成长和发展提供优质的动力。在大学生创新创业过程中,专家资源充当着稳航器和推进器的角色。

1. 创业中的稳航器

现代社会有两种资源非常关键:一是资本;二是知识。其中在工业社会,资本是很重要的资源,是社会决定性的力量。而在知识经济社会,重要的资源则是知识资源。专家资源是知识资源的一种体现,对企业的技术创新及管理相当重要。同时,专家资源在某种意义上构成了社会资本,通过关系学习和资源整合可大大提升企业的创新能力,以及对技术或者技术诀窍进行再开发的能力。对于大学生创业者而言,吸纳并依托借助专家资源开展技术创新和实施创业活动,将有助于新创企业的生存和稳定发展,并成为大学生创新创业过程中的稳航器。

2. 创业中的推进器

在创新经济时代,专家资源是企业最宝贵的无形资产,是企业决策、成长繁荣和持续发展的核心资源和关键因素。专家资源是一种人力资本和智力资本,它是企业生存发展和稳定成长的发动机和推进器。无论是技术创新还是资源整合,都可以由专家资源的品质和开发利用程度所决定。企业要发展,要创新,实现生存与发展,就要强调专家资源团队的角色作用,要重视能够创造知识、提出创意的创新人才和专家资源团队的构建与应用。

(二) 专家资源的作用

专家资源是专家独有的知识、经验、观点能力和社会关系等资源,可以通过特定的机制转化为社会共享的知识财富等,也可以转化为具有私人性质的专有财产,比如专利、版权。但是,不管是私有的还是社会共享的知识财富,对新创企业乃至社会的经济发展都非常重要。

专家资源的作用主要表现在以下四点(如图4-2-5所示):一是引领行业方向,把握先进的技术创新方向,前瞻性预测企业未来的发展方向,具有思想启蒙和社会引导的作用;二是利用自身的优势进行知识创造和技术创新,掌握先进生产力的发展水平,向企业提供独一无二的解决方案和发明成果,促进企业健康可持续发展;三是助力资源整合,以其特有的专业知识和分析视角,敏锐地发现潜在的关键问题所在,为推进企业生存发展壮大提供建设性意见,通过其专业知识背景和人脉,牵线搭桥,提出资源整合的方案策略;四是提供战略策划和管理咨询,各类专家聚合在一起就企业发展中的重大战略问题进行前瞻性、战略性、宏观性和综合性研究,可提出有助于产品技术创新、市场营销策略等顶层设计和战略策划。

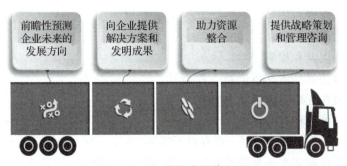

图4-2-5 专家资源的作用

(三) 开发专家资源的途径

首先,要定期和不定期举办学术研讨会,为专家之间的成果交流和社会联系提供平台。

不同的专家对同一个问题感兴趣，但有不同的观点，相互交流和研讨可能使理论或者想法更成熟，并相互激励形成更多的创新思想和观点。不定期举办专家讲座，为专家的研究成果普及、推广创造条件。特别地，不同专业社团之间可以建立联盟关系和学术交流制度，合作举办一些跨学科、跨社团的学术研讨会，这不但可以扩充研究会的专家资源，也可以提高企业的社会影响力。在研讨中，不断发现专家、吸引专家、聚集专家，融合专家资源，壮大专家资源团队队伍，促进交叉学科和横断学科的发展。

其次，要组织专题研讨。利用企业的相关资源，举行事关企业发展的重大综合性专题研讨活动是很有必要的。这样可以广泛吸收自然科学界、社会科学界和产业界的专家资源参与相关专题研讨活动，既能在问题研讨中网罗和集聚专家资源，扩大团体的社会资本，同时又能为企业提供决策参考。

最后，大力开展技术咨询和服务。围绕企业发展需要、技术创新和企业管理的现实需要，组织专家进行政策咨询、项目申报和专题研究活动。为企业出谋划策，规划企业的战略发展高度。

> **想一想**
>
> 在"互联网+"的发展趋势下，一个创业型企业，面对市场优胜劣汰的竞争规则，企业决策者决定组建一个专家资源团队，来对企业目前的发展规划出谋划策。假设你是企业决策者，请你谈谈你的企业发展规划。并聚焦你的企业发展，请你谈谈如何组建一个专家资源团队。其应该包含哪些重要资源？

思考与练习

1. 【多选题】团队专业资源可分为以下哪几类？（　　）
   A. 现实资源　　　B. 潜力资源　　　C. 潜在资源　　　D. 市场资源
2. 【多选题】在资源整合中可以采取以下哪些方法和措施？（　　）
   A. 了解并掌握现有的资源　　　　B. 掌握资源整合的特性
   C. 对人力资源合理化配置　　　　D. 对社交时间的有效管理
   E. 对资金的高效再分配
3. 【多选题】指导师资团队在大学生创新创业中的角色有以下哪些？（　　）
   A. 创业中的陪伴者、服务者、鼓励者、支持者
   B. 创业中的共同学习者和共同成长者
   C. 创业中的参谋者和提醒者
   D. 创业中的梦想激励者和机会制造者
   E. 创业中的潜在优势发现者和挖掘者
   F. 创业中的引导者和组织者
4. 【多选题】专家资源的作用主要有以下哪些？（　　）
   A. 前瞻性预测企业未来的发展方向　　　B. 向企业提供独一无二的解决方案和发明成果
   C. 助力资源整合　　　　　　　　　　　D. 提供战略策划和管理咨询
5. 【多选题】开发专家资源的途径主要有以下哪些？（　　）
   A. 举办学术研讨会　　　　　　　　　　B. 组织专题研讨

C. 开展技术咨询和服务　　　　　D. 开展市场调研

6. 【填空题】_____是指企业对不同来源、不同层次、不同结构、不同内容的资源进行识别与选择、汲取与配置、激活与有机融合，使其具有较强的柔韧性、条理性、系统性和价值性，并创造出新的资源的一个复杂的动态过程。

7. 【填空题】指导师资团队对于大学生创新创业者而言是一个重要的_____。

8. 【填空题】在大学生创新创业过程中，专家资源充当着_____和_____的角色。

9. 【填空题】_____是指已经完全被成员们认识到其作用的团队资源，如机器设备、原材料、厂房、资金等。

10. 【填空题】指导师资团队的陪伴、服务、学习、成长、参谋和提醒、激励和挖掘、引导和组织者角色，决定其作用主要是_____为大学生创新创业服务，____为大学生创新创业者及相关人员提供服务，为大学生创业者做好各种帮扶工作。

评价与分析

学习过程评价表（学生自评、互评，教师评价）

班级		姓名		日期	月　　日	配分	自评	互评	教师
评价	平时表现评价	1. 出勤情况 2. 遵守纪律情况 3. 学习任务完成情况，有无提问记录 4. 是否主动参与学习活动				30			
	创业知识	1. 了解团队专业资源的定义与作用 2. 了解指导师资团队的定义与分类 3. 熟悉专家资源应包含的要素				20			
	创业实践	1. 创业实践任务：作为创业者列出一份你所拥有的资源清单				10			
		2. 创业实践任务：作为创业者组建一个指导师资团队名单				10			
		3. 创业实践任务：作为创业者构建一个专家资源名单				10			
	综合能力	1. 能否使用人力资源专业用语表述问题 2. 能否通过交流访谈，了解指导教师、专家顾问的相关信息 3. 能否与指导教师、专家主动交流、积极合作 4. 能否独立制定资源清单及团队名单				20			
		合计				100			
教师评语									

> **创新创业名句**
> 正确对待前人理论，学百家之长，自主创新。
> ——陈国达

单元三

利用技术资源

知识目标

1. 熟悉技术基础资源的特征与作用机制；
2. 熟悉技术壁垒资源的特点、类别与措施；
3. 了解第三方认证机构及其发展原因、历程和趋势；
4. 了解各类获奖资源的分类与作用。

素质目标

1. 会挖掘创业团队的技术基础资源；
2. 能分析创业所需的技术壁垒资源；
3. 懂第三方认证机构对创业的作用；
4. 会借助各类获奖资源来助力创业。

能力目标

1. 具备对创业团队资源的基本分析意识；
2. 拥有对技术壁垒科学严谨的分析态度；
3. 具备对各类资源的创新精神；
4. 具备对国内各类优秀获奖资源的识别能力。

知识导图

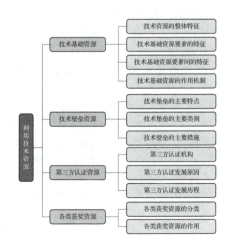

重点难点

1. 技术基础资源的作用；
2. 技术壁垒资源的应用；
3. 各类获奖资源的应用。

教学资料

视频资料

课件资料

案例及分析

【案例1】

创新技术基础资源拓展市场

国内某健身器材有限公司平均年产值2亿元，经营范围包括健身器材零配件生产及组装，以接订单的模式运营。企业自身对创新需求不高，在产业升级上常常购买一些先进的生产设备以降低成本，并不积极拓展创新自身的技术产品需求。随着市场竞争压力增大，企业成立团队对原有产品技术资源进行分析和技术发掘，发现市场上公司生产的一款震颤棒健身产品销量非常火爆。分析产品火爆的原因，发现该产品虽然成本低廉且结构简单，但是产品价格实惠且使用方便，因而倍受消费者青睐。于是企业技术人员进行了技术资源分析并开展产品技术发掘，从利用产品的功能引导消费者这一方向思考，顿时激发了对产品技术创新的灵感，提出开发一款监测使用者身体状态并且拥有一定趣味性的哑铃的技术创新产品需求，从而为企业发展自身核心技术创新产品开拓了新的思路与新的途径。

【分析】

一味追求生产并降低生产成本并不能真正地主导市场，在大环境下企业进行技术资源分析并创新才是一条新出路。

【案例2】

打破技术壁垒彰显企业创新实力

2020年新冠肺炎疫情突发，让大家记住了呼吸机。随着疫情快速蔓延，呼吸机供不应求，成为国内医疗设备行业的"卡脖子"问题。对此，江苏鱼跃集团投入技术力量和资源，研发拥有自身知识产权的呼吸机技术。经过努力，产品打破了国外呼吸机技术壁垒，得到技术突破，创新产品获得专利授权并荣获中国专利金奖。其呼吸机产品具有三大创新点：层流结构创新使得人机同步性更加精准；高效低噪湿化技术在降低噪声的同时实现了高效湿化；产品的模块化设计实现了气道模块的快速拆除、消毒、更换，减少交叉感染，提高救治效率。当前拥有获奖专利的鱼跃呼吸机已得到广泛实施，累计销量突破10万台，累计销售额突破10亿元，稳居国内品牌市场占有率第一位。该呼吸机产品技术创新突破了呼吸机医疗设备行业的"卡脖子"技术，获奖专利带动了行业整体技术水平提升，降低了同类别产品市场价格和社会医疗成本,减轻了患者的医疗负担,提升了国产医疗器械产业的整体水平,提高了该企业的全球竞争力。

【分析】

技术创新有助于打破原有市场的技术壁垒,形成新的技术生产力。不但有利于提高企业的产品竞争力,获得市场和经济效益,也有利于得到产品使用者和消费者的支持,为企业赢得社会效益。

一、技术基础资源

对于一个企业来说,技术包括两个方面:一是与解决实际问题有关的技术方面的知识;二是为解决这些实际问题而使用的设备、工具等其他相关方面的知识。两者的总和就构成了这个组织的特殊资源,即技术资源。技术资源广义上也属社会人文资源,其在经济发展中起着重大作用。技术是自然科学知识在生产过程中的应用,是直接的生产力,是改造客观世界的方法、手段。技术对社会经济发展最直接的表现就是生产工具的改进,不同时代生产力的标尺是不同的。生产工具,主要是由科学技术来决定的。在当代,科学技术对生产力发展的巨大推动作用,集中表现在邓小平"科学技术是第一生产力"的论断上。

技术基础资源是指能直接或间接推动技术进步的一切资源,包括一般意义的劳动力、专门从事技术研究的人员、资金、科技存量、基础条件、信息、环境等,它是技术研究和技术创新的生产要素的集合,也是技术活动得以展开的主要条件。技术基础资源是科技活动的物质基础,是创造技术成果,是推动整个经济和社会发展的要素的集合。技术基础资源是与科技相关的资源,包括社会技术活动中相关的人、财、物等资源,范围相对比较宽泛。在这里,技术基础资源主要是指技术开发及其相关的物力资源。

(一) 技术资源的整体特征

技术资源要素的本质是资源,具有一切资源所具有的稀缺性、需求性和选择性等特征。同时,由于技术资源所具有的特殊用途,因而有不同于一般意义上的资源特性,具有其特殊的性质。就技术资源要素整体而言,其具有以下一些特征(如图4-3-1所示)。

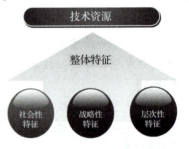

图4-3-1 技术资源的整体特征

1. 社会性特征

科技活动的本质是由具有社会属性并具有特殊知识结构的人——科技人员参与技术资源配置,进行技术生产活动,促进科技成果的产生与转化,从而有助于科技、经济、社会的协调发展。技术资源要素作为对科技活动起基础性作用的支撑要素,具有社会性特征。

2. 战略性特征

随着人类社会的不断发展,科技对经济增长的贡献程度不断加大,促进作用不断增强。一国经济的发展速度与水平在很大程度上是由一国的科学技术水平及科技与经济结合的紧密程度来决定的。因此,科技活动是关乎国家整体发展的战略性活动,技术资源具有战略性的特征。

3. 层次性特征

各种技术资源要素通过相互作用结为一体,在其相互作用的过程中,各要素依据其不同的内容特征，在科技活动中发挥着不同的功能，起着不同的作用。因此，各要素不是处于同一水平上，而是具有等级层次性。

（二）技术基础资源要素的特征

就基础性核心技术资源而言，其对科技活动的支持主要体现在两个方面：一种是知识资源要素的支持；二是物质资源要素的支持。二者的互相配合共同实现对科技活动的基础性支撑作用。而其中最能体现其核心竞争力的是知识资源要素的积累，主要表现为两种形态：一是存在于科技信息资源要素中的显性知识形态；二是存在于科技人力资源要素中的缄默知识形态。一般而言，技术基础资源具有以下特征，如图 4 – 3 – 2 所示。

图 4 – 3 – 2　技术基础资源要素的特征

1. 智慧性特征

技术基础资源要素的形成是建立在人类以往长期的历史积淀和具有创新性的智慧结晶的基础之上。科技活动的成果更多地融进了人类的智力因素，因而具有智慧性特征。

2. 可持续性和高增值性特征

基础性核心技术资源要素的这种知识体现使其有不同于传统资源要素的特点，具有取之不尽、用之不竭、可以重复利用、规模收益递增等特性，从而具有可持续性。另外，技术基础资源要素的投入能产生大大超过其自身价值的成果，从而体现出高收益性。

3. 可继承性特征

任何科技活动都是在前人研究成果的基础上不断地创新和发展的。科技活动产生的这种显性和隐性的知识、经验和技能都是人们宝贵的财富，可以被人们世世代代继承和发展，从而使创新活动成为可能。

4. 开放性特征

科技知识资源要素超越了一般意义上资源对时间和空间的限制，成为一种全球性的资源；尤其是互联网的普及与发展，资讯的传播速度大大拓展了科技知识资源要素的传播空间。另外，科技物质资源要素的区域共享可以在很大程度上提高技术基础资源的配置效率。

5. 外部性特征

技术基础资源投入产生的成果具有非排他性：对社会而言，其具有正的外部性；对科技活动主体而言，则具有负的外部性。

6. 跨越性特征

技术后进国家通过技术引进、消化吸收和技术合作产生的技术溢出效应可以丰富本国的技术基础资源,加快科技核心资源要素的跳跃式发展,从而实现本国的技术跨越和经济增长。

(三) 技术基础资源要素间的特征

技术基础资源要素包含技术市场资源要素、技术制度资源要素、技术文化资源要素等,这些要素之间具有以下一些特征,如图 4-3-3 所示。

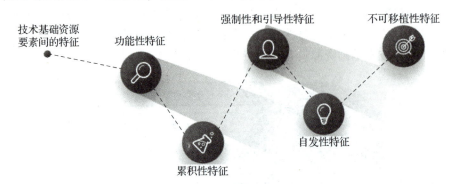

图 4-3-3　技术基础资源要素间的特征

1. 功能性特征

技术市场资源要素、技术制度资源要素和技术文化资源要素具有配置功能,通过对上述基础性核心科技资源要素进行配置来促进科技资源配置效率的提高,以实现其功能。

2. 累积性特征

技术市场资源要素、技术制度资源要素和技术文化资源要素的形成经历了从无到有的过程,其配置功能的有效实现是在对基础性核心资源要素进行配置的过程中不断累积、不断完善而形成的。

3. 强制性和引导性特征

技术制度资源要素的形成是由国家依据科技活动自身的规律性和科技发展的需要来制定的各种政策、法律、法规,并依靠其强制力保障实施的。同时,技术制度资源要素需要对科技文化资源要素和技术市场资源要素加以规范和引导,使其向着有益于国家利益的方向发展。

4. 自发性特征

技术市场资源要素和技术文化资源要素是在基础性核心科技资源要素相互作用的过程中无意识产生的,并随着各种需求的诱导不断完善并发挥作用。

5. 不可移植性特征

技术文化资源要素的形成不是一朝一夕之事,而是科技活动人员在长期从事科技活动的过程中不断产生的,具有强烈的本土性特征。简单的形式上的效仿仅仅是形似,而达不到神似,甚至会造成画虎不成反类犬的尴尬境地。

(四) 技术基础资源的作用机制

1. 诱致性技术基础资源要素间作用机制

技术人力资源要素是诱致性基础资源要素中的"第一要素",在科技活动中,尤其在研发活动中处于核心地位。技术人力资源要素质量的高低、能动性的发挥程度,在很大程度上决定企业的科研水平高低、创新能力的大小。但技术人力资源要素作用的有效发挥有赖于对其起支撑作用的金融资源要素、物质资源要素和信息资源要素的数量和质量。金融资源要素为科技人员开展科技活动提供不可或缺的金融支持，企业研发能力薄弱与金融资源要素投入不足有很强的正相关关系。物质资源要素在科技人员进行研发活动、实现科技成果转化尤其是在基础研发、中试阶段起重要的物质支撑作用。但物质资源要素要与技术人力资源要素的技能水平、吸收能力等人力资源的自身素质相适应。信息资源要素是技术人力资源要素进行研发、科技成果转化与应用的信息支撑，信息资源的丰富与否在很大程度上决定科研人员的创新程度，影响研发水平、创新能力。良好的技术文化资源的形成有助于提高资源配置效率，指导科技活动朝良性循环的方向发展，是一种成本最低的资源配置方式。

2. 强制性技术基础资源要素间的作用机制

强制性技术基础资源要素主要从以下几方面影响科技活动：在研发活动方面，技术人力资源的供给主体主要源于教育培训组织，而教育制度、政策导向很大程度上指导教育组织的培育方向，决定教育组织的供给效率。在科技成果转化与应用方面，科技成果作为半公共物品，具有非排他性，对其产权界定有利于提高科技组织从事科技创新的积极性，有利于科技创新的发生。在科技服务方面，科技服务机构为研发活动和科技成果的转化与应用提供服务，科技服务机构制度的完善有利于提供更加完善、系统的服务，以提高科技活动的效率。

3. 诱致性技术基础资源要素与强制性技术基础资源要素相互间的作用机制

诱致性技术基础资源要素是强制性技术基础资源要素存在、发展的前提和基础。没有诱致性技术基础资源要素作支撑，强制性技术基础资源要素就失去了作用的对象，失去了存在的合理性。强制性技术基础资源要素对诱致性技术基础资源要素起保证、完善的作用。

二、技术壁垒资源

技术壁垒是指科学技术上的关卡，即指国家或地区对产品制定的（科学技术范畴内的）技术标准，如产品的规格、质量、技术指标等。技术壁垒对企业发展具有重要的积极作用，它可以推动技术法规的制定和实施，加速技术和产品质量的提高，推动第三方评审认定制度的开展，推动企业技术性壁垒预警与防护体系的建立。

技术壁垒是以技术为支撑条件，即商品进口国在实施贸易进口管制时，通过颁布法律、法令、条例、规定、技术标准、认证制度、卫生检验检疫制度、检验程序以及包装、规格和标签标准等，提高对进口产品的技术要求，增加进口难度，最终达到保障国家安全、保护消费者利益和保持国际收支平衡的目的。技术壁垒从产品角度看，不仅涉及资源环境与人类健康有关的初级产品，而且涉及所有的中间产品和工业制成品；从过程角度来看，包括研究开发、生产、加工、包装、运输、销售和消费整个产品的生命周期；从领域来看，已从有形商品扩展到金融、信息等服务贸易、投资、知识产权及环境保护等各个领域。技术壁垒体系主要由技术法规与标准、质量认证制度、标签和包装要求、商品检疫和检验规定、环境壁垒、信息技术壁垒构成（如图4-3-4所示）。

（一）技术壁垒的主要特点

1. 合理性

设立技术法规、标准及检验程序，主要是为了保护国家安全及消费者利益，因而有其合理的一面。例如，WTO的有关技术壁垒协议并不否认各国技术壁垒存在的合理性和必要性，只是要求技术壁垒不应妨碍正常的国际贸易，不得具有歧视性。

1. 技术法规与标准
2. 质量认证制度
3. 标签和包装要求
4. 商品检疫和检验规定
5. 环境壁垒
6. 信息技术壁垒

技术壁垒体系

图 4-3-4　技术壁垒体系构成

2. 复杂性

技术壁垒因其涉及的技术和适用范围的广泛性，使其比配额、许可证等其他非关税壁垒形式更为复杂。例如，WTO 允许各国根据自身特点如地理及消费习惯等制定与别国不同的技术标准。因此，要证明技术标准是否妨碍正常的国际贸易并不容易。

3. 隐蔽性

技术标准过高，检验程序过严，都可以影响贸易。要区别一项技术标准或检验程序是否合理往往比较困难。技术壁垒因其合理性和复杂性而具有隐蔽性，不容易遭到报复，这是各国愿意利用技术壁垒的主要原因。

4. 灵活性

不断发展的技术和技术壁垒多样化的形式为灵活运用技术壁垒提供了条件，技术壁垒也较其他关税壁垒更容易实施。

（二）技术壁垒的主要类别

1. 技术法规

技术法规是规定强制执行的产品特性或其相关工艺和生产方法，包括可适用的管理规定在内的文件，如有关产品、工艺或生产方法的专门术语、符号、包装、标志或标签要求。

2. 技术标准

技术标准是经公认机构批准的，规定非强制执行的，供通用或反复使用的产品或相关工艺和生产方法的规则、指南或特性的文件。可见技术法规与技术标准性质不同，其关键区别是前者具强制性，而后者是非强制性的。

3. 合格评定程序

合格评定程序是指按照国际标准化组织（International Organization for Standardization，ISO）的规定，依据技术规则和标准，对生产、产品、质量、安全、环境等环节以及对整个保障体系进行全面监督、审查和检验，合格后由国家或国外权威机构授予合格证书或合格标志，以证明某项产品或服务是符合规定的标准和技术规范。合格评定程序包括产品认证和体系认证两个方面：产品认证是指确认产品是否符合技术规定或标准的规定；体系认证是指确认生产或管理体系是否符合相应规定。当代最流行的国际体系认证有 ISO 9000 质量管理体系认证和 ISO 14000 环境管理体系认证。

(三) 技术壁垒的主要措施

1. 严格、繁杂的技术法规和技术标准

利用技术标准作为贸易壁垒具有非对等性和隐蔽性。在国际贸易中，发达国家常常是国际标准的制定者，他们凭借着在世界贸易中的主导地位和技术优势，率先制定游戏规则，强制推行根据其技术水平定出的技术标准，使广大经济落后国家的出口厂商望尘莫及。而且这些技术标准、技术法规常常变化，有的地方政府还有自己的特殊规定，使发展中国家的厂商要么无从知晓、无所适从，要么为了迎合其标准付出较高的成本，从而削弱了产品的竞争力。

2. 复杂的合格评定程序

在贸易自由化渐成潮流的形势下，质量认证和合格评定对于出口竞争能力的提高和进口市场的保护作用日益凸显。世界上广泛采用的质量认定标准是 ISO 9000 系列标准，此外，美、日、欧盟等还有各自的技术标准体系。

3. 严格的包装、标签规则

为防止包装及其废弃物可能对生态环境、人类及动植物的安全构成威胁，许多国家颁布了一系列包装和标签方面的法律和法规，以保护消费者权益和生态环境。从保护环境和节约能源来看，包装制度确有积极作用，但它增加了出口商的成本，且技术要求各国不一、变化无常，往往迫使外国出口商不断变换包装，失去不少贸易机会。

三、第三方认证资源

在中国，认证机构是经国务院认证认可，监督管理部门批准，并依法取得法人资格，有某种资质，可从事批准范围内的认证活动的机构（根据《中华人民共和国认证认可条例》）。它是一种非国家机关，是一种与企业、事业单位、社会团体等多种性质的组织并行存在的组织机构。目前我国已经有许多专门从事产品质量认证的认证机构公司。

（一）第三方认证机构

第三方认证机构，是指具有可靠的执行认证制度的必要能力，并在认证过程中能够客观、公正、独立地从事认证活动的机构。即认证机构是独立于制造厂、销售商和使用者（消费者）的、具有独立的法人资格的第三方机构，故称为第三方认证机构。

（二）第三方认证发展原因

第三方认证发展原因，一方面源于改革开放后国际贸易增长而带来的需要，另一方面环境问题促进了第三方认证在我国的进一步发展（如图 4-3-5 所示）。

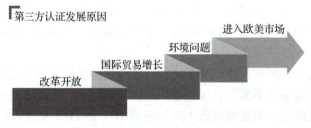

图 4-3-5　第三方认证发展原因

1. 国际贸易增长推动了第三方认证机构的发展

自改革开放以来,国内大量企业不仅仅满足于国内市场的竞争,更希望产品在国际市场上能占有一席之地。特别是中国入世后,国外的关税壁垒被逐步打破,这使中国产品出口获得更多商机。中国的出口贸易在增加,而出口贸易的繁荣带来大量认证需求和商机。但与此同时,以技术法规、标准、合格评定、认证等为表现的"技术壁垒"表现得更为突出,成为中国产品出口最隐蔽、最难对付的障碍。以浙江省义乌市玩具行业为例,义乌市是全国小商品集散中心,在我国对外出口的玩具产品中,义乌玩具占了相当大的份额。义乌玩具行业协会统计数据显示,义乌市场的玩具年销售额超过40亿元,出口比例约占70%,其中出口欧美国家占25%以上。因此产生的巨大检测认证市场空间吸引着国际权威认证机构,它们为本地企业提供便捷的检测认证服务,帮助企业建立完善内部质量自控体系,提供质量许可、体系认证、产品认证咨询和产品安全标准培训服务。可见,国际贸易推动了第三方认证机构在我国的发展。

2. 环境问题也促进了第三方检测认证机构在我国的发展

随着环境问题成为全球关注的焦点,欧盟、美国、日本等纷纷制定出保护环境的法令法规,而且法规执行更加严格,涉及范围扩大。这些法令法规催生了第三方检测认证机构在全球的认证发展。以中国的浙江和广东两省为例,电子产品出口企业密集,特别是中小型企业占据大多数,出口欧盟成员国的产品需要符合欧洲的检测认证要求。在这种形势下,在我国的第三方检测机构推出了有关 ROHS 的检测,为我国电子产品制造企业提供专业测试与相关测试报告服务,以帮助我国产品顺利进入欧洲市场。第三方检测机构对我国出口企业产品的检测结果直接影响到国外购买者的决策,环境因素会为产品与购买者之间建立更加紧密的感情纽带,其中权威第三方认证无疑给购买者增加了信心。

由此可见,在日新月异的国际市场中,企业必须顺应全球贸易、采购、销售方式的不断变化,应对新兴市场带来的影响,扩大产品线和产品种类,缩短产品上市时间,降低成本、减少供应链风险,同时又要在整个商业经营过程中达到质量和安全的要求。当企业面对这些压力和挑战时,第三方认证机构成为不可或缺的有力支持和可靠伙伴,帮助企业解决这些难题。

(三) 第三方认证发展历程

第三方认证在我国的发展历程如图4-3-6所示。从第三方认证机构在我国的发展布局来看,它们的分支机构主要集中在沿海城市,以长三角和珠三角为中心向沿海城市延伸,从北到南,已经在大连、天津、青岛、上海、宁波、温州、厦门、深圳、广州等城市设有分支机构,主要包括德国莱茵 TUV、南德 TUV、北德 TUV、瑞士 SGS、英国 INTERTEK、法国 BVQI、美国 UL 等。它们都是现今世界上知名的独立第三方产品安全测试认证、质量管理体系认证的权威认证机构,也是我国主要的权威第三方认证机构,都具有良好的国际声誉。

第三方认证机构在我国的发展经历了从单一业务逐步发展到多元化业务的过程。由于我国第三方认证市场的竞争并不激烈,而且客户群体相对固定,因此这些国际认证机构都处于市场规模发展的上升阶段,但业务重点不同。莱茵 TUV 在 1989 年进入中国市场,已分别在上海、北京、大连等地设立了 7 个分公司或办事处。南德 TUV 在 1993 年进入中国,北德 TUV 于 1999 年进入中国。经过在 2007 年的并购与市场重组,在中国有业务的主要是莱茵

图4-3-6 第三方认证在我国的发展历程

TUV和南德TUV，并且在医疗器械认证和汽车认证的优势明显。英国INTERTEK是我国最大的第三方认证检测机构之一，于1989年在深圳成立的合资公司（深圳天祥质量技术服务有限公司），是第一家进入中国市场的外资检测机构，主要做纺织品检测。随着业务的不断增长，INTERTEK陆续在我国上海、广州、杭州、大连等40多个城市设立了30多个实验室和70多家分支机构。美国UL在苏州、北京设立独立实验室，2003年1月与中国进出口商品检验总公司成立了合资认证公司（UL美华认证有限公司），目前我国已成为UL在美国本土之外最大的海外市场，经UL授权的工厂已经超过7100家，占全世界UL授权工厂的11.5%，且每年以20%的速度不断增长，它主要对视听产品、照明、家电、信息技术设备、马达、电动工具等产品提供安全测试。瑞士SGS从20世纪90年代开始，已陆续在上海、杭州、深圳等地注册了33个分支机构，业务范围包括消费品、汽车、矿产、石油、农业、政府及公共机构服务。法国BVQI在北京、上海、广州、香港等14个城市设立了办事处及联络处，主要以体系认证为主。2007年1月，北美地区最著名的产品认证机构CSA也宣布在中国大陆地区正式推出对卫浴产品的测试和认证服务。2007年6月，荷兰KEMA在中国温州的CB试验室成为可以测试CB体系项目的正式试验室，KEMA据此成为第一个在中国工业电器元件测试领域的独立外资测试试验室。

四、各类获奖资源

奖项是指为了表彰某个领域中有特殊表现的人或事而设立的项目，也指某一种奖划分的不同类别。获奖是指在物质上获得奖金或奖品，或者在精神上获得奖励。对于企业而言，各类获奖资源有助于企业提高行业知名度，提升企业在行业内的科技水平，帮助企业获得市场客户的肯定和信任，进一步促进企业的健康发展。

（一）各类获奖资源的分类

1. 按照颁奖单位行政级别（从小到大）划分

（1）公司级别奖项和荣誉。由企业颁发给公司部门、分公司、项目部的集体奖项和荣誉。

（2）区县级别奖项和荣誉。由县区级人民政府或相关职能部门颁发给公司、分公司、项目部的集体奖项和荣誉。

（3）局级别奖项和荣誉。由厅局级行政部门颁发给公司、分公司、项目部的集体奖项和荣誉。

（4）市级奖项和荣誉。由市级人民政府或相关职能部门颁发给公司、分公司、项目部的集体奖项和荣誉。

（5）省部级别奖项和荣誉。由省级人民政府或相关职能部门颁发给公司、分公司、项目部的集体奖项和荣誉。

（6）国家级别奖项和荣誉。由国务院或相关部委颁发给公司、分公司、项目部的集体奖项和荣誉。

（7）国际性奖项和荣誉。由国际性组织或其他国家相关组织颁发给公司、分公司、项目部的集体奖项和荣誉。

（8）其他奖项。由相关行业颁发给公司、分公司、项目部的集体奖项和荣誉。

以上这些单位都可以为个人颁发奖项和荣誉。

2. 按照获奖主体划分

（1）集体奖项与荣誉。指以公司、分公司、项目部、专业小组、委员会等名义获得的有关奖项与荣誉。

（2）个人奖项与荣誉。指单位员工以个人名义获得的有关奖项与荣誉。

3. 按奖项和荣誉的内容划分

（1）质量类奖项和荣誉。

（2）安全、文明施工和节能环保类奖项和荣誉。

（3）技术创新与成果、工法工艺创新与成果类奖项和荣誉。

（4）企业文明单位创建、思想政治工作创新与成果、党群工作创新与成果类奖项和荣誉。

（5）文化创新和文化成果类奖项和荣誉。

对于新创企业而言，企业荣誉、员工荣誉奖项等是一种有效的技术资源，应该给予重视、培育和收集，作为激励部门、员工以及吸引客户的一种重要手段和方法。

（一）各类获奖资源的作用

（1）获得资金资助。一般地，创新创业大赛都设置奖金和吸引着投资者关注，参与竞赛的企业，如果项目优秀，不但能够获得奖金资助，还有机会得到投资者的青睐和投资。

（2）对接同行业领域内的资源。通过参加比赛，可以与同行同台竞技，了解行业的情况和需求，了解和掌握更多的行业资源。

（3）可以和政府进行对接。如果比赛是与政府合作举办的，参与赛事并获奖的企业，后面项目在发展的过程中能够和政府进行对接，有机会得到政府的政策扶持。

（4）获得场地支持。一些参赛项目获奖后，能够获得政府的场地扶持，获得减免场地租金或税收减免等优惠。

（5）品牌的宣传与推广。通过平台大赛及路演可以为企业的品牌及项目增加曝光度，有助于进一步开拓市场。在大赛中获奖，还能够提高企业的荣誉度，提高品牌的信任感。

有鉴于此，各类获奖资源对于一个企业的发展是有很大帮助的，它能够带给企业的价值也是非常巨大的。

想一想

随着全球经济一体化的融合,跨境贸易已经成为国家发展与经济交流重要环节。一个双创型企业,面对国际市场优胜劣汰的竞争规则,企业决策者决定组建一个技术资源挖掘团队,来对企业目前的发展规划出谋划策。假设你是团队决策者,请你谈谈你对技术壁垒的了解;技术基础资源的积极作用有哪些?第三方机构的性质是什么?技术性贸易壁垒的主要措施有哪些?如何有效地应用企业现有的各类获奖资源?

思考与练习

1. 【多选题】技术资源要素具有以下哪些特征?(　　)
   A. 社会性特征　　　　　　　　B. 战略性特征
   C. 层次性特征　　　　　　　　D. 技术性特征

2. 【多选题】技术基础资源要素具有以下哪些特征?(　　)
   A. 智慧性特征　　　　　　　　B. 可持续性和高增值性特征
   C. 可继承性特征　　　　　　　D. 开放性特征
   E. 外部性特征　　　　　　　　F. 跨越性特征

3. 【多选题】技术壁垒有以下哪些主要特点?(　　)
   A. 合理性　　B. 复杂性　　C. 隐蔽性　　D. 灵活性

4. 【多选题】第三方认证在中国的发展原因有以下哪些?(　　)
   A. 源于中国改革开放后国际贸易增长而带来的需要
   B. 环境问题促进了第三方认证在中国的进一步发展
   C. 国内贸易的需要
   D. 投资者的需要

5. 【多选题】对于企业,各类获奖资源有以下哪些作用?(　　)
   A. 获得资金资助
   B. 对接同行业领域内的资源
   C. 可以和政府进行对接
   D. 获得场地支持
   E. 品牌的宣传与推广

6. 【填空题】就基础性核心技术资源而言,其对科技活动的支持主要体现在两个方面:一是_____;二是_____。

7. 【填空题】技术基础资源的作用机制主要包括_____、_____和_____。

8. 【填空题】技术壁垒的主要类别包括_____、_____、_____。

9. 【填空题】第三方认证机构在中国的发展经历着从_____逐步发展到_____的过程。

10. 【填空题】对于企业而言,_____有助于企业提高行业知名度,提升企业在行业内的科技水平,帮助企业获得市场客户的肯定和信任,进一步促进企业的健康发展。

评价与分析

学习过程评价表（学生自评、互评，教师评价）

班级		姓名		日期	月　　日	配分	自评	互评	教师
评价	平时表现评价	1. 出勤情况 2. 遵守纪律情况 3. 学习任务完成情况，有无提问记录 4. 是否主动参与学习活动				30			
	创业知识	1. 了解技术资源的特征与作用 2. 熟悉技术壁垒的特点与类别 3. 熟悉技术基础资源的作用机制 4. 了解第三方认证和获奖资源的应用				20			
	创业实践	1. 创业实践任务：列出一份你所拥有的技术资源清单				10			
		2. 创业实践任务：制作一份企业技术壁垒清单				10			
		3. 创业实践任务：完成一份企业各类获奖资源的目录				10			
	综合能力	1. 能否使用技术资源专业用语表述问题 2. 能否通过交流访谈，了解技术壁垒、第三方机构等相关信息 3. 能否与团队成员、专家主动交流、积极合作完成各类获奖资源的信息收集与整理 4. 能否独立制定技术资源清单及获奖资源目录				20			
		合计				100			
教师评语									

> **创新创业名句：**
> 采用原始创新去开发新技术，而原始创新要有科学技术知识的积累。
> ——闵恩泽

单元四

开拓市场资源

知识目标

1. 熟悉行业协会资源的作用及其影响；
2. 熟悉市场潜在资源的作用与发掘途径；
3. 了解企业运用资源的分类和方式步骤。

能力目标

1. 懂行业协会资源的应用和作用；
2. 能分析和发掘市场潜在资源；
3. 会挖掘和运用所拥有的企业资源。

素质目标

1. 具有对行业协会资源的参与合作意识；
2. 拥有对市场潜在资源的实践钻研态度；
3. 具备新创企业运用资源的竞争精神；
4. 具备中国社会主义核心价值观的和谐品质。

知识导图

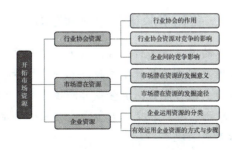

重点难点

1. 行业协会资源对竞争的影响；
2. 市场潜在资源的发掘途径；
3. 企业运用资源的方式。

教学资料

视频资料

课件资料

案例及分析

【案例1】

行业协会助力企业开拓市场

2017年，国内某市的鞋革产业产值突破了1000亿元，鞋类出口企业已达800多家，鞋类产品出口到全球150多个国家。2018年，该市鞋革产业完成工业总产值1023亿元。然而在该市行业协会成立之前，该市鞋革产业进军欧洲市场，却没有获得意大利米兰的米卡姆鞋展接受进入。该市行业协会成立后推动了该市鞋业进入了意大利米兰的米卡姆鞋展，这一举措对于中国品牌进入国际具有非常大的意义。同时在欧盟反倾销期间，该市鞋业协会组织100多家企业应对欧盟反倾销，历时整整6年时间，最后终于打赢了官司。其中，协会花费了巨大的人力、精力，协会会长曾经亲自到比利时欧盟总部对簿公堂。协会带领会员企业做这件事，并不光是为了自己的企业，而是为了中国的品牌不受外国的歧视。诸如此类的鞋类的风波非常多。例如2005年俄罗斯"灰色清关"，俄罗斯的这一政策对中国鞋类企业尤其是该市鞋类企业影响巨大，该市鞋占全中国进入俄罗斯鞋的85%，俄罗斯警察查中国的鞋，没收后没有一张收据，没有一张扣留单，导致诉告无门。在没有成立行业协会的日子里，企业过得非常艰难。通过协会，解决了企业许多问题，改善了企业的艰难困境。

【分析】

行业资源是值得新创企业关注的一个重要资源。其中行业协会有着重要的作用。新创企业普遍缺乏资源，加入对应的行业协会，可以与行业协会一起共同发展，也能通过行业协会获得更多的发展资源。

【案例2】

善用资源让企业顺利发展

微信支付是腾讯集团旗下的第三方支付平台，致力于为用户和企业提供安全、便捷、专业的在线支付服务，为个人用户创造了多种便民服务和应用场景。微信支付为各类企业以及小微商户提供专业的收款能力，运营能力，资金结算解决方案，以及安全保障。用户可以使用微信支付来购物、吃饭、旅游、就医、交水电费等。企业、商品、门店、用户已经通过微信连在了一起，让智慧生活变成了现实。

2011年1月，微信正式上线，微信时代正式开启。如今微信已蜕变为日活超过10亿的国民应用，而且早已超出最初的通信、社交范畴，成为与用户生活和工作息息相关的App。

微信支付让你告别钱包：2013年8月，微信支付正式上线，起初用户增长缓慢，真正一炮而红是在2014年春节。凭借社交裂变加春晚流量加持，微信红包成为当年最火的新年利是，助力微信支付短短2天绑定2亿张个人银行卡，而支付宝为此用了8年。推广移动支付的关键在于场景布局,因此,在热门消费场景,例如打车、餐饮、商超、停车场等,总能看到微信支付的身影,覆盖的消费场景无处不在,用户受益越多。

小程序让你用完即走:小程序于2017年1月正式上线,它最大特点在于无须下载、即搜即用,用完即走。表面上看,小程序可以替代不常用的App,为用户手机内存减负,但更大作用在于帮助微信完善自身生态圈,既笼络大量开发者,也尽可能俘获更多用户。小程序上线之初,因UI设计、大小限制、用户体验等问题而遭到业内唱衰,但其成功地经受住考验,现在在电商、游戏等行业应用广泛。如今,小程序已成为大热的行业风口,成为标配,阿里、百度、字节跳动等互联网大厂均推出自家的小程序平台,小程序生态不断走向繁荣。

小程序不仅服务于广大开发者和用户,也服务于微信。尽管微信生态三大板块——公众号、朋友圈、微信支付分工明确,但并没有实现无缝打通。小程序出现后情况大为改观,使微信可以更好地连接一切(人和服务),形成了"微信互联网"。

【分析】

掌握好企业自身的资源,并有效地运用企业资源,对于新创企业稳定发展而言是一个非常重要的因素。从微信发展的案例可以看出,善用和活用企业资源一并进行技术创新,将有助于企业不断发展壮大。

一、行业协会资源

行业协会是指介于政府、企业之间,商品生产者与经营者之间,并为其服务、咨询、沟通、监督、公正、自律、协调的社会中介组织。行业协会是一种民间性组织,它不属于政府的管理机构系列,而是政府与企业的桥梁和纽带。行业协会属于《中华人民共和国民法典》规定的社团法人,是中国民间组织社会团体的一种,属非营利性机构。

行业协会资源是指包括行业主管政府和行业中的服务组织(行业协会或商会等)在内的,以行业企业为核心的各种社会组织所拥有的和具备的各种物质资源和人力资源。行业协会资源是一种企业组织所处经营领域的重要资源。

(一) 行业协会的作用

1. 经济作用方面

国际市场竞争中,为减弱负面影响,根据国际的实践经验,行业协会组织在保护国内产业、支持国内企业增强国际竞争力方面,起着重要的协调作用(如图4-4-1所示)。

(1) 维护本国经贸利益。当利用WTO保障条款时,应向WTO提供全面详细可靠的证据,证明某种商品的进口数量或市场占有率的增长,对本国同类产品的影响或可能产生的影响或不利的趋势等。这些证据都需要有翔实的数据资料。显然,这种工作不可能由一个或几个厂商来完成,同时这些工作也不能靠政府有关部门来完成。正是由于单个企业和政府管理部门的作用受到限制,行业协会才担当重要角色。

(2) 协助企业实施反倾销、反补贴等法律措施并作为申诉中的提诉人。反倾销、反补贴是许多国家保护国内产业非常重要的手段,也是WTO有关协议允许成员方采用的反不正当竞争的措施。从各国的实践看,行业协会作为申诉人的案件占绝大多数,而以政府反倾销机构或单个企业作为申诉人的情况十分罕见。这是由于反倾销本身就是行业问题。反倾销申诉书应包括存在倾销和由此对该国国内工业造成损害的充分证据。这些资料的提供都需要行

图 4-4-1　行业协会的经济作用

业协会组织有关企业共同努力才能完成。

（3）帮助企业解决争端，协助企业应诉。对外开放以来，中国的出口产品在国外遭受反倾销的案件逐年增多，平均每年损失 100 多亿美元。行业协会应一方面通过协调规范本行业企业行为，尽可能减少外方对中方的提诉；另一方面，在外方提诉时，积极出面组织应诉，以减少损失。例如，在 20 世纪 90 年代初，欧盟和加拿大诉中国自行车倾销案中，企业分别应诉，在提供资料和证据中出现了自相矛盾的地方，授人以柄，不但没有争取到单独关税，还被取消普惠制待遇。而同时受到指控的中国台湾地区，由行业协会统一组织应诉，被判定零税率。

（4）发挥行业协会的协调作用。在开拓国际市场时，由行业协会出面协商，在自愿的基础上组织企业的生产、销售、价格、售后服务等方面的联合行动，以发挥集团军的优势。中国和其他一些发展中国家，往往采取以较低的价格打入国际市场的战略，而且常常出现企业竞相压价的现象，这种行为很容易遭到进口国的反倾销、反补贴的诉讼。如果行业协会在协调本行业出口商品的价格时确立最低限价，就能保护本国产品在国际市场上的合理价格，从而可避免企业竞相压价现象，并减少国际贸易的摩擦。

2. 法治价值方面

法治的发展历程漫长而复杂，权利保障、权力制约和规则至上，一直是法治的核心价值，它们构成了近代以来法治发展的动力和基础。分析行业协会的功能可以发现，行业协会蕴含着重要的法治价值（如图 4-4-2 所示）。

（1）全面地实现并保障经济主体的私权利：

①满足协会成员共同需要，保障经济主体私权利的实现。保障经营者的私权利是行业协会产生的最初动因。在行业协会的发展史上，它是在手工业和工商业的生产经营者与封建统治者对抗的过程中，作为所属行业经营者集体利益的代表者而产生的。行业协会设立的根本目的，就在于借助集体力量来满足同行业企业的共同需要，由行业协会来为所属行业的企业提供它们所需要的一些特殊公共服务，以弥补政府职能的不足。对每个企业而言，行业协会为所属行业的企业提供它们所需要的各种服务，可以有效地保障经济主体私权利的实现。

图 4-4-2 行业协会的法治价值

②集中表达经济主体的利益主张和权利要求，促使群体的利益得到尊重和维护。行业协会是由具有相同利益和需要的经济主体结合而成的团体力量，代表行业整体利益，将行业中各个经济主体分散的利益要求统一起来，集中表达于国家法律、政策的制定过程，使本群体的利益得到尊重和维护，实现了"代表"与"参与"的必要融合，从而为民主与法治运行机能的正常发挥创造了有利条件。

（2）制约并保障公权力的良性运作。分散孤立的个人和企业的影响力和资源是有限的，以行业协会为代表的民间社会组织拥有重要社会力量和行业资源。这表现在：首先，行业协会以组织化、群体化的形式，把个体力量凝聚起来，作为同行业经营者的代表组织集体行动，形成相对强大的力量，有组织地抵制那些不合理或不合法的规则；其次，行业协会能够以组织所拥有的各种资源、专业技能和专门知识，为会员企业提供一种虽然特殊但往往非常有效的表达途径，引导和处理协会成员所属群体的利益和诉求。

（3）构筑社会经济秩序的自我调控机制。多元利益的冲突与整合是市场经济条件下的重要社会特征，必须有一种开放、畅通的熔炉式利益表达和实现机制，才能减少多元利益的摩擦、冲突，维护社会的稳定。行业协会能够以其自治性组织活动，构筑社会经济秩序的自我调控机制。

首先，作为行业利益代表的行业协会，通过纵向沟通和横向协调，为这一机制的确立提供重要支持。一方面，通过行业协会这一中介，企业与政府之间得以进行充分沟通。行业协会可以代表本行业迅速地把利益诉求和权利主张传递到政府决策过程之中，同时也把政府决策过程中的信息反馈给会员企业，从而架起了国家与企业的沟通桥梁，在企业与政府间建立起一种长久可靠的信任机制。另一方面，通过行业协会，协会成员之间可以进行利益协调。面对不同成员之间的利益矛盾和意见分歧，行业协会能够以其组织的力量，进行互谅互让、放眼全局的自我协商和化解，从而促进自觉、稳定的行业秩序的形成。行业协会通过其沟通与协调功能，实现了行业内群体利益与国家利益的沟通以及行业内部力量的自我协调与平衡，从而提供以自我调控为基础的自生自发秩序。

其次，行业协会作为一种自治性民间社会组织，通过行业规则实行自律管理。行业规则是典型的内部规则，它是在对行业内各个企业的权利和利益进行协调、平衡的过程中，通过谈判、协商、妥协等方式达成的一种共识，由协会成员共同遵守。行业自律管理能够培养协会成员的理性自律精神，避免非理性的集体行动，促进利益和权利诉求的理性化和程序化，同时在行业内部形成一种自生自发的秩序——自律秩序,即一种"私序"。相对于国家制定法所建立的秩序而言,当国家制定法缺位或有局限时,行业规则所建立的"私序"就成为国家制定法所建立秩序的一种重要补充和替代。因此,行业协会通过自律功能实现了对经济秩序的自我调控,成为促进社会经济秩序建立的重要力量。

(二)行业协会资源对竞争的影响

行业协会资源主要包括5种要素:买方对行业内企业的影响、供应方对行业内企业的影响、替代品威胁、新加入者的威胁、行业内企业的竞争(如图4-4-3所示)。这5种要素共同作用,决定了行业竞争的性质和程度,它们是形成企业在某一竞争领域内竞争战略的基础。作为新创企业的经营管理者,应充分了解这5种要素是怎样影响竞争资源的,并由此明确在该行业中,企业应当处于什么样的战略地位。

图4-4-3 行业协会资源的5种要素

1. 买方对行业内企业的影响

买方对行业内企业的影响主要取决于买方与行业内企业的讨价还价能力。主要包括以下因素:

(1)行业内企业产品的差别程度。如果行业内企业的产品是差别化的,那么行业内企业在与买方的交易中就占有优势;反之,如果行业内企业的产品是标准化的或差别很小,那么买方在交易中就占有优势,而且会使行业内企业的产品价格下降。

(2)买方对价格的敏感程度。如果客户对价格很敏感,那么客户就会对行业形成较大的成本压力。在以下几种情况下,客户可能会对价格很敏感:一是涉及的原材料对客户产品成本的比例很大;二是涉及的原材料对客户产品的整体质量无关紧要;三是客户的边际利润已经很低。

(3)买方拥有行业内企业成本结果信息的程度。客户拥有供应商成本信息越准确,客户的讨价还价能力越强。一些大的客户强烈要求获得供应商的成本数据。在供应商的生产成本下降后,客户也要求同比例地降低价格。

(4)买方行业与供应商行业的集中程度。如果买方行业的集中程度大,供应商只能将产品卖给很少几个客户,此外别无市场,那么买方就拥有较大的谈判优势;反之,如果供应商的行业很集中,买方除了可以在少数几家供应商中买到这种产品别无选择,那么供应商就会比较主动。

(5)买方采购量的大小。如果买方采购规模大,则买方就拥有较大的谈判优势;反之,则行业内企业在与买方的交易中就占有优势。

(6)买方的转换成本。如果买方因为转向购买替代品而使产生的转换成本很小,买方对行业内企业的压力就比较大;反之,买方就比较容易被行业内企业"套牢"。

（7）购买者后向一体化的可能性。后向一体化即购买者也开始从事上游原材料的制造和销售，也就是说，进入供应商的经营领域，从而取得一系列优惠条件。

2. 供应方对行业内企业的影响

供应方对行业的影响也很大。例如，供应方可以通过提价来转嫁他们不断上升的成本，或降低所提供的商品或服务的质量来降低成本。但要使得这样的变动长期有效，供应商应该比他们的顾客更具有讨价还价的能力。供应方对行业的影响因素及其影响作用的机理与上面提到的"买方对行业内企业的影响"的内容基本相同。

3. 替代品威胁

替代品给行业产品的价格规定了一个上限。因为当一种产品的相对价格高于替代品的相对价格时，人们就转向购买替代品。

4. 新加入者的威胁

来自行业外的影响力量是潜在的入侵者。一般而言，当行业具有较高的投资回报的时候，就会吸引很多潜在的加入者。新加入者的竞争会导致整个行业内平均利润下降，除非行业市场正处在迅速扩张时期。潜在加入者是否会真的采取行动加入行业中来，取决于加入者对行业屏障的认识，包括进入屏障和退出屏障。进入屏障就是企业为进入某一个新行业所要克服的困难（或承担的风险）；退出屏障就是企业要退出某一个行业所要承担的损失。

5. 行业内企业的竞争

行业内的企业并不都是竞争对手，通常的情况是既有竞争又有合作。理解这一点非常重要。广告战、价格战、服务战等竞争方式比比皆是，但技术合作、委托制造、合资联盟，甚至各种内部的结盟也随处可见。

（三）企业间的竞争影响

企业间的竞争影响包括行业内企业的数量和力量对比、行业市场的增长速度、行业内企业的差别化与转换成本、战略赌注、游戏规则、行业的分散与集中程度、投入与退出壁垒等（如图4-4-4所示）。

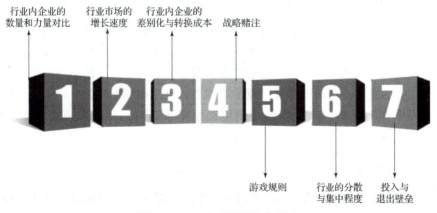

图4-4-4 企业间的竞争影响

1. 行业内企业的数量和力量对比

当行业内企业的数量较多且力量比较均衡的时候，总会有企业采取某些竞争手段，引发行业的动荡。当企业数量很多且力量又不平衡时，中小企业则要按照"龙头老大"——行业的领导者所建立的游戏规则行事，这样的行业比较稳定。而当企业数量少但规模都很大时，行业表面比较平静，竞争潜流在深处涌动，直到发生引致行业结构变化的"大地震"。

2. 行业市场的增长速度

行业市场增长迅速时期，竞争强度弱一些，各自都在忙着收获。而当行业市场增长缓慢或进入衰退时，市场份额之争常会非常激烈。

3. 行业内企业的差别化与转换成本

当行业内企业营销战略差别化程度比较高时，即每个企业都服务于一个差别化的细分市场时，竞争程度较低。而当差别化程度很低时，竞争就较为激烈。这也是战略管理强调定位的主要原因。如果一个企业可以轻易地转换到另一个企业的细分市场上，这时行业竞争就会激烈，会有很多的模仿者。反之，如果一个企业能够形成别的企业无法模仿的差异化，这时的竞争压力就会相对弱一些。

4. 战略赌注

行业内企业对在本行业内发展的战略赌注下得越大，竞争就会越惨烈；反之，则会和缓一些。

5. 游戏规则

在许多传统行业，由于历史的原因，沉淀了具有行业特色的游戏规则，企业只能在游戏规则的范围内竞争，很少越雷池而动。否则，没有规则制约，竞争就更加剧烈，价格变动也更频繁。

6. 行业的分散与集中程度

分散与集中，指的是行业销售额在行业内企业间的分配比例。当少数几家企业控制了行业很大一部分销售额的时候，则称这个行业具有较高的集中程度，反之称其为分散的。一些行业是集中的，如石油化工，因为它要有较大的初始投资；而有的行业是分散的，如修鞋。但绝大部分行业，都有一个由分散到集中的发展过程。分散行业竞争比较弱，而集中行业则具有较高强度的竞争，尤其是在由分散向集中过渡的时期。

7. 投入与退出壁垒

退出壁垒既有经济上的、战略上的，也有感情上的。经济上的投入越大，特别是固定的专用资产投入越大，退出就越困难，就越容易形成死守阵地的殊死搏斗。员工安置等成本过高，也是影响退出的重要壁垒。退出一个行业常常还会在战略上牵连其他业务，有时其损失是巨大的。感情也是一种退出壁垒，它包括主要领导的感情、员工的感情、顾客的感情、公众的感情和政府的感情。退出壁垒高，竞争就激烈，反之则相对和缓。广义上可以把退出壁垒也看作入侵壁垒的一种。当企业估计到退出壁垒很高时，对进入该行业就要持谨慎的态度。

二、市场潜在资源

潜在市场，通常是指客观存在的，由于诸多因素的影响而未显露或未成熟的市场。同时也是表明对某个在市场出售的商品有某种程度兴趣的顾客群体。市场潜在资源由那些对某种产品具有一定兴趣的顾客及其相关社会及物质资源构成。例如，对一家经营摩托车的公司来说，当地凡是对摩托车有兴趣的人都构成了该产品的市场潜在资源。

（一）市场潜在资源的发掘意义

随着社会资源的日益丰富，同类产品间的差异也越来越小，因此要想在激烈的市场竞争中比对手棋高一着、超前一步,就要善于把握市场上出现的新机遇、新趋势,要出奇制胜。一个产品在市场上容量总是有限的,仿效别人的做法,将别人的成功经验照搬照抄、亦步亦趋,绝无胜人一筹的可能,只能在已有的市场中分一杯羹,最终陷入价格战的泥潭,成为少数成功者的垫脚石。因此有远见的人多从"推陈出新"的角度去考虑,不是将太多的精力浪费在与竞争者争夺既有的有限市场上,而是去开拓新的市场,即挖掘潜在市场,取得第一桶金。这就要思在消费者前面,想到消费者的心中,要在第一时间将消费者的潜在市场需求变成现实需求,把潜在市场开发为企业的现实市场。

(二)市场潜在资源的发掘途径

如何有效挖掘潜在市场,是因势、因事、因人、因时、因地的产物。尽管其表现形式千姿百态、百家争鸣,但究其源由,不外乎一个"变"字,这样企业或个人在激烈的市场竞争中,才能以变应变,以一变应万变。市场潜在资源的发掘途径可以采用6种方式,如图4-4-5所示。

图4-4-5 市场潜在资源的发掘途径

1. 举一反三,相关挖潜

一种新产品的产生,可能牵动若干相关或类似产品的出现,涌现一系列的潜在市场。例如:两个青年一同开山,一个把石块儿砸成石子运到路边,卖给建房人,一个直接把石块运到码头,卖给杭州的花鸟商人。因为这儿的石头总是奇形怪状,他认为卖重量不如卖造型。3年后,卖怪石的青年成为村里第一个盖起瓦房的人。后来,不许开山,只许种树,于是这儿成了果园。每到秋天,漫山遍野的鸭儿梨招来八方商客。他们把堆积如山的梨子成筐成筐地运往北京、上海,然后再发往韩国和日本,因为这儿的梨汁浓肉脆,香甜无比。就在村上的人为鸭儿梨带来的小康日子欢呼雀跃时,曾卖过怪石的人卖掉果树,开始种柳,因为他发现,来这儿的客商不愁挑不上好梨,只愁买不到盛梨的筐。5年后,他成为第一个在城里买房的人。再后来,一条铁路从这儿贯穿南北,这儿的人上车后,可以北到北京、南抵九龙。小村对外开放,果农也由单一的卖果开始发展果品加工及市场开发。就在一些人开始集资办厂的时候,那个人又在他的地头砌了一道3米高百米长的墙,这道墙面向铁路,背依翠柳,两旁是一望无际的万亩梨园,坐火车经过这里的人,在欣赏盛开的梨花时,会醒目地看到墙上的广告图案。那道墙的主人仅凭这广告,每年就收获了丰厚的额外收入。

2. 市场转移,差异挖潜

国家、地区之间存在着风俗、传统、习惯、生活方式和社会制度的差异,而这种差异越大,潜在的市场也就越多。例如:某公司通过市场调查发现,农民种植的一根玉米在当地只能卖一毛多钱一个,而在一些大城市春节期间一根玉米可以卖到 3 元以上,也就是说,可以获得几十倍的利润。于是,该公司巧用时间和地区差,先用托管的形式让当地的农民种植了 5000 亩晚秋玉米,采摘下来后把鲜嫩玉米套上真空保鲜膜,然后放入仓库保存。到了春节之将这批玉米投向市场,只此一项就赚了 300 多万元。

3. 因势利导,相近挖潜

任何一种产品,在一个国家或地区出现之后,与其技术、经济发展状况相近的国家、地区存在着潜在市场的可能性极大。例如:上海有位老板到广东出差,在广州看到有家饭店前面排成长队,上前一看,原来是一家鲜花美食店,该店有近 40 种食用花,因为鲜花有美容及保健等功能而备受顾客青睐。老板大受启发,认为广州能够热销则在上海也一定会有市场。回到上海,他就查阅大量资料并与相关花卉专家联系,了解可食用鲜花的情况,并经过多次广州考察及上海市场调研,确定了品种后,在郊区开发了种植园,专门种植可食用鲜花。最先种植并出售的是既好看又鲜美的芝麻菜花,接着又推出紫罗兰、三色紫罗兰、菊花、蒲公英等。因为七彩缤纷,色香味俱全,一经推出后,客如云来。

4. 开辟蹊径,扩散挖潜

市场上陆续涌现的商品,都有一个逐步由发达地区向欠发达地区、由城市向农村扩散的过程,其间有一些潜在市场且市场量颇大。例如:在洗衣机从城市向农村扩散的过程中,海尔独具慧眼,开发了既能洗衣又能洗马铃薯的洗衣机,赢得了一方市场。

5. 扬长抑短,弊端挖潜

当一种产品出现后,随着时间的推移、环境的变化,其缺点也会不断暴露出来,同时与此相适应的潜在市场立即涌现。例如:在国际市场上,我国的金鱼苗、鳗鱼苗很受欢迎,可是盛鱼的工具落后,空运死亡率达到 50% 以上,影响了销售及竞争。针对这一缺点,南京一家塑料厂组织人员攻关,经过无数次试验,最终研究出了塑料封鱼苗箱,放入鱼苗后,连续振荡 77 小时,无一条鱼苗死亡。此消息一出,天津、广东等客户上门抢货,当年销售利润增长了 3 倍。

6. 调研剖析,细分挖潜

根据消费者需求方面的差异,把整个市场划分为若干个分市场,通过对分市场的研究,找到最有利的潜在机会,扩大产品销路,提高产品市场占有率。例如:某治疗咽喉药品厂商作为市场领导者,已独占了市场 40% 的份额,如果竞争对手以同样产品与其竞争,肯定会困难重重。但是,竞争对手利用咽喉用药市场产品需求差异化和目标市场群落化的特点,开发出细分的针对性产品,以针对"烟民"为细分市场切入,绕开正面的竞争,进入细分市场。

三、企业运用资源

企业资源是指任何可以称为企业强项或弱项的事物,任何可以作为企业选择和实施其战略的基础条件和保障事物,如企业的资产组合、属性特点、对外关系、品牌形象、员工队伍、管理人才、知识产权等。企业成长的过程,是企业运用资源的过程,也是企业资源聚集的过程。企业市场的竞争优势,多表现在企业运用与聚集资源优势的竞争之上。企业聚集优势资源,首先必须明确企业聚集优势资源的目标。一般来说,企业聚集优势资源的主要目标有:为了更好地满足企业发展的需求,拥有与众不同的资源,满足企业差异化经营的需要;拥有较大数量的资源,增强企业竞争的基础;想方设法增强企业有效资源的寿命,提高其含金量。

(一) 企业运用资源的分类

企业运用的资源可以分为外部资源和内部资源(如图4-4-6所示)。企业的内部资源可分为人力资源、财务资源、实物资源、信息资源、技术资源、管理资源、时空资源、品牌资源、文化资源等,而企业的外部资源可分为市场资源、产业资源、行业资源、杠杆资源等。

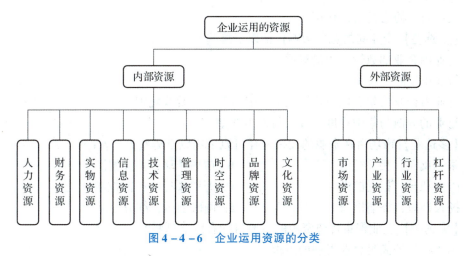

图4-4-6 企业运用资源的分类

(二) 有效运用企业资源的方式与步骤

有效运用企业资源的方式与步骤,包含合理分配资源、有效整合资源、快速积累资源、有效保护资源等4个部分(如图4-4-7所示)。

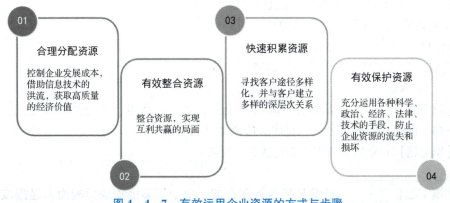

图4-4-7 有效运用企业资源的方式与步骤

> **想一想**
> 作为新创企业，资源有限，面对市场的激烈竞争，借助一切可以依托的资源是一个有效的途径。假设你是企业决策者，请你谈谈你对行业协会的了解：行业协会对于企业都有哪些积极作用？如何通过行业协会发掘市场潜在资源？

思考与练习

1. 【多选题】从经济作用方面来看，中国行业协会组织在保护国内产业、支持国内企业增强国际竞争力方面，起着以下哪些重要的协调作用？（　　）
   A. 维护本国经贸利益
   B. 协助企业实施反倾销、反补贴等法律措施并作为申诉中的提诉人
   C. 帮助企业解决争端，协助企业应诉
   D. 发挥行业协会的协调作用

2. 【多选题】企业间的竞争影响包括以下哪些？（　　）
   A. 行业内企业的数量和力量对比
   B. 行业市场的增长速度
   C. 行业内企业的差别化与转换成本、战略赌注、游戏规则
   D. 行业的分散与集中程度、投入与退出壁垒

3. 【多选题】市场潜在资源的发掘途径可以采用以下哪些方式？（　　）
   A. 举一反三，相关挖潜
   B. 市场转移，差异挖潜
   C. 因势利导，相近挖潜
   D. 开辟蹊径，扩散挖潜
   E. 扬长抑短，弊端挖潜
   F. 调研剖析，细分挖潜

4. 【多选题】企业聚集优势资源的主要目标有以下哪些？（　　）
   A. 为了更好地满足企业发展的需求
   B. 拥有与众不同的资源，满足企业差异化经营的需要
   C. 想方设法增强企业有效资源的寿命，提高其含金量
   D. 拥有较大数量的资源，增强企业竞争的基础

5. 【多选题】行业协会的法治价值包括以下哪些部分？（　　）
   A. 全面地实现并保障经济主体的私权利
   B. 制约并保障公权力的良性运作
   C. 构筑社会经济秩序的自我调控机制
   D. 以上均不是

6. 【填空题】_____是指介于政府、企业之间，商品生产者与经营者之间，并为其服务、咨询、沟通、监督、公正、自律、协调的社会中介组织。

7. 【填空题】行业协会资源主要包括5种要素：_____、_____、_____、_____、_____。

8. 【填空题】_____通常是指客观存在的，由于诸多因素的影响而未显露或未成熟的市场。

9. 【填空题】企业的外部资源可分为_____、_____、_____、_____等。

10. 【填空题】有效运用企业资源的方式与步骤包含 _____、_____、_____、_____ 等 4 个部分。

评价与分析

学习过程评价表（学生自评、互评，教师评价）

班级		姓名		日期	月	日	配分	自评	互评	教师
评价	平时表现评价	1. 出勤情况 2. 遵守纪律情况 3. 学习任务完成情况，有无提问记录 4. 是否主动参与学习活动					30			
	创业知识	1. 了解行业协会的作用与影响 2. 了解市场潜在资源的发掘意义 3. 熟悉运用企业资源的方式与步骤					20			
	创业实践	1. 创业实践任务：列出一份你想加入的行业协会清单					10			
		2. 创业实践任务：制作一份市场潜在资源的分析报告					10			
		3. 创业实践任务：完成一份运用企业资源的工作方案					10			
	综合能力	1. 能否使用市场资源专业用语表述问题 2. 能否通过交流访谈，了解行业协会、专家顾问的相关信息 3. 能否与指导教师、专家主动交流，了解并掌握市场潜在资源 4. 能否独立制定运用企业资源的方式、方法和方案					20			
	合计						100			
教师评语										

> **创新创业名句**
> 成功自是人权贵，创业终由道力强。
> ——梁启超

单元五

传播效益资源

知识目标

1. 熟悉经济效益分析的定义与优势；
2. 熟悉社会效益的评估作用、内容和特点；
3. 了解就业效益分析的定义与分析指标；
4. 了解大学生创业效益分析及其评估准则。

能力目标

1. 能对创业项目进行经济效益分析；
2. 会对创业项目的社会效益进行评估；
3. 懂分析创业项目的就业效益；
4. 懂大学生创业效益分析。

素质目标

1. 具有对创业项目经济效益分析的经营意识；
2. 拥有对创业项目社会效益分析的公益态度；
3. 具备创新创业企业的使命感和奉献精神；
4. 具备中国社会主义核心价值观的友善品质。

知识导图

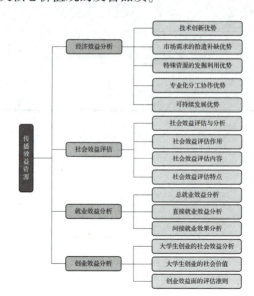

重点难点

1. 新创企业经济效益分析的优势；
2. 社会效益分析的评估内容。

教学资料：

视频资料

课件资料

案例及分析

【案例1】

技术创新研发巧提效率增效益

福州电务段主要负责福建省境内铁路信号设备的日常检修、养护工作。随着铁路信号设备多次换代升级，有一些工作方法或作业工具设备已不能满足高质量维护检修的需要。其中信号集中监测系统电流模拟量监测不精确，导致完成一次集中监测系统校准居然需要4个职工用掉15个"天窗"点才能完成。为克服传统信号集中监测系统测试须三人配合、测试值波动频繁、数据准确率不高等问题，福州电务段的技术团队通过技术创新研发，设计生产出了"信号集中监测系统电流精度校核仪"，短短十几秒就能测出精确至毫安的数据，工作效率提高40倍，并且可以满足长时间、高密度的使用。此外，技术团队还研发了"铁路信息系统智能协议分析仪"，一举解决了工程导通试验、信号设备日常维护、故障处理等作业过程中走弯路的问题，节省了大量人力、时间和生产成本。这些创新研发产品通过转化推广，直接销售额达到了100余万元，既提高了效率也降低了成本，从而提升了经济效益。

【分析】

技术创新有助于企业改进工作效率，提高工作质量，从而降低成本，提高经济效益，带来社会效益。因此，技术研发和创新是创新企业的根本和核心，是企业发展壮大，取得经济效益，获得社会效益的基础和保障。

【案例2】

节能减排让企业社会和经济效益双提升

深科技为深圳市重点能耗企业，是率先进入碳排放权市场的企业之一。企业通过不断加大节能减碳力度，取得了显著的经济和社会效益。例如，通过节水项目全年总节水量达12万吨，污泥干化项目使危险废弃物（含铝污泥）减重达70%以上，上年度总收益逾百万元；通过黑带项目、绿带项目和快速改善的流程优化和节能减排，上年度共节约资金近千万元，节约能源约200吨标煤，减少碳排放530吨。减少碳排放，不仅降低了生产成本，而且赢得了客户的尊重和信赖。深科技企业自参与碳排放权交易以来，公司实际碳强度从最高3.563下降到0.834，下降幅度高达76%，实现了从"碳配额短缺"到"碳配额富余"的转变。与此同时，过去这几年企业工业增加值每年都有过亿元的增长。企业尝到了甜头，形成了良性循环，更愿意把碳减排工作做好。

【分析】

企业在得到经济效益的同时，也要注重社会效益。通过技术创新，实现节能减排、绿色发展，既是企业提升竞争力、迎合市场要求的需要，也是企业履行社会责任、实现双赢的必要选择。

一、经济效益分析

经济效益指经济活动中劳动耗费和劳动成果之间的对比，反映社会再生产各个环节对人力、物力、财力的利用效果。它是通过商品和劳动的对外交换所取得的社会劳动节约，即以尽量少的劳动耗费取得尽量多的经营成果，或者以同等的劳动耗费取得更多的经营成果。经济效益是资金占用、成本支出与有用生产成果之间的比较。所谓经济效益好，就是资金占用少，成本支出少，有用成果多。提高经济效益对于企业和社会都具有十分重要的意义。

从企业规模上看，绝大多数新创企业都是中小企业。对于新创型中小企业，如何分析其经济效益？这些经济效益都包含了哪些优势因素？这是新创企业需要重点分析的问题。实际上，中小企业的经济效益包含着若干个优势因素。因此，新创型中小企业可以从各自的优势方面，去选择自己的经营领域。

（一）技术创新优势

技术创新并不只是大企业的事情。与大企业相比，中小企业的技术创新方面更有自己的优势。中小企业以其灵活的特点，发挥船小好掉头的优势，随时可能对技术进行革新，并不断开发新产品。中小企业的技术创新一般包括三个方面，如图4-5-1所示。

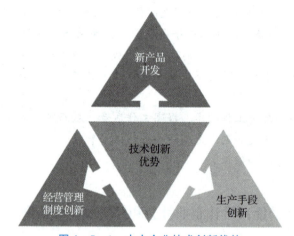

图4-5-1 中小企业技术创新优势

1. 新产品开发

更换一个全新的产品，对于中小企业来说，不是轻而易举的事情，而进行同种产品的规格、型号、花色、品种等方面的快速改进和迅速创新，则是中小企业所擅长的。产品创新的作用在于创造潜在的市场，快速改进产品和迅速创新产品，为中小企业带来更多的潜在市场资源和经济效益。

2. 生产手段创新

随着产品设计改进所进行的生产设备的革新也应当是无止境的，小改小革往往能起到出奇制胜的目的。例如，某小企业过去下料都是用人工锯，结果掌握不好，废品率很高，加之人工费用，成本居高不下。后来通过小改革，用一个单板机自动控制下料，节约了人工，提高了成品率和生产效率，使生产成本大大下降。

3. 经营管理制度创新

相比大企业的经营管理制度改革创新，新创型中小企业由于企业规模小员工数量少，反而容易成为经营管理制度改革和创新的试验田，毕竟中小企业的经营管理本来就是摸着石头过河式不断探索和发展的，因此在经营管理制度创新上要更简单、更灵活、更高效。

（二）市场需求的拾遗补缺优势

在市场经济的条件下，任何企业要立于不败之地，就要从本身的特点出发，发挥优势，突出特长。中小企业的特点就在于小，相对来说就业人员少，产量低。大企业由于规模大，适宜大批量产品的生产。一般来说，大企业的产品花色、品种比较单调。中小企业适宜于生产批量小、花色和品种多的产品。近代，这一发展趋势在国际市场上表现十分明显。我国对外出口产品越来越表现出批量小，花色、品种多，价格灵活的特点。这就是为什么我国出口产品中的大部分工业制成品都是中小企业供应的道理之所在。

（三）特殊资源的发掘利用优势

这里说的特殊资源是指传统技术人才和特殊生产原材料。在现代技术条件下，为了增加生产、降低成本，一些传统技术可能被从企业排挤，只有中小企业才能将传统技能和现代技术有效地结合在一起。在经济发展的过程中，特别是在中国，在长期的传统产品的生产经营中，形成了一大批有特殊技能的人才，以中小企业的形式，发展这些传统产品，是发掘利用这些具有特殊技能人才的必要方式。而且，中国也有一些适合中小企业开发利用的特殊生产原材料。中国的一些传统产品，如工艺美术品、民用小五金、家具、藤器、文房四宝、某些民族用品等，是我国民族文化中的珍宝。这些产品的生产，规模小，手工艺，一个作坊，一个师傅带几个徒弟。这些传统产品中有一部分生产工艺相当复杂，加工手段无法用机器来代替，甚至没有统一的工艺规程，只能凭借直接生产者的经验和技巧。生产这些产品，直接生产者个人的能力、技术往往起着决定作用，而细致的分工和相互协作并不重要。由于产品要求特殊，规格多变，也不可能有统一的质量标准，因而无法运用一般意义下的质量控制手段。

（四）专业化分工协作优势

专业化协作是社会化分工的要求，特别是在制造业领域内，专业化协作比"大而全""小而全"的生产方式要优越得多。试想，一个企业什么都自己搞，势必需要较多的资金投入，在生产技术的升级换代方面难度较大。而专业化协作易于进行生产技术的更新改造，生产技术水平容易实现机械化、自动化。在一个全部产品都由自己生产的企业里，很难顾及产品每一个环节的质量问题，因而影响产品质量的提高。可是在一个专业化生产的企业里，所有的技术人员都围绕着一个零部件的质量问题开展工作，质量问题自然就解决得好。这就是专业化生产的"小而专"和"小而精"。在这方面新创型中小企业拥有相对优势。事实上，许多传统产品的生产，不可能采用大规模企业的形式生产，而只能采取小规模的企业形式生产。根据产品的特殊性，确定生产组织形式，是企业经营管理的客观要求。由于专业化生产企业生产自动化水平很高，用人又少，因而劳动生产率很高，经济效益好，人们又称之为"小型企业巨人化"。所以，凡是可以实行专业化分工的产品生产，都是适合于中小企业发展的。

(五) 可持续发展优势

这里说的可持续发展是指发展和环境保护的关系。相比大型企业，新创型中小企业更容易通过政策引导、调整产业结构以及提高生产技术水平，来达到和实现绿色生产、可持续发展的效果。这不但有助于改变产业对当地环境的污染，还能够促进产业绿色健康持续发展。

二、社会效益评估

社会效益是指最大限度地利用有限的资源满足社会上人们日益增长的物质文化需求。社会效益有广义和狭义之分。广义的社会效益是相对经济效益而言的，包括政治效益、思想文化效益、生态环境效益等。狭义的社会效益，亦与经济效益相对称，还与政治效益、生态环境效益等相并列。

(一) 社会效益评估与分析

社会效益评估与分析是以国家各项社会政策为基础，对项目实现国家和地方社会发展目标所作贡献和产生的影响及其与社会相互适应性所作的系统分析评估。通常，社会发展目标应包括经济、政治、文化、艺术、教育、卫生、安全、国防、环境等各个社会生活领域的目标。而投资项目要实现的社会发展目标主要是指经济增长速度、收入公平分配、自力更生能力、劳动就业程度、科技进步及其他社会变革等，其中最主要、最根本的还是经济增长和收入公平分配的目标。

(二) 社会效益评估作用

社会效益评估可以促进在投资决策中全面衡量项目的财务、经济和社会效益，减轻企业项目对社会的不利影响，防止社会风险，促使项目与社会相互适应和协调发展，达到项目的持续发展和充分发挥投资效益，提高项目成功率，增进国民经济整体效益和社会发展目标与社会政策的顺利实现。

(三) 社会效益评估方法

社会效益评估方法，包括对比分析法、逻辑框架分析法、综合分析评估法等（如图4-5-2所示）。

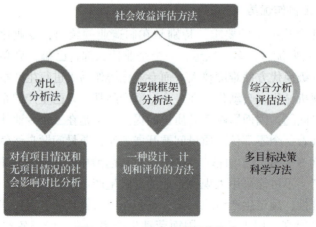

图4-5-2 社会效益评估方法

1. 对比分析法

对比分析法是指对有项目情况和无项目情况的社会影响对比分析。有项目情况减去同一时刻的无项目情况，就是由于项目建设引起的社会影响。

2. 逻辑框架分析法

逻辑框架分析法是由美国国际开发署在 1970 年开发并使用的一种设计、计划和评价的方法。目前有三分之二的国际组织把它作为援助项目的计划、管理和评价方法。这种方法从确定待解决的核心问题入手，向上逐级展开，得到其影响及后果，向下逐层推演找出其引起的原因，得到所谓的"问题树"。将问题树进行转换，即将问题树描述的因果关系转换为相应的手段——目标关系，得到所谓的目标树。目标树得到之后，进一步的工作要通过"规划矩阵"来完成。

3. 综合分析评估法

分析项目的社会可行性时通常要考虑项目的多个社会因素及目标的实现程度。对这种多个目标的评价决策问题，通常选用多目标决策科学方法，如德尔菲法、矩阵分析法、层次分析法、模糊综合评价法、数据包络分析法等。社会评价综合分析结论不能单独应用，必须与项目社会适应性分析结合起来考虑。项目与社区的互适性分析，研究如何采取措施使项目与社会相互适应，以取得较好的投资效果。所以，综合分析评价得出项目社会评价的总分后，在方案比较中，除了要看总分高低，还要看各方案措施实施的难易和所需费用的高低以及风险的大小情况，才能得出各方案社会可行性的优劣。

（四）社会效益评估特点

1. 注重宏观性和长远性

企业项目的社会评估一般要求从社会的宏观角度来考察项目的存在给社会带来的贡献和影响，项目所需实现的社会发展目标一般是根据国家的宏观经济与社会发展需要制定的。因而项目社会评估是对投资项目社会效益的全面分析评估，它不仅包括社会的经济效益，与经济活动有关的宏观社会效益、环境生态效益等，还包括更广泛的属于纯粹社会效果的非经济社会效益。而且有些社会发展目标所体现的社会效益与影响具有相当的长远性，例如对生态与自然环境的影响，对居民文化生活、人口素质的影响等。

2. 外部效益的多角度和定量分析难度大

项目社会评估所涉及的间接效益和外部效益通常较多，例如产品质量和生活质量的提高，人民物质、文化水平和教育水平的提高，自然环境与生态环境的改善，社会稳定与国防安全等。尤其是农业、水利和交通运输项目等基础设施和公益性项目的社会评估，主要表现在项目外的间接与相关效益上，而且这些效益大多是难以定量描述的无形效益，没有市价可以衡量。例如对文化、社会秩序、人的素质、休闲等的影响，通常只可以进行文字描述，做定性分析，而很难实现量化。

3. 多目标性与行业特征明显

项目社会评估要涉及社会生活各个领域的发展目标，因此具有多目标分析的特点。要分析多种社会效益与影响，故一般采用多目标综合评估的方法来考察项目的整体效益，作出项目在社会可行性方面的判断。由于各行业各类不同性质的投资项目产生的社会效益具有多样性，而且各行业项目的特点不同，反映社会效益指标的差异也很大，因此，社会评估指标的行业特征较强。一般各行业能通用的指标较少，而专业性的指标较多；定性分析所涉及的范围和指标差别也很大。因此，各行业项目的社会评估指标设置要注意通用与专用相结合，更应突出行业特点。

三、就业效益分析

就业效益分析是指企业所能提供的就业机会。就业效益一般用每单位投资所提供的就业人数的多少来衡量，或者用提供每个就业机会所需投资的多少来衡量。一般来说，就业人数越多，则就业效益越大，社会效益越大。通常对就业效益分析从以下两方面进行分析：

一是从国家层次上分析，应是项目单位投资所提供的就业机会越多，就业效益指标愈大，社会效益愈好。但项目创造的就业机会，通常是与项目采用的技术和经济效益紧密相关的。例如劳动密集型企业创造的就业机会多；而资金技术密集型企业需要就业人数就少，但其技术经济效益高。因此，对不同的行业和不同的产品，就业效益指标的定额也应该有所不同。

二是从地区层次上分析，各地劳动就业的情况不同：有的地区人口密集，劳动力富余，要求多增加就业机会；有的地区劳动力紧张，希望建设资金技术密集型企业。因此，在待业率高的地区，在经济效益相同的情况下，应优先选择就业效益大的项目；而在劳动力紧张的地区，则就业效益指标的权重就可以减少，只能作为次要的参考评估指标。

对于新创企业而言，就业效益是指企业建成后给社会创造的新的就业机会。按照投资结构和劳动力结构，就业效益分析指标主要有：

（一）总就业效益分析

它是指建设这个项目后给社会带来的直接就业和间接就业的总效果与该项目直接投资和相关项目间接投资之和的总投资之比。其计算公式为：

$$总就业效益 = 新增总就业人数/项目总投资 \geq 定额指标$$

或

$$总就业效益 = 项目总投资/新增总就业人数 \leq 定额指标$$

$$总就业人数 = 直接就业人数 + 间接就业人数$$

$$= 熟练就业人数 + 非熟练就业人数$$

$$项目总投资 = 直接投资 + 间接投资$$

从上述总就业效益指标，还可派生出直接和间接就业效益指标。

（二）直接就业效益分析

它是指拟建项目本身直接投资所能提供的直接就业机会。项目新增的直接就业人数一般指项目投产后正常生产年份新增的固定就业人数。其计算公式为：

$$直接就业效益 = 新增直接就业人数/项目直接投资（人/万元）$$

或

$$直接就业效益 = 项目直接投资/新增直接就业人数（万元/人）$$

（三）间接就业效果分析

它是指与投资项目有关联的配套或相关项目，以及项目所在地区和部门所增加的附加投资（间接投资）而创造的间接就业人数。间接就业效果取决于相关部门的劳动利用率，计算时应注意新增就业人数与投资的计算口径要一致。其计算公式为：

间接就业效益＝新增间接就业人数/项目间接投资（人/万元）

或

间接就业效益＝项目间接投资/新增间接就业人数（万元/人）

四、创业效益分析

创业效益分析是指创业团队发现某种信息、资源、机会或掌握某种技术，利用或借用相应的平台或载体，将其发现的信息、资源、机会或掌握的技术，以创业的方式，转化、创造成更多的财富、价值，并实现某种追求或目标的过程。

（一）大学生创业的社会效益分析

1. 有助于大学生身心健康和自我价值的实现

目前我国大学生在就业市场上竞争激烈，大学毕业生人数增长，社会需求有限，找到一份合适的工作相对来说很困难。随着信息网络技术的发展普及，当今社会已经步入了"互联网＋"时代，由于"互联网＋"的种种优势，使大学生利用互联网创业的激情越来越高。通过创业与创业实践，大学生可以充分调动自己的主观能动性，改变自身就业心态，将自己的兴趣和创业项目结合起来，自主学习，并学会自我调节与控制。利用信息技术平台创业不仅能提升大学生的自信心，还有助于大学生扩大交友圈，丰富阅历，增强身心健康。不仅如此，大学生还可以根据自己的强项和所学专业来选择自己的事业，而不必面临专业不对口的苦闷。信息时代下大学生自主创业，时间掌握就比较自由一点，有利于时间意识比较强的大学生合理安排自己的时间。同时，大学生自主创业空间上的自由相比就业对于工作地点的苛刻要求，也对大学生更有利。信息时代下"互联网＋"经济模式获得了充分的发展，这一模式为大学生创业就业搭建起了更多桥梁，从而成为新形势下解决大学生就业创业问题的立足点和突破口。各高校立足传统创新创业教育基础，充分利用互联网平台的发展和移动通信网络技术的普及，为大学生"互联网＋"创业营造了与时俱进的时代环境，有助于指导大学生站在新的环境高度下开阔眼界、审时度势，掌握就业形势，开辟新的就业创业途径，帮助大学生找到适合自己的专业领域，从而展现大学生个人才华，实现大学生自身的人生价值。

2. 大学生创业积极推进就业

科技发展导致的替代效应，使我国的就业岗位供需比例失调，加之信息不对称等因素，造成我国目前严峻的就业形势。近几年来，中央和地方政府相继出台了一系列鼓励大学生自主创业的优惠政策，例如，减免大学生创业的相关费用，为大学生提供后续的创业指导、资讯帮助等服务，让大学生能得到全面周到的创业支持。相关数据显示，2015年新毕业大学生创业比例同比增长近1倍。大学生自主创业不是单打独斗，而是团队合作、协同作战。创业不但自己解决了就业问题，还带动就业，产生社会效益。根据创业数据调查，平均一个毕业生自主创业，能够带动8个就业岗位。在这条道路上，大学生创业不仅服务社会，创造经济效益，更增加社会效益。自主创业应作为未来的大学生就业途径之一，它将开辟新的就业渠道，在解决自身就业的同时也为社会创造了新的就业机会，有利于缓解国家的就业压力，积极推进就业。

3. 大学生创业响应"大众创业，万众创新"

大学生创业就是提高创新意识，培养创新精神的一种有效途径（如图4-5-3所示）。

在创业过程中,学会逻辑分析,全方位思考,面对问题不断改进不断创新,提高了思维的活跃性。大学生的创业活动,也有利于培养勇于开拓创新的精神,把就业压力转化为创业动力,把社会就业难题转化为"互联网+"创新机遇,培养出越来越多的新型产业的创业者。互联网技术的迅速发展使人们进入了信息时代,给大学生带来了新的机遇和挑战。大学生不仅要掌握网络技术,更重要的是要提高自身的创新精神和创业能力。"互联网+"背景下大学生创业也是对大学生创新意识、精神和能力的培养,有助于加强大学生的事业心和责任心,促进大学生积极主动地适应社会,融入社会,不断发挥自己的智慧和力量,在继承和创新中谋求个人发展,在创新与创业中创造社会价值。

图 4-5-3　大学生创业精神的培养过程

4. 信息时代下大学生创业推动经济发展和社会进步

信息时代下,信息技术、能源环保、生物科学、高端制造和新材料产业的发展,各种新兴产业涌现,为社会提供了大量就业机会,也给大学生带来了大量发展机会。同时,大学生创业能够带动全民的学习意识,让更多人明白,掌握的知识越多,对创业就越有帮助。创业也使得大学生加速就业,促进了知识尽快转化成生产力,在一定程度上节约自然资源和社会资源。大学生"互联网+"创业模式的成功,更能推动当今社会互联网金融的发展,促进产业结构深化改革和社会经济的发展。新兴产业的出现,为大学生在信息时代下创新创业的开展提供良好的发展方向,大学生可以建立与新兴产业匹配的项目,这样不仅能为大学生提供创业方向,帮助大学生实现自身目标,还可以推动我国经济发展和社会的进步。

(二) 大学生创业的社会价值

(1) 创造一定的经济效益。创业最基本的价值就是可以为创业者带来比较可观的经济收入。只要创业者付出了辛勤的劳动,就会得到相对应的回报,也就是一定的经济效益,从而可以满足自己的物质需求,改善生活品质,提高生活质量。

(2) 提高个人的各方面能力。创业的过程并不是非常容易的事情,其间会经历许多的困难、挫折,并且是一件比较苦的事情。想要坚持下来,就需要具备一定的精神意志与品质,所以,创业是一件十分磨炼人的事情。但凡创业成功的人,自身的各方面也都得到了锻炼,包括个人能力方面。

(3) 提供更多的劳动就业机会。创业并不是一件单打独斗的事情,它需要的是团队合作。所以就必然为许多劳动者提供了更多的就业机会,从而缓解了社会的就业压力。

(三) 创业效益面的评估准则

创业效益面的评估准则，包含合理的税后净利、损益平衡时间、投资报酬率、资本需求、毛利率、策略性价值、资本市场活力、退出机制与策略 8 个方面（如图 4-5-4 所示）。

图 4-5-4　创业效益面的评估准则

（1）合理的税后净利。一般而言，具有吸引力的新创业机会，至少需要能够创造 15% 以上税后净利。如果新创业机会预期的税后净利是在 5% 以下，那么这就不是一个好的新创业机会。

（2）损益平衡时间。合理的损益平衡时间应该能在两年以内达成，但如果 3 年还达不到，则恐怕就不是一个值得投入的新创业机会。不过有的新创业机会确实需要经过比较长的耕耘时间，并经由这些前期投入，突破进入障碍，并因此保证后期的持续获利。在这种情况下，可以将前期投入视为一种投资，而较长的损益平衡时间就可以容忍。

（3）投资报酬率。考虑到新创业开发可能面临的各项风险，合理的投资报酬率应该在 25% 以上。一般而言，15% 以下的投资报酬率，将不是一个值得考虑的新创业机会。

（4）资本需求。资金需求量较低的新创业机会，一般会受到投资者的欢迎。许多个案表明，资本额过高其实并不利于创业成功，有时还会带来稀释投资报酬率的负面效果。通常，越是知识密集的新创业机会，对于资金的需求量越低，投资报酬率反而会越高。因此在创业开始的时候，不要募集太多的资金，最好通过盈余积累的方式来获得资金。

（5）毛利率。毛利率高的新创业机会，相对风险较低，也比较容易达成损益平衡。反之，毛利率低的新创业机会，风险则较高，遇到决策失误或市场产生较大变化的时候，企业很容易就遭受损失。一般而言，理想的毛利率是 40%。当毛利率低于 20% 的时候，这个新创业机会就不值得再考虑。

（6）策略性价值。新创业机会能否在市场上创造策略性价值，也是一项重要的评价指标。一般而言，策略性价值与产业规模、利益机制、竞争程度密切相关，而新创业机会对于产业价值链创造的加值效果，也与所采用的经营策略与经营模式密切相关。

（7）资本市场活力。当新创业机会处于一个具有高度活力的资本市场，它的获利回收机会相对也会比较高。不过资本市场的变化幅度极大，因此在市场高点时投入，资金成本较低，筹资相对容易。但在资本市场低点时，投资新创业开发的诱因则较低，好的新创业机会也相对较少。不过对投资者而言，市场低点的取得成本较低，有的时候反而投资报酬率会更高。一般而言，新创企业在活络的资本市场比较容易创造增值效果，因此资本市场活力也是一项可以被用来评价新创业机会的外部环境指标。

（8）退出机制与策略。所有投资的目的都在于回收，因此退出机制与策略就成为一项评估新创业机会的重要指标。企业价值一般也要由具有客观鉴价能力的交易市场来决定，而这种交易机制的完善程度也会影响新创企业退出机制的弹性。由于退出的困难度普遍要高于进入，所以一个具有吸引力的新创业机会，应该要为所有投资者考虑退出机制以及退出的策略规划。

> **想一想**
> 假设你是一位新创企业的决策者，请你谈谈你对企业经济效益和社会效益的了解：新创企业的经济效益和社会效益都有哪些？大学生双创企业对社会就业有什么有益的作用？如何评估大学生双创企业的创业效益？

思考与练习

1. 【多选题】中小企业的技术创新一般包括以下哪些方面？（   ）
   A. 新产品开发   B. 生产手段创新
   C. 经营管理制度创新   D. 以上均不是

2. 【多选题】社会效益评估内容的方法包括以下哪些？（   ）
   A. 对比分析法   B. 逻辑框架分析法   C. 市场调查法   D. 综合分析评估法

3. 【多选题】对于新创企业而言，按照投资结构和劳动力结构，就业效益分析指标主要有以下哪些？（   ）
   A. 总就业效益分析   B. 直接就业效益分析
   C. 间接就业效果分析   D. 对比就业效果分析

4. 【多选题】创业效益面的评估准则包含以下哪些方面？（   ）
   A. 合理的税后净利、损益平衡时间
   B. 投资报酬率、资本需求
   C. 毛利率、策略性价值
   D. 资本市场活力、退出机制与策略

5. 【多选题】大学生创业的社会价值有以下哪些？（   ）
   A. 创造一定的经济效益
   B. 提高个人的各方面能力
   C. 提供更多的劳动就业机会
   D. 以上均不是

6. 【填空题】＿＿＿＿指经济活动中劳动耗费和劳动成果之间的对比，反映社会再生产各个环节对人力、物力、财力的利用效果。

7. 【填空题】＿＿＿＿评估与分析是以国家各项社会政策为基础，对项目实现国家和地方社会发展目标所作贡献和产生的影响及其与社会相互适应性所作的系统分析评估。

8. 【填空题】＿＿＿＿是指企业所能提供的就业机会。它一般用每单位投资所提供的就业人数的多少来衡量，或者用提供每个就业机会所需投资的多少来衡量。

9. 【填空题】＿＿＿＿是指创业团队发现某种信息、资源、机会或掌握某种技术，利用或借用相应的平台或载体,将其发现的信息、资源、机会或掌握的技术,以创业的方式,转化、创造成更多的财富、价值,并实现某种追求或目标的过程。

10.【填空题】_____是指最大限度地利用有限的资源满足社会上人们日益增长的物质文化需求。

评价与分析

学习过程评价表（学生自评、互评，教师评价）

班级		姓名		日期	月	日	配分	自评	互评	教师
评价	平时表现评价	1. 出勤情况 2. 遵守纪律情况 3. 学习任务完成情况,有无提问记录 4. 是否主动参与学习活动					30			
	创业知识	1. 熟悉经济效益分析的优势与作用 2. 熟悉社会效益分析的内容与作用 3. 了解就业效益和创业效益的分析					20			
	创业实践	1. 创业实践任务：完成一份你主持或参与的创新创业项目的经济效益分析报告					10			
		2. 创业实践任务：制定一份双创项目的社会效益分析评估报告					10			
		3. 创业实践任务：完成一份双创项目的就业效益与创业效益分析总结报告					10			
	综合能力	1. 能否使用人力资源专业用语表述问题 2. 能否通过交流访谈,了解指导教师、专家顾问的相关信息 3. 能否与指导教师、专家主动交流、积极合作					20			
		合计					100			
教师评语										

模块五
践行创业行为

创新创业名句

道在日新，艺亦须日新，新者生机也；不新者死。

——徐悲鸿

单元一

撰写商业计划书

知识目标

1. 了解撰写商业计划书的目的；
2. 掌握商业计划书的主要内容及撰写要求。

能力目标

1. 通过识别创业机会，组建创业团队，提高商业计划书写作能力；
2. 通过撰写商业计划书，增强吸引风险投资的能力。

素质目标

1. 通过识别创业机会，拟建创业项目，培养勇于挑战，敢于创新的意识；
2. 根据团队成员的专业合理分配商业计划书的撰写内容，形成团结互助的合作精神。

知识导图

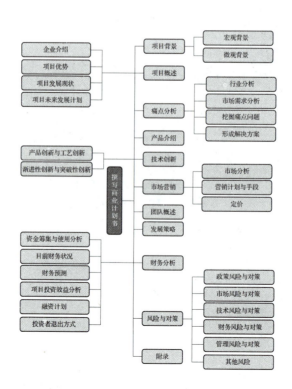

重点难点

1. 熟悉商业计划书的核心内容。
2. 根据自设项目，撰写相应的商业计划书。

教学资料

视频资料

课件资料

案例及分析

【案例】

北京易得方舟信息技术有限公司的商业机会

北京易得方舟信息技术有限公司（以下简称"FanSo"）是由清华大学学生创建的，它是国内第一家由在校大学生创业、吸引风险投资创办的互联网公司。FanSo 为 ICP 公司开辟了"新闻在线""环球影视""啸林书院""打开音乐""游戏辞海"和"我的家"等频道，还提出了一套全新的"Compus Age 中国高校电子校园解决方案"，目的是加速中国高校校园电子化建设进程服务。FanSo 已经从一个不到 10 个人的创业团队发展成为拥有 60 余名员工的初具规模的商业公司，之后也再次成功融资 660 万元，其页面浏览量突破 250 万，在 4 个月内就成长为教育网最大的站点。

FanSo 的创业理念就是源于校园，服务学生，其业务内容与大学生的生活息息相关。其创业模式和切入点也是非常有特色的：一是抓住了互联网发展的契机，创业者作为在校生对互联网具有灵敏的感悟，他们既能认识到互联网的发展方向，又发挥了自己的长处，是利用新经济的一种典型；二是以学生和校园作为主要的服务对象，创业者作为在校大学生对大学生的需求和心理有着深刻的感受和理解，又有年轻人特有的敢于挑战、勇于创新的意识能力；三是 FanSo 引进了风险投资，风险投资对于初创的公司尤其是 ICP 公司的作用是显而易见的。

【分析】

FanSo 成功创业的核心离不开创新。作为新时代大学生，我们不仅要学习理论知识，更要体会实践中的感悟，做敢于挑战、勇于创新的新时代青年，成为新时代具有责任意识和创新精神的建设者。

商业计划书是创业者为达到发展经营目标及面向社会筹集资源的目的而撰写的，旨在展现项目和企业现状及发展前景的书面文件。商业计划书更多是适应外部资源提供者，特别是投资者的需要，撰写时很大程度上要遵循特定的格式或规范，但可以根据不同的项目性质、创业团队和创业计划等，在内容的选择上有所不同。

一、项目背景

项目背景是投资者判断项目可行性的重要依据。项目背景主要描述项目的提出原因，即项目所要进入行业的现状和存在问题、行业竞争状况和发展方向，以及我国发展该行业的政策导向等。总体上，项目背景可从宏观和微观两个层面进行论述。

(一) 宏观背景

对于项目的宏观背景进行分析时，可运用宏观环境（PEST）分析方法（如图 5-1-1 所示）。对于宏观背景进行分析时，不同项目和企业根据自身的特点和经营需求，分析的内容会有所差异，但一般包括政治、经济、技术和社会四大类外部环境因素。

图 5-1-1 PEST 分析模型

1. 经济环境

经济环境主要包括外部的经济结构和经济发展水平，以及项目所在行业或产业的发展趋势。对行业趋势的把握大致可以从以下几个角度论述：行业特征简述、行业发展总体趋势、行业目前所处阶段、行业发展关键性事件、行业总体格局及细分领域、行业已开发及待开发市场规模、行业投资额和销售额。这部分必须以大量的数据为支撑，采用图表等可视化表现形式，客观、形象地展示出行业的发展态势（如图 5-1-2 所示）。

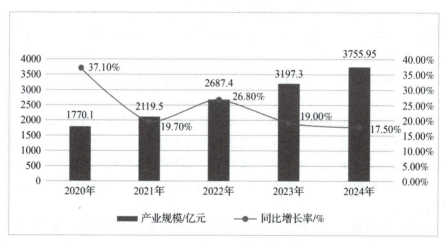

图 5-1-2 2020—2024 年中国云计算产业规模及增长率预测

2. 政治环境

政治环境主要是与项目相关的，具有实际与潜在影响的政治力量和有关的政策、法律及法规等因素。政策支持的行业不但可以享有各种税收优惠、政府补贴、专项资金，在融资上也更能得到银行等金融机构或其他投资者的资金。

一般来说，需要关注的是国家、省、市、县/区的政策，包括但不限于政府五年、十年或十五年规划、行业/区域长期战略规划、产业扶持政策、税收优惠政策、专项补贴申报、行业相关制度法律、行业人才引进等，涉及企业的设立、研发、经营、销售、税收、股东利润分配、投融资等。

政策方面的数据在政府公开网站（如图 5-1-3 所示）或者行业新闻中即可找到，也可以从一些行业报告、研报等已经归纳总结好的文章中直接引用。政策支持力度变化跟行业趋势变动相关性较大，在实际撰写过程当中应根据实际情况进行整合。

图 5-1-3　中国政府网

3. 技术环境

技术环境主要指与项目或企业相关的新技术、新工艺、新材料的出现和发展趋势以及应用前景。企业的发展，离不开技术，没有技术和产品创新，就没有企业的成长与进步，就没有企业的未来。技术环境的分析，可从以下几个方面展开：

（1）企业在生产经营中使用了哪些技术，这些技术对企业的重要程度如何？
（2）外购的原材料和零部件包含哪些技术？企业是否可以持续地利用这些外部技术？
（3）企业的现有技术有哪些能应用？利用程度如何？
（4）企业实现目前的经营目标需要拥有哪些技术资源？
（5）企业的技术水平和竞争对手相比如何？
（6）公司的技术对企业竞争地位的影响如何？是否影响企业的经营战略？

4. 社会环境

社会环境指组织所在社会中成员的历史发展、文化传统、价值观念、教育水平以及风俗习惯等因素，包括企业或行业的特殊集团、企业市场人口的变化、生活方式、收入情况价值观等。

（二）微观背景

1. 客户需求

是否满足客户需求，解决的是客户为什么要购买企业的产品或服务的问题。企业商业模式的核心就是满足客户需求，为客户创造价值。这个需求可能是企业全新的产品、服务或商业模式所催生的，也可能是之前没有得到满足或者得到满足但仍有提升空间的。无论是何种需求，首先都要确定这种需求是真需求还是伪需求，这决定了客户是否最终愿意付费来购买企业提供的产品或服务。而这一需求在客户需求层次中的重要性，又决定了客户购买产品或服务的预算和频率。

2. 行业痛点

是否解决行业痛点，解决的是客户为什么不购买其他企业的产品或服务，而要购买本企业的产品或服务的问题。在这部分内容撰写中，需要归纳出项目所选择的行业目前发展的痛点，列出行业现有相同、相似或替代的产品或服务的特点和不足。初创企业要得到长足的发展，其产品或服务必须能解决或者部分解决行业痛点，才能够在市场竞争中获胜，才能够在后续的市场竞争中保有领先地位。

3. 市场规模

市场规模的大小关系到一个企业能达到多大的发展规模，关系到企业未来的发展空间，关系到企业能否保持长久的生命力。

这里市场规模主要指企业所要专注的细分领域的市场规模，其中包括目前已有市场规模和未来存在的增长空间（如图5-1-4所示）。除了以翔实的数据作为支撑，也可以加入企业未来可以延伸发展的领域的市场规模，发掘企业未来更长远的发展空间。

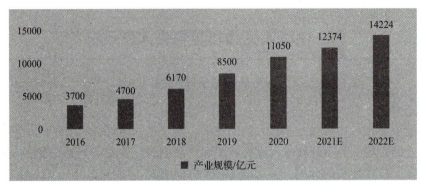

图5-1-4　2016—2022年中国大数据市场规模统计

二、项目概述

项目概述是商业计划书中最重要的部分，是商业计划书的缩减版，主要包括以下几个方面：

（一）企业介绍

企业介绍主要包括企业简介和企业文化这两方面内容。

企业简介要以简练的语言对企业的名称、组织形式、主要业务、经营目标、核心竞争力等内容加以阐述。如果是已经注册的企业，还可以增加企业的地址、发展历程、年利润以及投资回报率等信息。

企业文化是企业全体成员共同认可和接受的、可以传承的价值观、道德规范、行为规范和企业形象标准的总称，是物质文化和精神文化的总和。撰写这部分内容时要涵盖企业的理念、宗旨、商标和口号等。

（二）项目优势

此部分内容主要通过表述企业为哪些服务群体提供了怎么样的产品或服务，以及满足了市场哪些需求和解决了哪些痛点问题来概括描述企业的竞争优势。除了以上描述的市场优势，还可以有人才优势、政策优势及区域优势等。

（三）项目发展现状

如果是已经在经营的项目，可将企业的经营成果进行描述，如所获得的效益、已申请的专利或软著等。此部分内容可加深投资者对企业的初步印象，提高投资者对企业的兴趣。

（四）项目未来发展计划

此部分概括地描述企业的发展目标、发展阶段和实施步骤，同时向投资者明确企业需要融资的金额及其主要使用分配情况。

在项目概述的撰写中，需要注意的是企业的实际情况要如实说明，不仅要对一般情况进行说明，更要强调企业的特殊情况，突出其良好的发展前景。

三、痛点分析

痛点分析主要是通过对企业产品的市场、行业进行分析，明确企业的主要目标客户群体；通过对客户的需求分析以及与竞争者提供的产品与服务分析，挖掘客户还未被满足的需求痛点问题，形成相应的解决方案，即企业的核心竞争优势。

一般来说，痛点分析由以下几个步骤组成：

（一）行业分析

行业分析的目的不只是使创业者知己知彼，更是向投资者展现一幅充满生机和有希望的商业图景，证明向本项目投资是有利可图的。此部分内容主要包括行业的国内外现状以及行业的发展方向。

（二）市场需求分析

通过大量的调查研究，分析企业的市场结构及市场需求现状，明确企业的目标市场和主要客户群体，同时了解目标客户的需求状况。

（三）挖掘痛点问题

通过市场需求与竞争对手的分析，挖掘客户的痛点问题。客户的痛点问题，指的是客户在使用产品过程中的抱怨、不满等问题，还可能是客户一直很想要却没有被满足的需求。痛点源自需求，是需求发展到一定阶段的必然结果。

（四）形成解决方案

根据客户的需求痛点，形成能够解决客户需求方面的方案，即可形成本企业的核心竞争优势。

四、产品介绍

产品或服务是商业计划书中最重要的部分，也是向投资者明晰产品或服务的核心。其内容主要包括产品的概念、性能和特性，主要产品的介绍，产品的市场竞争力，产品的研究和开发过程，新产品发展计划和成本分析，产品的市场前景预测，产品的品牌和专利等。

一般来说，产品介绍应回答以下几方面的问题：

（1）客户希望企业产品能解决什么问题，能从企业产品当中满足哪些需求或服务？

（2）企业的产品与竞争对手的相似产品相比，有哪些优缺点？客户为什么选择本企业的产品？形成哪些竞争优势？

（3）企业对于产品采取了哪些保护措施？拥有了哪些专利、许可证？与已成功申请专利的其他企业达成了哪些协议？

（4）企业产品的成本分析，为何产品的定价能使企业获利？

（5）企业采用什么方式改进产品的性能？企业对于新产品的发展计划等。

投资者本质上是较为看重收益与回报的商人，他们会更加认同市场对于公司产品的反映。所以，在此部分内容的阐述中，除了介绍清楚公司的产品体系，向投资者展示公司产品线的完整和可持续发展，更重要的是展现产品的特色以及形成的市场竞争力。

五、技术创新

技术创新指企业应用创新的知识和新技术、新工艺，采用新的生产方式和经营管理模式，提高产品质量，开发、生产新的产品，提供新的服务，占据市场并实现市场价值。

根据分类的标准不同，技术创新的类型也有不同的体现，如图5-1-5所示。

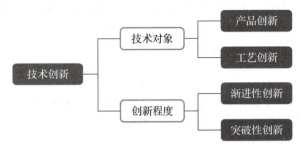

图 5-1-5 技术创新的分类

（一）产品创新与工艺创新

产品创新是指企业生产出新产品的技术创新，是在产品技术变化基础上进行的技术创新。产品创新是企业技术创新中最重要、最基本的内容，是企业技术创新的核心，也是企业生存发展之本。

工艺创新是指企业采用了全新的或有重大改进的生产方法、工艺设备或辅助性活动。工艺创新的"新"要体现在技术、设备或流程上，它对本企业而言必须是新的，但对于其他企业或整个市场而言不一定是新的。

（二）渐进性创新与突破性创新

渐进性创新是对现有的技术进行改进而引起的渐进的、持续的创新。比如，日常使用的洗护用品就属于渐进性创新，是在原来一些护肤品的基础之上提高了技术，增加 SOD 的纯度或者增加了草本精华制作形成的。

突破性创新也称重大创新或突变性创新，是指在技术上有重大突破的创新，它常常伴随着一系列渐进性的产品创新和工艺创新，并在一段时期内引起产业结构的变化。比如，从报纸杂志到电视，再到电脑，就是一系列的突破性创新，它们从根本上突破了原有的技术根基，改变了人们的娱乐生活方式。

企业是技术创新的主体，技术创新是企业获取持续竞争力，汲取市场份额，获得企业利润的基石。对于该部分的阐述，主要向投资者展现企业基于产品或服务的特性所采用的技术特点，可以是由企业单独完成的自主技术创新，也可以是由高校、科研院所和企业协同完成的合作技术创新或引进技术创新。

六、市场营销

市场营销既是一种职能，又是组织为了自身及利益相关者的利益而创造、沟通、传播和传递客户价值，为客户、合作伙伴以及整个社会带来经济价值的活动、过程和体系。市场营销主要是指营销人员针对市场开展经营活动、销售行为的过程，它主要包含市场定位、营销计划、营销手段、定价以及营销团队。

（一）市场分析

1. 市场细分

细分市场，是指根据消费者的不同购买欲望和需求的差异性，按一定标准将一个整体市场划分为若干个子市场，从而确定目标市场的活动过程。其中，任何一个子市场都由具有相似的购买欲望或需求的群体组成。

进入市场细分需要采用一定的标准，客户市场细分的变量主要有四类，如表 5-1-1 所示。

表 5-1-1 市场细分

细分标准	变量因素
地理	一般可从国界、地区、城乡、人口密度、地形、气候等因素进行划分
人口	一般以年龄、性别、收入、职业、教育程度、宗教、种族、国籍等人口统计变量，把市场分割成不同的群体
心理	一般根据消费者的生活方式、个性特点、社会阶层等心理因素细分消费者市场
行为	一般根据消费者对产品的了解程度、态度、使用情况及反应等进行细分，主要包括消费者需要满足的需求、对品牌的忠诚度、对产品的使用频率等方面

运用细分标准进行市场细分的方法主要有以下 3 种：

（1）单一变量因素法：根据影响消费者需求的某一重要因素进行市场细分。

（2）多个变量因素组合法：根据影响消费者需求的两种或两种以上的因素进行市场细分。

（3）系列变量因素法：根据企业经营的特点并按影响消费者需求的诸因素，由粗到细进行市场细分。

明确了市场细分方法和标准之后，那么企业应该如何进行市场细分呢？美国市场学家杰罗姆·麦卡锡提出了七步细分法，其步骤如图 5-1-6 所示。

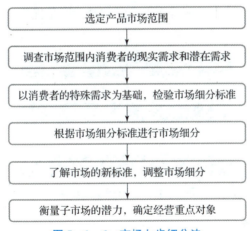

图 5-1-6 市场七步细分法

市场细分后的子市场更加具体化，有助于企业确定目标市场，集中人力、物力和财力投入目标市场中，以及制定相关的市场营销策略，提高经济效益；同时，有利于企业研究潜在的市场需求，挖掘市场机会，开拓新市场。

2. 目标市场

所谓目标市场，是指企业在市场细分之后的若干子市场中，根据自身条件和外界因素所确定的营销对象。企业的目标市场可以是一个或多个子市场，也可以是大部分子市场或整个市场。企业需根据自身的营销战略目标或者实力确定目标市场的多少。目标市场的模式如表 5-1-2 所示。

表 5-1-2 目标市场

目标市场模式	定义与特征
密集单一市场	企业只选择一个细分市场集中营销。企业可以更清楚了解细分市场的需求，但是风险较大
有选择的专业化	企业有选择地进入几个不同的细分市场，每个市场可相对独立，且有可能营利。相对于密集单一市场，可分散风险
市场专业化	企业集中地满足某一特定消费群体的各种需求。这种模式能够更好地满足消费者的需求，树立良好的信誉，但是一旦消费者的需求发生改变，企业将会面临一定的风险
产品专业化	企业同时向不同的细分市场销售一种产品。这种模式能使企业在特定的产品领域树立良好的信誉，但是如有更好的相似产品或替代产品产出时，就会发生危机
完全覆盖市场	企业生产各式各样的产品满足不同消费者的需求。这种模式只有大企业才能选择

3. 市场定位

市场定位也就是企业为了使产品获得稳定的销路，需要对其产品形成某种特色，树立一定的市场形象，从而获得消费者特定的偏爱，实质上是取得目标市场的竞争优势。市场定位需要在一定的调查研究基础之上，明确企业产品的独特竞争优势，应从几个步骤进行，如图 5-1-7 所示。

图 5-1-7 市场定位步骤

(二) 营销计划与手段

1. 分销渠道策略

分销渠道是指商品从生产者传送到消费者手中所经过的全过程，以及相应设置的市场销售机构。正确运用销售渠道，可以使企业迅速及时地将产品转移到消费者手中，达到扩大商品销售、加速资金周转、降低流动费用的目的。

企业在设计选择分销渠道时，应解决以下几个问题：

(1) 决定是否需要中间商。

(2) 若决定需要中间商，需确定由哪几条分销渠道把产品销售给消费者。

(3) 确定每一条分销渠道选用中间商的类型，是批发商、零售商还是代理商。

(4）确定每一条分销渠道使用中间商的数量，是采用密集分销、选择分销还是独家分销。

(5）决定具体选择的中间商。

2. 产品策略

产品的整体概念包含核心产品、有形产品和附加产品三个层次。核心产品是指产品能提供给消费者的基本效用或利益，是消费者需求的核心。有形产品是构成产品形态的内容，是核心产品得以实现的形式。附加产品是消费者购买有形产品时所能获得的全部附加服务和利益。

对于产品整体概念的提出，企业在市场营销决策上应尽可能推通过三个层次的组合来确立产品在市场的优势地位。

（1）产品生命周期及营销策略。绝大多数产品的生命周期都经历了导入期、成长期、成熟期和衰退期四个阶段，每个时期的产品特点有所不同，需要采用不同的营销对策。

①导入期。导入期的产品在技术、性能和分销渠道建设上不够完善，价格决策难以确定，消费者对产品的了解也比较少。基于以上特点，本阶段可采用的策略如表5–1–3所示。

表5–1–3 导入期的策略

策略	决策
快速撇脂策略	以高价格、高促销费用的方式推出新产品
缓慢撇脂策略	以高价格、低促销费用的方式推出新产品
快速渗透策略	以低价格、高促销费用的方式推出新产品
缓慢渗透策略	以低价格、低促销费用的方式推出新产品

②成长期。成长期的产品销量迅速增加，单个产品成本逐渐下降，市场出现竞争并逐渐激烈竞争。本阶段可从提高产品质量、开拓新市场、加强产品特色和品牌的广告宣传、调整产品价格四个方面进行决策。

③成熟期。成熟期的产品销售量达到最高点，销售增长速度明显变慢，后期销量开始下降。本阶段的营销目标是稳定市场占有率，延长产品的成熟期。其策略可从扩大市场、改良产品和改进营销组合三个方面进行选择。

④衰退期。衰退期的产品销量迅速下降，价格不断下降，利润减少，甚至无利可图，部分生产经营者退出市场。本阶段可供选择的策略如表5–1–4所示。

表5–1–4 衰退期的策略

策略	决策
维持策略	仍采用原来的策略，直至产品完全退出市场为止
集中策略	把企业的资源集中使用在少数最有利的细分市场或销售渠道上，尽可能多地获取利润
榨取策略	大幅度削减促销费用，甚至停止促销活动
放弃策略	停止产品的生产或进货，对剩余产品进行超低价清仓

（2）产品组合策略。产品组合是指一个企业生产或销售的全部产品的结构或组成。产品组合由不同的产品线组成，每一条产品线又由不同的产品项目构成。

企业在调整或优化产品组合时，可选择的策略如表 5-1-5 所示。

表 5-1-5　产品组合策略

策略	决策
扩大产品组合	可以增加产品线，也可以增加现有产品线的深度，即在现有产品大类中增加产品的项目
缩减产品组合	当企业的某些产品获利较小甚至无法获利时，可以缩减相应的产品线或产品项目，集中资源经营那些获利较大或前景较好的产品线及产品项目
产品线延伸	包括向上、向下及双向延伸三种类型。向上延伸是增加中、高档的产品；向下延伸是增加中、低档的产品项目；双向延伸是增加低、高档的产品项目

（3）品牌与包装策略：

①品牌与商标策略。品牌是一种标志，用来识别某个销售的产品或服务，包括品牌名称和品牌标记。受到法律保护的品牌则成为商标。企业的商标品牌策略有五种可供选择，如表 5-1-6 所示。

表 5-1-6　品牌与包装策略

策略	决策
品牌有无策略	现代企业都会建立属于自己的品牌
品牌使用者策略	企业是使用自己的品牌（制造商品牌），还是将其生产的产品卖给中间商，中间商再将货品转卖出去（中间商品牌）
品牌统分策略	企业的所有产品使用统一品牌，还是不同产品使用不同品牌，或同类产品使用统一品牌，或在不同产品使用不同品牌前冠以企业名称
品牌延伸策略	企业将在市场获得成功的商标品牌延伸用到其他产品上
多品牌策略	企业对各种产品采用不同的品牌

②产品包装策略。产品包装是重要的营销组合要素，也是提高产品市场竞争力的重要手段。其策略如表 5-1-7 所示。

表 5-1-7　产品包装策略

策略	决策
统一包装策略	企业对生产的各种不同产品采用相同或相似的包装。有利于节省包装设计费用，树立品牌或企业形象，提高产品销售

续表

策略	决策
等级包装策略	企业对不同质量和等级的产品采用不同的包装。可满足不同层次消费者的不同需求，但会增加产品的包装设计费和新产品的推销费用
配套包装策略	把在使用上相关联的几种商品放在同一包装物内销售。可满足消费者的不同需求，方便购买，同时可促进产品销售
再使用包装策略	产品使用完之后，其包装物可再利用
附赠品包装策略	在商品包装上附有赠品或优惠券等。是市场上较流行的包装策略，可吸引消费者重复购买
改变包装策略	为了适应市场的发展变化，对商品包装进行改良

（4）产品开发策略。企业想要立足于市场，就必须根据市场的需要，不断研究开发出满足消费者需求的新产品。新产品的种类包括全新产品、改良新产品和仿制新产品。目标市场上出现的新产品，绝大部分是改良或仿制新产品。

3. 人员推销策略

人员推销，是指企业销售人员通过说服和诱导潜在消费者购买某种商品或服务，实现企业营销目标的活动过程。人员推销具有较大的灵活性和较强的针对性，能够直接接触消费者，也可与消费者培养感情。

企业选择人员推销策略时，应先明确推销任务，了解推销对象，然后制定有针对性的推销方案。主要包括三种策略，如表5-1-8所示。

表5-1-8 人员推销策略

策略	定义
试探性策略	也称"刺激—反应"策略，指在不了解消费者的情况下，销售人员运用刺激手段引发消费者产生购买行为的策略
针对性策略	也称"配方—成交"策略，指销售人员在基本了解消费者的前提下，有针对性地对消费者进行宣传、介绍，最终达到成交目的的策略
诱导性策略	也称"诱发—满足"策略，指销售人员通过使用激起消费者某种需求的说服方法，诱导消费者产生购买行为的策略

4. 广告策略

广告策略，是在广告调查的基础之上围绕市场目标的实现，制定出系统的广告策略与创意表现，并实施的过程。

广告媒体主要包括报纸、杂志、广播、电视、网络、户外等。选择广告媒体时，应考虑媒体的性质与传播效果、产品性能和使用范围、目标客户的特点、企业对传播信息的要求、媒体的成本和支付能力等因素。

(三) 定价

价格策略是指企业通过对消费者需求的估量和成本分析，选择一种能吸引消费者、实现市场营销组合的策略。企业对于产品的定价方法可从以下3个方面进行抉择。

1. 折扣定价策略

折扣定价是在原定目标价格的基础上降低一定比例的成交价。折扣定价策略如表5-1-9所示。

表5-1-9 折扣定价策略

策略	决策
现金折扣策略	企业为了资金周转，减少坏账损失或收账费用，给予现金付款或提前付款的消费者在价格方面的优惠
数量折扣策略	企业给予消费者价格折扣的力度取决于消费者的购买量。购买数量越多，给予的折扣越高
交易折扣策略	又称商业折扣或功能折扣，是企业根据各类中间商在市场营销中担负的不同功能所给予的不同折扣。企业采取该策略的目的，是扩大再生产，争取更多的利润，或占领更广泛的市场，利用中间商努力推销产品
季节折扣策略	企业给予购买过季商品的消费者在价格上的优惠，可缓解企业在销售旺季生产、储存和运输上的压力
市场推广折扣策略	企业提供给为其产品进行广告宣传等的中间商或消费者一定的价格折扣

2. 心理定价策略

心理定价即利用消费者购物时的心理特点来制定商品价格。心理定价策略如表5-1-10所示。

表5-1-10 心理定价策略

策略	决策
整数定价策略	对于高档商品采用整数定价，不带尾数
尾数定价策略	利用消费者的求廉心理，取尾数对商品进行定价
声望定价法	利用产品在消费者心中的声望、信任度和社会地位，对商品定高价
招揽定价策略	经营多品种的企业，对某些商品定低价，吸引消费者来店购物，顺便购买其他商品，从而带动其他商品的销售

3. 产品组合定价策略

大多数企业生产或营销的是多种产品，在制定价格策略时，可考虑各种商品之间的关系，以提高所有产品的总收入。产品组合定价策略如表5-1-11所示。

表 5–1–11　产品组合定价策略

策略	决策
产品线定价策略	定价时要适当地确定产品线中相关产品的价格阶梯
任选品定价策略	降低任选品的价格,以此来招揽消费者;提高任选品的价格,以此赚取更多利润
连带品定价策略	降低主要产品定价,提高连带品的定价,通过连带品赚取的利润来补偿主要产品定价较低所造成的损失
副产品定价策略	如果副产品价值低,但处理费用昂贵,那么主产品的价格要相应提高,能够弥补副产品的处理费用
产品束定价策略	为了促进销售,将有连带关系的产品组成一束,其价格低于分别销售时的销售价格

价格策略的确定一定要以科学规律的研究为依据,以实践经验判断为手段,在维护生产者和消费者双方经济利益的前提下,以消费者可以接受的水平为基准,根据市场变化情况,灵活反应,客观地分析买方与卖方的决策,做到全面综合分析,制定出科学合理的价格策略。

七、团队概述

有一种说法:"宁可投一流的人,二流项目;也不投一流项目,二流的人。"因此,投资者是否对企业进行投资有很大部分原因是由企业的团队人员及其合理的组织结构决定的。所以,要尽可能向投资者展现团队的实力,包括团队结构、管理水平、技术专长、相关工作经验、取得的业绩等,展示团队成员的互补性,以及管理团队的凝聚力和团结的精神。

团队概述主要由以下几方面组成:

(一) 管理团队介绍

对管理团队进行介绍时,主要是向投资者展示团队的凝聚力和战斗力,证实团队的整体实力能够胜任企业的经营发展;突显团队的优势,提高投资者对项目发展的信心。主要可从下面几方面进行阐述:

(1) 团队成员的组成。一个优秀的创业团队应该由多样化的人才组成,特别是管理人员、与企业项目的核心技术相匹配的关键性人才及营销人员等,能够在很大程度上提高创业团队的整体实力,同时可规避关键性技术人员流失给企业带来的壁垒。

(2) 主要管理人员素质和能力。一个优秀的管理团队能够让企业抓紧关键的机会,以最有效的形式实现发展的阶段性目标。因此,要将管理团队成功的经验、突出的业绩、团结合作的精神、高尚的职业道德等向投资者展示出来。

(3) 其他。比如团队成员获得外部资源的能力等。

需要注意的是,在介绍管理团队时,要秉持实事求是的原则,同时对其业绩的描述也要把握好分寸。

（二）组织结构及职责分工

所谓组织结构，是通过界定组织的资源和信息流动的程序，明确组织内部成员的个人相互之间关系的性质，为每个成员在这个组织中具有什么地位、拥有什么权利、承担什么责任、发挥什么作用，提供一个共同约定的框架。

企业组织结构主要有6种，如表5-1-12所示。

表 5-1-12　企业组织结构

类型	特征
U型组织结构	企业内部按职能（如生产、销售、开发等）划分成若干部门，各部门独立性很小，均由企业高层领导直接进行管理，即企业实行集中控制和统一指挥
M型组织结构	战略决策和经营决策分离。即根据业务按产品、服务、客户、地区等设立半自主性的经营事业部，公司的战略决策和经营决策由不同的部门和人员负责，使高层领导从繁重的日常经营业务中解脱出来，集中精力致力于企业的长期经营决策，并监督、协调各事业部的活动和评价各部门的绩效
矩阵制结构	围绕某项专门任务成立跨职能部门的专门机构，组织结构形式是固定的，人员却是变动的，任务完成后就可以离开
多维制和超级事业部制结构	多维制结构是在矩阵制结构（即二维平面）基础上构建产品利润中心、地区利润中心和专业成本中心的三维立体结构，若再加时间维可构成四维立体结构。超级事业部制是在M型组织结构基础上建立的，目的是对多个事业部进行相对集中管理，即分成几个"大组"，便于协调和控制
H型组织结构	较多地出现在由横向合并而形成的企业之中，使合并后的各子公司保持了较大的独立性
模拟分权制结构	一种介于直线职能制和事业部制之间的结构形式，可调动各生产单位的积极性，解决企业规模过大不易管理的问题

在阐释本部分内容时，创业者要将企业的管理机构，如股东的情况、董事的情况以及各部门的构成情况介绍清楚，通常是以组织结构图的形式表示出来（如图5-1-8所示）。

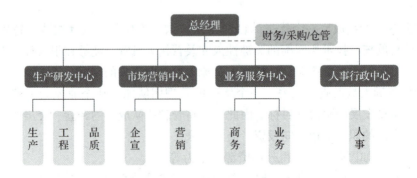

图 5-1-8　U型组织结构图

在介绍部门职能时，需要囊括以下几方面的内容：

（1）组织结构中责任是怎样划分的？

（2）介绍主要管理人员的职能。比如董事长、经理的职责和权限，以及他们负责管理的部门和员工有哪些。

（3）阐述各部门的职能，以及各员工的权责。

需要注意的是，对各部门职能进行说明时，要以企业的性质以及经营为基础，将各部门的职权与企业的业务经营相结合。

（三）人力资源规划

一个企业想要长久发展，就要基于以人为本的理念。这部分内容主要包括各部门人才需求计划、招聘培训计划、奖惩机制等。

八、发展策略

发展策略是一个体系，是一定时期内对企业发展方向、发展速度与质量、发展点以及发展能力的重大选择、规划和策略，其真正目的是解决企业的发展问题，实现企业快速、健康、持续发展。

企业战略的本质是发展，企业要实现发展，就需要回答以下 4 个问题：

（1）企业未来发展成什么样子，即企业的发展方向和愿景。

（2）企业未来要达成一个什么样的发展目标，即企业的战略目标。

（3）企业未来需要哪些发展点？要通过哪些产业、哪些区域、哪些消费者、哪些产品进行发展？怎样发展？

（4）企业未来需要哪些发展能力来支撑？需要在市场营销、技术研发、生产制造、人力资源、财务投资等方面采取什么样的决策和措施来实现企业的愿景和发展目标？

九、财务分析

财务分析是商业计划书中极其重要的组成部分。合理的财务预测是赢得投资的最重要的因素，投资者从财务分析部分可以了解企业未来的收入、成本和利润，预测企业未来经营的状况，从而判断其投资是否能够获得预期的回报。因此，本部分内容需要花费比较多的时间和精力来编写，其专业性也比较强。

在财务规划部分，需要告诉阅读对象的是：创立公司的启动资金是多少？从哪里来？资金使用将怎么分配？用于哪些方面？资金的使用率如何？投资报酬率有多高？有没有投资风险？资金应如何合理地退出企业？

在撰写本部分内容时，尽可能用表格以及数据进行呈现，要求数据准确，来源可靠，切忌造假。同时可配上少量结论性说明，增强数据的可信度。

（一）资金筹集与使用分析

资金筹集是企业财务活动的起点，是指企业从各种不同的来源，用各种不同的方式筹集其生产经营过程中所需要的资金。常见的筹资方式有银行借款、发行债券、发行股票、吸收直接投资、商业信用等（如表 5-1-13 所示）。

表 5－1－13　资金筹集方式

资金筹集方式	特点
银行借款	筹资方式手续简便，企业可以在短时间内取得所需资金，但是企业需要向银行支付借款利息，并且到期必须归还本息，若企业不能合理地安排还贷，那么可能会引起企业财务状况恶化
发行债券	只有股份有限公司、国有独资公司、由两个以上的国有企业或者两个以上的国有投资主体投资设立的有限责任公司，才有资格发行公司债券
发行股票	这一方式筹资会引起原有股东控制权的分散
吸收直接投资	以合同、协议等形式吸收国家、其他法人、个人、外商和港澳台等主体直接投入的资金，形成企业自有资金
商业信用	包括欠账、期票和商业承兑票据三种方式

此部分除了需要呈现企业的启动资金以及筹集方式，还需展示前期筹集的启动资金怎么分配使用。一般情况下，启动资金主要用于厂区/基地建设、设备投资、产品开发、市场营销、宣传广告、团队工资、场地租赁以及技术研发等。

（二）目前财务状况

企业的经营成果对投资者有主要的参考价值，因此，应向投资者展示企业目前的财务状况，主要提供过去 3~5 年的现金流量表、资产负债表、损益表以及每个年度的财务报告书。

（三）财务预测

财务预测主要对企业未来 3~5 年的销售收入、成本、损益以及现金流进行预测分析，形成相应的表格，简洁明了地体现企业的经营规划。

1. 未来 3 年的收入预测

编写收入预测时，应明确企业的销售收入由哪些项目组成，并且预测每个产品在未来 3 年的单价以及销售数量（如表 5－1－14 所示）。

表 5－1－14　未来 3 年的收入预测表（样表）

项目	第一年	第二年	第三年
产品 1 销售数量			
产品 1 单价			
产品 1 销售收入			
产品 2 销售数量			
产品 2 单价			
产品 2 销售收入			
总销售合计			

2. 未来3年的成本预测

企业的总成本预测主要包括主营业务成本、销售费用、管理费用及财务费用等（如表5-1-15所示）。其中，主营业务成本包括直接人工、直接材料以及制造费用（折旧、办公费、水电费、劳保费、生产管理人员工资福利）等；销售费用包括广告费、运输装卸费、销售机构经费、销售人员工资福利等；管理费用包括办公设施折旧费、维修费、差旅费、职工教育培训费、业务招待费、行政管理人员工资福利以及坏账损失费等；财务费用包括利息、融资手续费和汇兑损失费等。

表5-1-15 企业未来3年的成本预测表（样表）

项目	第一年	第二年	第三年
主营业务成本			
销售税金			
销售费用			
管理费用			
财务费用			
合计			

3. 未来3年的损益预测

损益表反映企业在一段时间内，使用资产从事经营活动所产生的净利润或净亏损（如表5-1-16所示）。净利润增加了投资者的价值，净亏损则减少投资者的价值。

表5-1-16 企业未来3年的损益预测表（样表）

项目	第一年	第二年	第三年
一、销售收入			
减：成本及税金			
二、销售利润			
减：管理费用			
财务费用			
三、营业利润			
减：所得税			
四、净利润			

4. 未来3年的现金流预测

现金流量表主要体现公司在一段时间内从事经营活动、投资活动和筹集活动所产生的现金流量（如表5-1-17所示）。

表 5-1-17　企业未来 3 年的现金流量预测表（样表）

项目		第一年	第二年	第三年
现金流入	销售收入			
	服务收入			
	合计			
现金流出	经营成本			
	管理费用			
	销售费用			
	财务费用			
	税金			
	合计			
净现金流				

（四）项目投资效益分析

投资效益评价，是对投资项目的经济效益和社会效益进行分析，并在此基础上，对投资项目的技术可行性、经济营利性以及进行此项投资的必要性做出相应的结论，作为投资决策的依据。

项目投资分析常用的工具有投资回收期和内部投资回报率。投资回收期表示一个资金预算项目收回所有成本所需要的总时间，是评估投资项目的一个简便方法。内部投资回报率是净现值为 0 时的贴现率，其经济含义是项目在考察期内的净收益刚好能够偿还投资及其利息，反映了项目对贷款利率的最大承受能力。

（五）融资计划

融资部分主要展现两个要素：资金需求和融资方案。资金需求计划包括为实现企业发展计划所需要的资金额、资金需求的时间性及资金用途。融资方案主要指企业所希望的投资者及其所占股份的说明、资金其他来源，如银行贷款等。

在项目融资中提出的资金需求并不要求非常精确，尤其是早期项目，给出大体区间即可，但是要求体现出合理性和规划性。另外，资金需求金额与实际得到的资金数额可能差异很大，所以要把重点放在资金用途的合理性和必要性说明上，合理性和必要性是后期谈判的基础。

（六）投资者退出方式

对于投资者来说，投资的目的只有一个，那就是在未来的某个时间内获得盈利并顺利退出。投资者最终想要得到的是现金回报，其选择退出的方式主要有以下 4 种：

1. 公开上市

公开上市后，公司的股票可以在证券交易所自由交易，投资者可以自由买卖持有的股份。上市是投资者最理想的退出方式，可以实现投资回报最大化。

对投资者来说，股市飙升的股价和更高的估值是极具诱惑力的，但是上市对公司的资质要求较严格，手续比较烦琐，成本过大。因此，创业者不需要向投资者保证公司未来会上市，但是可以描述未来上市，投资者看准项目后往往愿意赌一把。

2. 并购

并购是指大型企业或者上市公司通过购买其他公司的部分或全部股权或资产从而控制其他公司。在并购过程中，原有投资者的股份将会被稀释后继续持有或者直接退出。

投资者通过并购的方式退出不受上市条件限制，具有复杂性低、花费时间少的优势。并购的退出方式适合创业公司稳步发展但达不到上市条件，而投资者不想经过漫长等待期，急于退出的情况。对于被收购的公司来说，可以共享对方企业的资源与渠道，有利于提升公司的运转效率。但是，并购的收益率低于上市退出，而且被收购的公司很难保证自主权。同时，对公司进行合理估值等也存在不小挑战。

随着行业的逐渐成熟，并购也是整合行业资源最有效的方式。

3. 回购

回购是指投资者可以通过股东回购或者管理层收购的方式退出。回购价格的计算方式有两种：

（1）按投资者持有股权的比例计算，相当于待回购股权对应的投资款加上投资者完成增资出资义务之日起每年以复利率8%计算的投资回报，加上每年累积的、应向投资者支付但未支付的所有未分配利润（其中不满一年的红利按照当年红利的相应部分计算金额）的价格。

（2）由投资者和代表公司50%投票权的股东共同认可的独立第三方评估机构评估的待回购股权的公允市场价格。如果投资者要求，待回购股权的价格可根据红利派发、资本重组和其他类似情况经双方协商进行相应调整。

通常情况下，股东回购的退出方式并不理想，只是保证了当目标公司发展不好时，投资者所投资金可以安全退出。

4. 清算

创业者不会希望自己的公司发生清算，投资者也不希望。因为通过公司清算来退出投资是投资者获益最少的退出方式。但如果公司经营失败或者其他原因导致上市、股权转让等不可能时，投资者就只能通过这种方式退出。

十、风险与对策

风险评估与分析是创业者对创业过程中的生产、销售和管理等各个环节上有可能出现的各种潜在性危险或问题进行预估，并且制定相应的对策，尽可能地把风险降至最低。

投资者对企业进行投资并不是看企业是否有风险，而是根据他们对风险和回报的评价来做决定，所以该部分内容的撰写既能打消或降低投资者的顾虑，让其全面了解企业，还能将创业团队对市场的灵敏洞察力和解决问题的能力展现出来。

（一）政策风险与对策

政策风险是指因国家宏观政策（如货币政策、财政政策、行业政策、地区发展政策等）发生变化，导致市场价格波动而产生风险。

对策如下：

（1）企业将在国家各项经济政策和产业政策的指导下，汇集多方信息，提炼最佳方案，统一指挥调度，合理确定企业发展目标和战略。

（2）加强内部管理，提高服务管理水平，降低营运成本，努力提高经营效率，形成企业的独特优势，增强抵御政策风险的能力。

（二）市场风险与对策

市场风险是指由于某种全局性的因素引起的投资收益的可能变动，这些因素来自企业外部，是企业无法控制和回避的。市场风险可以分为利率风险、汇率风险、股票价格风险和商品价格风险，这些市场因素可能直接对企业产生影响，也可能通过其竞争者、供应商或者消费者间接对企业产生影响。

对策如下：

（1）在产品进入市场前期，应做好市场调研工作，全面了解消费者的需求，并选择一个恰当的目标市场作为突破口，制定相应的营销策略，从而提高产品的市场占有率。

（2）市场参与者应时刻关注竞争对手的动态和市场的变化情况，及时调整并完善相应的营销策略，制定最佳的方案。

（3）企业应不断强化内部管理，实现以服务为中心，提高服务质量。

（三）技术风险与对策

技术风险是指在技术创新过程中由于技术方面的因素及其变化的不确定性导致创新失败的可能性，主要包括技术从发明到商业化、产业化过程中可能出现的各种不利结果。技术风险来源于多种不确定性，如企业技术创新中的不确定性、技术垄断程度和技术优势持续时间长短的不确定性、社会环境变化的影响等。

对策如下：

（1）加强对技术创新方案的可行性论证，减少技术开发与技术选择的盲目性。企业技术创新应注重前期市场调研，从消费者认为重要性程度较高的产品特性入手进行设计；在关注消费者主要需求的同时，研究消费者相关需求，使研发瞄准和满足这些需求；彻底了解自己的产品，善于发现自己产品的缺陷，采取各种可能的措施克服这些弱点。

（2）建立灵敏的技术信息预警系统，及时预防技术风险。在制定风险决策时，企业要采取有效的措施，跟踪监视国内外科技发展动态，加强情报信息的搜集。在技术开发、样品研制、商品化和进入市场等阶段，获取信息都是十分重要的。

（3）组建技术研发联合体。技术研发联合体是一种以技术创新为纽带横向联合和纵向交叉相结合的合作形式，通常是企业和科研机构以及大学之间的联合。

建立技术研发联合体可以获得符合本企业特点的新技术，并能迅速将技术转化为新产品；降低单个企业的研发费用；缩短研发周期，提高研发成功率；扩大研发活动范围，在较低风险的条件下，获得自主创新的技术，形成企业的核心竞争力。

（4）提高企业技术系统的活力，降低技术风险发生的可能性。企业技术系统的活力与风险承担能力成正比，所以，企业应制定有效的激励机制，建立防御性组织结构，加强研究开发、生产制造与市场营销人员的密切配合，提高企业团队整体抗风险能力。

（四）财务风险与对策

广义的财务风险是指企业在筹资、投资、资金营运及利润分配等财务活动中因各种因素而导致的对企业的存在、盈利及发展等方面的重大影响。财务风险是客观存在的，企业管理者对财务风险只有采取有效措施来降低风险，而不可能完全消除风险。

对策如下：

（1）建立财务预警分析指标体系，防范财务风险。产生财务危机的根本原因是财务风险处理不当，因此，建立和完善财务预警系统尤其必要。

（2）建立短期财务预警系统，编制现金流量预算。由于企业理财的对象是现金及其流动，就短期而言，企业能否生存发展下去，并不完全取决于是否营利，而取决于是否有足够的流动资金。

（3）确立财务分析指标体系，建立长期财务预警系统。对企业而言，在建立短期财务预警系统的同时，还要建立长期财务预警系统，其中获利能力、偿债能力、经济效率、发展潜力指标最具有代表性。

（4）树立风险意识，健全内控程序，降低或有负债的潜在风险。如订立担保合同前应严格审查被担保企业的资信状况；订立担保合同时适当运用反担保和保证责任的免责条款；订立合同后应跟踪审查被担保企业的偿债能力，减少直接风险损失。

（5）科学地进行投资决策。

（五）管理风险与对策

管理风险是指企业管理运作过程中因信息不对称、管理不善、判断失误等影响管理的水平。这种风险具体体现在构成管理体系的每个细节上，可以分为四个部分：管理者的素质、组织结构、企业文化、管理过程。

对策如下：

（1）在管理者方面，首先要加强领导者自身的品德修养，从而增强企业凝聚力和激励力，同时全面提升管理层人员的素质和能力，在管理人员中尤其要注重协作沟通能力的提高，刻意培养管理创新意识和创新能力。

（2）在组织结构方面，企业积极利用多种渠道与社会组织加强内外信息沟通和交流；注重知识经验的有效识别和积累，加强企业知识管理，建立知识储备库；扩大企业开放程度，利用各种社会力量，与高校、科研院所建立密切关系，增强组织对创新方向的把握。

（3）在企业文化方面，要致力于良好的企业文化的培养，尤其应该塑造创新精神和团队精神，真正把创新作为企业生存和发展的根本所在，树立朝气蓬勃、齐心向上的企业精神，为一切活动创造良好的环境。

（4）在管理过程方面，应该遵循对技术创新管理的科学性，减少管理人员的随意性。

（六）其他风险

除了上述风险，企业在运营发展过程中面临的风险还有很多，如经营中突发的状况、资金周转不畅通以及断流、投资及破产风险等。

十一、附录

附录也是商业计划书重要的一部分，是对主体内容的补充。为了使正文内容言简意赅，不适合在主体内容中过多描述的，或者没法在同一个层面上详细阐述的，以及需要提供的参考资料和数据等内容，一般在附录部分中体现，供投资者阅读时参考。

附录由企业营业执照、新产品的鉴定、相关数据统计、财务报表、审计报告、商业信函或合同,以及相关荣誉证书等内容组成。

> **想一想**
> 在信息技术高速发展的时代,国家对于创新创业的教育越来越重视,大学生创新创业相关的赛事也在不断地组织和建设中,大学生自主创业的成功案例也屡屡可见。请你找到一群志同道合的小伙伴组成一个创业团队,挖掘合适的创业商机,撰写一份商业计划书。

思考与练习

1. 【多选题】商业计划书的主要内容包括多个逻辑层面,具体包括(   )。
   A. 摘要   B. 封面
   C. 附件内容   D. 正文内容
2. 【多选题】商业计划书摘要撰写需要关注的问题包括(   )。
   A. 开门见山   B. 通俗易懂
   C. 抓住痛点   D. 文笔生动
3. 【多选题】公司基本状况介绍主要包括以下哪些内容?(   )
   A. 名称和地址   B. 联系方式
   C. 发展规划   D. 基本业务
4. 【多选题】麦卡锡教授提出的营销组合理论中的主要因素4P包括(   )。
   A. 价格策略   B. 渠道策略
   C. 促销策略   D. 产品策略
5. 【多选题】公司的外部环境介绍"PEST方法"主要包括(   )。
   A. 政治环境   B. 社会环境
   C. 经济环境   D. 技术环境
6. 【多选题】创业风险主要包括以下几类?(   )
   A. 技术风险   B. 市场风险
   C. 财务风险   D. 管理风险
7. 【多选题】风险投资者关注的八大问题包括下面哪几个?(   )
   A. 消费人群   B. 营销计划
   C. 附件材料   D. 财务分析
8. 【简答题】在组建创业团队,分配商业计划书的撰写内容时,应注意什么?

评价与分析

学习过程评价表（学生自评、互评，教师评价）

班级		姓名		日期	月　　日	配分	自评	互评	教师
评价	平时表现评价	1. 出勤情况 2. 遵守纪律情况 3. 学习任务完成情况，有无提问记录 4. 是否主动参与学习活动				30			
	创业知识	1. 熟悉商业计划书的撰写原则 2. 掌握商业计划书的主要内容				20			
	创业实践	创业实践任务：组建创业团队，完成一份商业计划书				30			
	综合能力	1. 能否利用互联网收集数据和材料 2. 撰写计划书时，思路是否清晰，文字表述是否精准，涵盖内容是否完整 3. 能否与团队成员进行有效沟通，相互合作学习				20			
		合计				100			
教师评语									

> **创新创业名句**
> 对于创新来说，方法就是新的世界，最重要的不是知识，而是思路。
> ——郎加明

单元二

路演商业计划书

学习目标

1. 了解路演PPT的主要内容和制作要求；
2. 熟悉路演的逻辑和准备事项；
3. 能结合路演以及答辩的技巧，进行项目路演答辩。

能力目标

1. 根据商业计划书的内容，学习制作路演PPT；
2. 通过路演，提高行为礼仪，增强表达和沟通能力。

素质目标

通过路演及答辩，培养分析问题和解决问题的能力，锻炼思维的敏捷性。

知识导图

重点难点

1. 路演PPT的制作思路；
2. 路演及答辩环节的技巧。

教学资料

视频资料

课件资料

案例及分析

【案例】

红色经典乡村振兴项目路演

为传承红色基因、支援革命老区，一群来自某职业技术学院各年级、各专业、热心公益服务事业的当代大学生在黄塔村建立志愿服务基地，对黄塔村的教育、文化、产业等方面提供相应的结对帮扶支持。团队项目组依托高校背景，精心构建"教育＋文化＋产业＋品牌＋营销"五位一体的发展模式。项目团队深入调研后，聘请农业专家就现有资源条件献计献策。项目团队与村委会讨论决定采纳专家意见，确定引入百香果、香菇、蛋鸭产业。项目团队自行设计品牌 Logo 和农产品的外包装，还与村电子商务等企业签订农产品代销合作协议。在创业实践等活动中统筹融入思政元素，立足地方扶贫、区域经济发展和乡村振兴。创立农家宝品牌，利用淘宝、微信、微博、抖音等新媒体营销渠道，用"新"帮助当地在蓬勃发展的百香果产业中抢占先机，让田里的金果实实在在地变成农民口袋里的"致富果"。虽然现阶段的黄塔村已完成脱贫攻坚的总攻目标，但是实现黄塔村乡村振兴的事业仍需持之以恒，项目团队成员义不容辞致力于黄塔村的乡村振兴事业，建设社会主义新农村。经过三年多的对口帮扶工作，黄塔村已取得较明显的社会效果。

【分析】

党的二十大报告提出："坚持农业农村优先发展，坚持城乡融合发展，畅通城乡要素流动。加快建设农业强国，扎实推动乡村产业、人才、文化、生态、组织振兴。"项目路演就是项目路演者向投资方讲解项目的属性、发展计划以及融资计划，主要包括项目展示和答辩两个环节。项目路演可以使新时代的青年人将所学贡献于农村，助力乡村发展，投身乡村振兴。通过回答投资方或评委提出的问题，帮助青年厘清思路，让乡村振兴项目走得更平稳、更远。

一、制作路演 PPT

（一）路演 PPT 的主要内容

1. 封面

封面设计和构图的展示，是投资者对项目的初步印象。所以 PPT 封面的设计最好与项目主题相结合，其内容主要包括项目名称、项目 Logo、公司负责人及联系方式等。

2. 痛点分析

这是路演 PPT 中最重要的幻灯片之一，因为大多数路演人在推销解决方案时会过度用力，却没有让投资者明白其方案要解决的是什么问题。

在这张幻灯片中需要简洁说明以下几个问题:
(1) 有哪些痛点问题?
(2) 有哪些权威的调查或研究数据可证实这些问题?
(3) 为谁解决问题?

3. 解决方案

在上一张幻灯片中,路演人通过相关的研究数据证实了某个目标群体有重要的问题需要解决,接下来就需要讲述如何解决这些痛点问题,可从以下几个方面展开:
(1) 目前使用的解决方案有哪些?为什么没有真正解决问题?
(2) 本项目的解决方案是什么?
(3) 与其他解决方案相比,本项目的方案有什么优势或独特之处?

4. 产品介绍

在上一张幻灯片中介绍了解决方案所能带来的好处,接下来需要向投资者演示项目的产品,包括以下几方面内容:
(1) 产品的性能及特色是什么?是如何产生的?
(2) 产品为客户提供了哪些价值?为何能带来这些价值?

5. 市场分析

以上幻灯片的目的是吸引投资者的注意,对本项目感兴趣,接下来是说服投资者本项目的市场是充满潜力的,而且有相应的策略可进入该市场。

在这张幻灯片中需要阐明以下几个方面的问题:
(1) 本项目的目标市场是什么?
(2) 本项目的市场定位是什么?
(3) 如何防止市场份额被竞争对手占领,提高市场占有率?
(4) 与竞争对手相比,有哪些竞争优势?

6. 商业模式

Lean Canvas 的创始人阿什毛里亚(Ash Maurya)曾说过:"一个创业者的真正产品不是解决方案,而是一个行得通的商业模式。创业者真正该做的是随着时间的推移系统性地降低商业模式的风险。"

在这张幻灯片中应从以下几个方面进行阐述:
(1) 商业模式的工作原理,即本项目是如何获利的?
(2) 本商业模式如何通过相关的案例研究得以验证?

7. 营销策略

目前已经向投资者明确了目标市场和商业模式,接下来应向其介绍如何获得该市场。因此,这张幻灯片需要介绍以下几方面内容:
(1) 产品是如何被客户获悉的?即项目的市场推广策略。
(2) 产品的销售渠道有哪些?如何验证其是有效的渠道?
(3) 是否拥有具有竞争力的分销策略?是什么分销策略?

8. 团队介绍

本张幻灯片是向投资者介绍项目团队的成员以及专家顾问团队,展示团队的实力,可从以下几个方面展开:

（1）团队的成员有谁？他们有哪些与项目发展相关的技能或经验？
（2）团队有哪些专家或顾问？他们能够为项目发展提供哪些保障？

9. 融资需求

从上面的介绍中，投资者已经明确本项目为什么会是一个好的投资机会，接下来他们会想要了解需要多少资本实现其发展。所以，本张幻灯片是向投资者提出融资的需求，可从以下几方面进行阐述：

（1）还需要多少资金进一步验证本项目的商业模式？
（2）目前企业还有多少资金？还需要多少资金？
（3）这些资金将如何分配使用？

10. 愿景

最后一页幻灯片要与封面相呼应，可用一句与项目相关的宣传标语展示本项目的愿景。

（二）路演 PPT 的制作要求

1. 篇幅不宜过长，字体不宜过小，重点要突出

对于 10 分钟左右的路演，其 PPT 的页数不宜多过，最好不超 20 页。每一页的字数不宜过多，要以关键词或形成小标题突出重点要点，言简意赅，关键词部分要加粗或者更换颜色突显出来。另外，PPT 中的字体最好在 30 号左右，不宜太小。

2. 逻辑要清晰，表达要精准

做 PPT 之前，要先构思好每个模块需要展示的重要内容，整理好相应的关键词、各项数据和图片素材，并且以清晰的逻辑主线将每个模块的内容进行串联，文字配合相关的图片和数据说明，更容易引起共鸣。需要注意的是，重要的模块内容最好放在前面进行展示，如"为什么做？怎么做？做到怎样？有什么竞争优势"等，避免演讲时间不足时虎头蛇尾。

3. 版式要简洁

PPT 的模板最好适应项目的行业属性和特点，确定一个主色调，定位相应的风格。颜色不宜太花哨，最好不超过 3 种颜色，且颜色搭配要合理，不要太突兀。另外，PPT 制作不宜过多使用特效。路演时，投资者更看重的是 PPT 的内容，而不是 PPT 做得有多好，而且过多的特效会占用路演时间，容易产生问题，为路演者增加困难。

二、路演的准备

（一）收集听众资料

任何演说都是为了打动听众，让其接受演讲者的观点、想法和思想，或做出演讲者希望的决策和行为。因此，路演要想获得成功，就要尽可能多地收集听众的信息，所谓"知己知彼，百战不殆"。如果你的商业计划要与其他对手一起竞争，那么了解竞争对手的信息资料也十分必要。

了解信息时要注意以下几点：一是注重收集对方可能存在的诉求，并对其诉求进行价值排序。二是了解关键决策人和决策习惯，尽可能与决策者建立一定的关联关系。任何千丝万缕的关系，如毕业于同所学校、有共同的爱好、同在一个城市生活过、有共同的朋友或熟悉的人等，都可能有利于打开话题，创造更为宽松的对话环境。三是要了解自己的商业计划中哪些内容最能打动对方。四是要充分了解竞争对手并与自己的力量进行对比，哪些方面是对

方能打动投资者而自己不能的，如何修补这个缺陷。

（二）收集演讲环境、时间等要素

场地的大小决定着参与人数的多少，根据场地的大小来决定自己的演讲风格也很重要。同时，场地条件的不同也会影响演讲的效果。不同场所的设备可能不同，因此要提前弄清楚适合场地设备的文件、视频格式，以免现场出现意外。

此外，演讲者要有严格的时间观念。首先，不仅演讲前不能迟到，而且最好是提前到场，给自己留下充分的时间调整好状态。如果条件允许，可以事先调试一下现场的设备，彩排一遍自己准备的 PPT 和资料。如果主办方允许，通常这些活动都要提前一天完成。其次，如果演讲时间有严格的要求，比如时间只有 10 分钟，那么在演讲时，一定要严格遵循规则，控制在 15 分钟以内完成。这就要求演讲者要合理控制节奏，把握演讲时间。

（三）相关物品的准备

需要准备好演讲现场可能用到的宣传手册、产品样品等。项目的宣传册内容可以尽量丰富，为自己节省演讲的时间。一些项目产品的样品展示，可以让投资者更直观地感受产品的用途、质量和价值，甚至可以准备一些竞争产品进行对比。一些合同书与专利书的原件展示，可能更会引起投资者的关注，也会获得更多的信任。演讲者的服装也是很重要的细节，通常要着正装，表示对听众的重视和尊重。如果项目产品与服装有关联，可以将代表性的 Logo 展示在显眼的位置。同时，要尽可能体现服装的特色，比如面料独特性、设计款式的新颖性等。对于演讲者而言，如果能将自己的产品穿在自己身上就是最好的展示，这样不仅能加强评委的印象，同时也能增强投资者的信心。

（四）PPT 等媒介的准备

PPT 内容应该简明扼要，只包含主要标题和一些解释性语句。许多人习惯把 PPT 做得十分详尽，文字冗长，但这样容易让听众注意力分散，没办法提取演讲者的重点从而达不到预期的效果。通常 10 分钟的演讲，PPT 的篇幅应控制在 12 张左右，不宜过多。同时，要根据不同听众的需求，准备不同的 PPT。在演讲过程中要合理控制时间，让听众倾听的效率达到最大化，也可搭配短视频、超链接视频等。

（五）演讲者准备

是一个人演讲还是由团队成员参与共同演讲，这与举办方的要求有关。但许多路演举办方并不作演讲人数的规定，而是由路演者自己决定。一般来说，创始人更加了解项目，演讲会更有感染力，让投资者感觉项目更可靠，更可能落地。但若创始人不善演讲，也可考虑由核心队员来担任主讲人，或采用分工的方式进行团队演讲。一个人的演讲更容易控制听众的节奏，让听众集中注意力，思路上会更连贯。团队式的演讲可以让团队成员有机会亮相，能表明团队的实力，有些技术性、市场性、财务性的问题可能会说得更专业。有些时候，也会采用一人演讲、多人回答的方式，由专业人员回答专业性问题。

（六）演讲准备

在正式演讲前需要进行大量的反复练习，让自己充分熟悉演讲的内容和逻辑，以便在遇到突发状况的时候能够从容应对。同时，反复的练习也能让演讲者更加准确地把握时间，发现演讲内容中的遗漏和问题点，从而马上进行更正和改进。

三、路演答辩技巧

（一）路演者不能过度依赖 PPT

路演是投资者了解项目的重要途径，演讲者则是整场演讲的核心，演讲时要让听众尽可能地将注意力持续地集中在人身上。路演者在进行路演时，要像讲述故事一样对项目进行阐述，不能过度依赖 PPT，PPT 只是为听众提供项目的一个总体框架及重要内容的展示，不能作为演讲的核心。很多时候，投资者进行投资决策时，更看中创业团队的价值，而投资者对一个团队的初印象及价值判断很大程度上取决于路演者的表现以及团队的相关介绍。所以，路演者在进行路演前要做好充足的准备，对项目内容要非常熟悉。

（二）语言要生动有趣，充满激情

路演时，要充分表达自己对项目的信心，通过肯定的语言、激昂的语调、配合手势展现演讲者的激情，感染投资者。在演讲时，可通过创业者或顾客的一些故事，进一步表达项目的价值和发展前景，以及创业者的决心。在表达时，要用通俗易懂的语言，避免过多地用专业技术词语，同时要用真实、真诚的态度获得投资者的信任。

（三）要注意仪态仪表

演讲时，不宜过度紧张，要放松身体姿态，保持直立，不能僵硬。在演讲时要与听众或投资者有眼神互动和交流，可将关注力更多地放在对项目比较有兴趣的听众身上。在路演时也要避免过于严肃，表情要自信，可略带笑容。另外，在路演过程中，可设一些简单的互动来调动听众的积极性和专注力。

（四）演讲内容要精练

在规定的时间内进行演讲时要尽可能地突出项目的重点和优势，避免花过多的时间对项目次要内容进行阐述。项目的演讲主要讲清楚项目的核心团队、商业模式、技术门槛、市场渠道和融资需求等，要特别突出项目和团队的优势，也要向投资者介绍清楚项目是如何进行赚钱的。要特别注意的是，在介绍项目的重点和优势时，要站在听众的角度进行思考，从投资者关心的方向进行阐述。比如，许多技术型的创业者在路演时会滔滔不绝地介绍技术的先进性和细节，但作为投资者来说，他们更关心的可能是技术的适用性和可实现性，或者是市场的需求、竞争以及投资回报率等。

（五）注意事项

在进行答辩时，首先要识别投资者提出问题的本质，然后站在投资者的角度用简洁易懂的语言进行回答，对重要的数据要脱口而出，增加项目的真实性。若遇到不懂或不知如何回答的问题时，也要实事求是，真诚地向投资者或评委表明，避免答非所问。另外，如有投资者或评委提出不一样的见解时，不要直接反驳，先肯定和感谢他们提出的宝贵意见，再对自己的看法进行阐述。

> **想一想**
> 根据上节课撰写的商业计划书，制作一份路演 PPT，并选择路演者在课堂上进行路演和答辩。

思考与练习

1. 【多选题】路演 PPT 制作应遵循以下哪些原则？（　　）
   A. 消费人群　　　　　　　　　B. 营销计划
   C. 附件材料　　　　　　　　　D. 财务分析
2. 【多选题】路演 PPT 的结尾部分主要展示以下哪些内容？（　　）
   A. 商业价值　　　　　　　　　B. 社会价值
   C. 团队的奋斗历程　　　　　　D. 项目的风险
3. 【多选题】作为演讲者，在入场之后需要关注的事项包括（　　）。
   A. 礼貌有序　　　　　　　　　B. 检查设备
   C. 提交宣传材料　　　　　　　D. 把握好开始演讲时机
4. 【多选题】演讲者在路演过程中出现忘词卡顿，应该怎么办？（　　）
   A. 停顿下来，努力回忆
   B. 重复前面内容，进行回忆
   C. 直接进行下部分内容的演讲，保持演讲流畅性
   D. 向评委道歉，重新开始该页 PPT 的讲解
5. 【多选题】在路演训练过程中，不能很好控制演讲速度，总是或快或慢，应该怎么办？（　　）
   A. 顺其自然
   B. 增加训练，找好节点
   C. 尽量增快语速，完成演讲最重要
   D. 找到最后 30 秒节点，根据内容进度调节语速快慢
6. 【多选题】当前商业计划书路演的评委一般包括以下几类人？（　　）
   A. 教授　　　　　　　　　　　B. 企业家
   C. 行业技术专家　　　　　　　D. 风险投资者
7. 【单选题】在答辩过程中，如果评委对我们的回答进行否定或质疑时，应如何应对？（　　）
   A. 坚持我们的回答
   B. 改变策略，换另一种思路再次回答
   C. 告诉评委会继续思考该问题，且下场后可继续沟通
   D. 帮助评委厘清思路，并告诉他错在哪里
8. 【简答题】作为团队中的一员，应如何协助队友更好完成路演及答辩？

评价与分析

学习过程评价表（学生自评、互评，教师评价）

班级		姓名		日期	月　　日	配分	自评	互评	教师
评价	平时表现评价	1. 出勤情况 2. 遵守纪律情况 3. 学习任务完成情况，有无提问记录 4. 是否主动参与学习活动				30			
	创业知识	1. 熟悉路演 PPT 的主要内容 2. 掌握路演答辩的技巧				20			
	创业实践	创业实践任务：制作一份路演 PPT，并完成路演				30			
	综合能力	1. 能否准确提炼关键词、数据及图片，完成一份精美的 PPT 2. 能否使用精准的语言表达完成路演 3. 能否与组员进行有效沟通与合作学习				20			
合计						100			
教师评语									

参 考 文 献

[1] 李书民. 大学生创业教育［M］. 长春：吉林大学出版社，2016.

[2] 马振峰. 创造未来——大学生创新创业教程［M］. 上海：同济大学出版社，2017.

[3] 郭美斌，文丽萍. 大学生创新创业理论与实训教程［M］. 长春：吉林大学出版社，2015.

[4] QU S H. Research on Innovation and Entrepreneurship Education of College Students Driven by Competition［J］. American Journal of Education and Information Technology，2021，1（5）：37 - 42.

[5] 高麦玲，蔡胜男. 后疫情时代高校创新创业教育影响因素［J］. 继续教育研究，2022（6）：69 - 73.

[6] YANG Q X，DU X F，ZENG Y X. Exploration of Innovation and Entrepreneurship Education Mode Based on Subject Competition［J］. Modern Business Trade Industry，2020（11）：86 - 88.

[7] WANG G L，WANG Z G，CHENG R. Exploration into the Pattern of Innovation and Entrepreneurship Education Based on Subject Contest：A Case Study of College of Electrical Engineering of Anhui Polytechnic University［J］. China Modern Education，2020（11）：136 - 138.

[8] 钟雁平. 高职院校大学生创新创业教育的问题及改革策略探讨［J］. 创新创业理论研究与实践，2020，3（6）：62 - 63.

[9] YANG B. Relying on Subject Competition to Promote the Cultivation of Students&Apos：Innovation and Entrepreneurship Ability［J］. Education Modernization，2020，7（69）：44 - 47.

[10] BARROW C，BARROW P，BROWN R. Business Plan Workbook：AStep - By - Step Guide to Creating and Developinga Successful Business［M］. Kogan Page：2020.

[11] GRIT R. Making a Business Plan［M］. Taylorand Francis：2019.

[12] 朱素阳. 大学生创新创业大赛商业计划书设计关键技术研究［J］. 文化创新比较研究，2019，3（34）：190 - 191.

[13] 罗晨，魏巍. 提高大学生创业融资能力的关键工具——商业计划书的编写［J］. 中国高新技术企业，2013（4）：158 - 160.

[14] 吴亚梅，龚丽萍. 大学生创新创业教程［M］. 重庆：重庆大学出版社，2018.

[15] 劳伦斯·F. 洛柯，维涅恩·瑞克·斯波多索，斯蒂芬·J. 斯尔弗曼. 如何撰写研究计划书［M］. 朱光明，李莫武，译. 5 版. 重庆：重庆大学出版社，2009.

[16] 胡延华，何杰文，胡朝红，等. 高职生创新创业实例解析［M］. 海口：南方出版社，2020.

[17] 谭承军. O2O 微创新——引爆商业重的 18 个关键策略［M］. 北京：北京理工大学出

版社，2016.
[18] 张世新，刘婷婷. 顾客满意视角下消费者"痛点"研究［J］. 经济研究导刊，2016（32）：99-100.
[19] 唐德森. 创业机会内涵、来源及识别［J］. 合作经济与科技，2020（1）：146-149.
[20] 范耘，罗建华，刘勇. 创新创业实用教程［M］. 北京：机械工业出版社，2017.
[21] 丁欢，汤程桑. 创新与创业教育指导［M］. 南京：南京大学出版社，2015.
[22] 殷朝华，许永辉，翁景德. 大学生创新创业基础［M］. 上海：上海交通大学出版社，2016.
[23] 张晓芒. 创新思维方法概论［M］. 北京：中央编译出版社，2008.
[24] 郭瑞增. 创业改变命运［M］. 天津：天津科学技术出版社，2008.
[25] 马树林. 企业家创新的故事［M］. 北京：中国经济出版社，2009.
[26] 庄文韬. 创新创业实用教程［M］. 福建：厦门大学出版社，2017.
[27] 刘磊. 大学生创新创业基础［M］. 北京：中国水利水电出版社，2015.
[28] 罗琴，李江，李鹏. 大学生创新创业基础［M］. 南京：江苏大学出版社，2017.
[29] 薛永基. 大学生创新创业教程［M］. 北京：北京理工大学出版社，2015.
[30] 黄远征，陈劲，张有明. 创新与创业基础教程［M］. 北京：清华大学出版社，2017.
[31] 孙洪义. 创新创业基础［M］. 北京：机械工业出版社，2016.
[32] 傅家骥. 技术创新学［M］. 北京：清华大学出版社，1998.
[33] 戴庚先，等. 技术创新与技术转移［M］. 北京：科学技术文献出版社，1994.
[34] 周辉，李慧，李光辉. 商业模式构成要素及价值分析［J］. 学术交流，2012（7）：65-68.
[35] 翁君奕. 商务模式创新［M］. 北京：经济管理出版社，2004.
[36] 陈御冰. 企业战略与商业模式的相互关系［J］. 现代管理科学，2007（11）：77-79.
[37] 马君. 浅析战略与商业模式的区别［J］. 企业科技与发展，2007（12）：12-14.
[38] 乔为国. 大力推动商业模式创新.［J］. 中国经贸导刊，2009，（11）：25-26.
[39] 尹一丁. 商业模式创新的四种方法［J］. 销售与管理，2012（8）：106-107.
[40] 彭俊，高萍萍. 商业模式创新浅析［J］. 经济论坛. 2012（10）：155-157.
[41] 徐岑. 增强型头脑风暴法［J］. 发明与创新，2003（11）. 10-11.
[42] 刘万利，胡培，许昆鹏. 创业机会识别研究评述［J］. 中国科技论坛，2010（9）：121-127.
[43] 林嵩，姜彦福，张帏. 创业机会识别：概念、过程、影响因素和分析架构［J］. 科学学与科学技术管理，2005（6）：128-132.
[44] 黎舜，彭扬华，赵宏旭. 创新创业基础［M］. 上海：上海交通大学出版社，2022.
[45] 胡延华，何杰文，胡朝红，等. 高职生创新创业实例解析［M］. 海口：南方出版社，2020.
[46] 徐刚. 创业学［M］. 重庆：重庆大学出版社，2014.
[47] 张莹丹. 论市场营销对企业的重要性［J］. 现代交际，2013（2）：127.
[48] 罗红. 浅论顾客满意度的概念及其实现途径［J］. 科学大众（科学教育），2011（1）：136.

［49］高慕. 这才叫创业合伙人：从携程、如家到汉庭的启示［M］. 广州：广东经济出版社，2016.

［50］邓显勇. 领导者特征与团队类型的匹配研究［D］. 厦门：厦门大学，2009.

［51］陆根书，刘胜辉. 大学生创新创业基础［M］. 北京：北京理工大学出版社，2016.

［52］仲大军. 当前中国企业的社会责任［J］. 中国经济快讯，2002（38）：26-27.

［53］张汝山. 大学生创新创业指导［M］. 北京：国家行政学院出版社，2016.

［54］薄赋徭. 创新创业基础［M］. 北京：高等教育出版社，2018.

［55］彭伟，殷悦，郑庆龄. 国内外社会创业研究的全景比较：知识框架、热点主题与演进脉络［J］. 管理学季刊，2022，7（2）：163-184+196-197.

［56］沈小滨. 创新，从领导力开始［J］. 企业管理，2022（10）：14-19.

［57］康丽，张燕，陈涛，等. 企业战略管理［M］. 南京：东南大学出版社，2012.

［58］孔洁珺. 大学生创业价值观教育研究［M］. 北京：中国人民大学出版社，2021.

［59］黄建春，罗正业. 人力资源管理概论［M］. 重庆：重庆大学出版社，2020.

［60］李时椿，常建坤. 创新与创业管理［M］. 南京：南京大学出版社，2017.

［61］陈冲. 创业团队动态股权激励机制：理论与实践［M］. 北京：人民出版社，2021.

［62］谢雅萍，陈永正. 创业团队管理［M］. 北京：高等教育出版社，2020.

［63］贾德芳，王硕. 创业团队建设与管理［M］. 北京：清华大学出版社，2021.

［64］［美］盖伊·川崎，创业智慧：硅谷创业手册［M］. 陈耿宣，陈桓亘，译. 北京：中国广播影视出版社，2022.

［65］陶陶，王欣，封志勇，等. 创业团队管理实战［M］. 北京：化学工业出版社，2018.

［66］朱仁宏. 创业团队关系治理对提升决策承诺的影响研究［J］. 管理学报，2022（1）：65-73.

［67］买忆媛，王乐英，叶竹馨，等. 以德服人：伦理型领导与创业团队成员的变动［J］. 管理科学学报，2022（3）：44-61.

［68］傅慧. 创业团队冲突会削弱团队成员幸福感知吗——团队关系治理的调节作用［J］. 南方经济，2021（6）：119-130.

［69］郑晓明. 创业型企业股权分配设计与创业团队心理所有权的动态关系研究——基于中国创业型企业的双案例比较分析［J］. 管理评论，2017（3）：242-260.

［70］袁小勇. 财务报表分析与商业决策［M］. 北京：人民邮电出版社，2021.

［71］王化成，刘俊彦，荆新. 财务管理学［M］. 9版. 北京：中国人民大学出版社，2018.

［72］孙铁玉，乔平平. 企业经营管理［M］. 3版. 北京：电子工业出版社，2019.

［73］叶苏东. 项目融资［M］. 北京：清华大学出版社，2018.

［74］崔毅. 赢利模式［M］. 北京：清华大学出版社，2007.

［75］董克用，李超平. 人力资源管理概论［M］. 5版. 北京：中国人民大学出版社，2019.

［76］戴昌钧. 人力资源管理［M］. 3版. 天津：南开大学出版社，2013.

［77］陈国海，马海刚. 人力资源管理学［M］. 2版. 北京：清华大学出版社，2021.

［78］王建民. 战略人力资源管理学［M］. 3版. 北京：北京大学出版社，2020.

[79] 陈坤,平欲晓,刘丽霞. 中小企业人力资源管理[M]. 北京:北京大学出版社,2018.

[80] 林剑,黄益军. 基于扎根理论的创新创业创造生态系统构建[J]. 开发研究,2021,(5):105-111.

[81] 郝云慧. 基于生产资料大众化的创业创新发展探讨[J]. 知识经济,2017(6):111+113.

[82] 陶为明,杨轶婷,李淼,等. 高职院校师生共创助力创业就业的研究与实践[J]. 安徽电气工程职业技术学院学报. 2021,26(2):103-107.

[83] 缪珂. 自主品牌产品设计创新创业实践路径研究[J]. 设计艺术研究,2019,9(6):76-82.

[84] 陈祎. 产业转型升级下第三方检测机构服务创新研究[J]. 电子产品可靠性与环境试验. 2020,38(1):92-96.

[85] 陈祎. 基于拔尖创新人才培养的奖学金体系设计构想——以J大学为例[J]. 当代教育实践与教学研究,2015(11):8-9.

[86] 林文,胡霞. 行业协会参与高等职业教育的实践路径[J]. 长沙航空职业技术学院学报,2022,22(2):36-39+43.

[87] 毛辉,杨菲,顾伟国. 基于产业园区的职业教育产教融合模式研究[J]. 教育与职业,2022(4):40-45.

[88] 刘国强,刘开明,吴健. 四螺旋理论下中高职一体化人才培养模式的实践研究——以甘肃能源化工职业学院为例[J]. 甘肃教育,2021(22):34-39.

[89] 张艳,孙文雅,张剑锋. 校企合作视角下辽宁老字号创新策略研究[J]. 大连民族大学学报,2021,23(4):319-323.

[90] 焦卫国,王琳,贺明卫. 贫困地区地方高校创新创业教育的潜在资源与项目挖掘[J]. 文教资料,2019(16):99-100+174.

[91] 董健. 地域文化资源对地方高校大学生创新创业教育的影响[J]. 黑龙江人力资源和社会保障,2022(6):128-130.

[92] 雷大朋. 资源整合共享视角下的高校创新创业教育路径研究[J]. 财富时代,2022(2):212-213.

[93] 刘肇民,高士杰. 创业资源对大学生创业绩效的影响:创业胜任力的作用[J]. 辽宁大学学报(自然科学版),2020,47(1):82-90.

[94] 陈之腾. 打响中国制造与创新创业的"东华名片"[J]. 上海教育,2022(7):39.

[95] 陈俊杰,张士军. 应用型高校大学生创新创业项目投入—产出效益分析——以益起工作室为例[J]. 经济研究导刊,2018,(28):175-176.

[96] 姜慧,沈强,高怡冰. 广东中小企业创新项目绩效评估研究——以科技型中小企业创新基金项目为例[J]. 科技管理研究,2017,37(12):58-65.

[97] 陈国富,范小丹. 科技普及服务创新创业的路径构建[J]. 经济研究导刊,2016,(22):179-180.

[98] 张洁慧. 苏北地区中小企业创业孵化器基地运行模式比较研究[J]. 商业经济,2018(10):112-112+133.

［99］李小强. 大学生创业项目转化落地情况调查研究——以徐州市为例［J］. 就业与保障, 2021（22）: 101-103.

［100］卢莹, 刘翰燕, 万曼玉. 新冠疫情影响下大学生创业发展状况调查（1）——以成都市为例［J］. 中国商论, 2021（10）: 191-193.

［101］哈申图雅, 李伟树. 高职学生创新创业教程［M］. 北京: 北京理工大学出版社, 2016.

［102］薛永基. 创业基础: 理念、方法与应用［M］. 北京: 北京理工大学出版社, 2016.

［103］郑畅. GQ海品乐淘网商业计划书［D］. 广州: 华南理工大学, 2015.

［104］王丹雪. 宠物短期寄养在线服务平台创业计划书［D］. 厦门: 厦门大学, 2014.

［105］卢福财. 创业通论［M］. 北京: 高等教育出版社, 2012.

［106］李世杰. 市场营销与策划［M］. 北京: 清华大学出版社, 2006.

［107］刘富才, 陈晓健. 创新创业基础［M］. 长春: 东北师范大学出版社, 2019.

［108］冯林. 大学生创新基础［M］. 北京: 高等教育出版社, 2017.

［109］刘艳彬, 李兴森. 大学生创新创业教程［M］. 北京: 人民邮电出版社, 2016.